Auf den Spuren der Geschichte
Allgäu

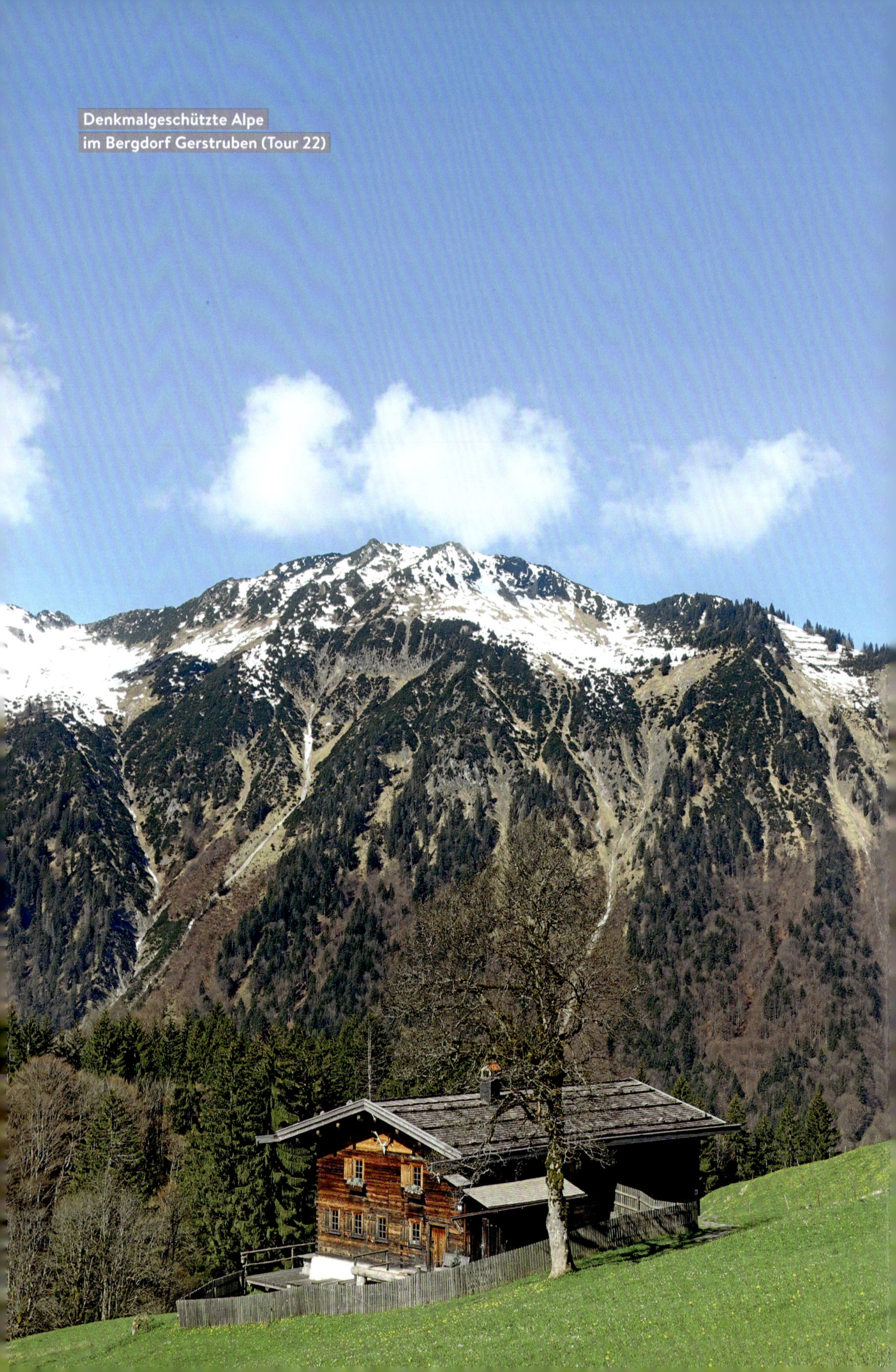

Denkmalgeschützte Alpe
im Bergdorf Gerstruben (Tour 22)

Rainer D. Kröll

AUF DEN SPUREN DER GESCHICHTE

ALLGÄU

30 Wandertouren in die Vergangenheit

BRUCKMANN

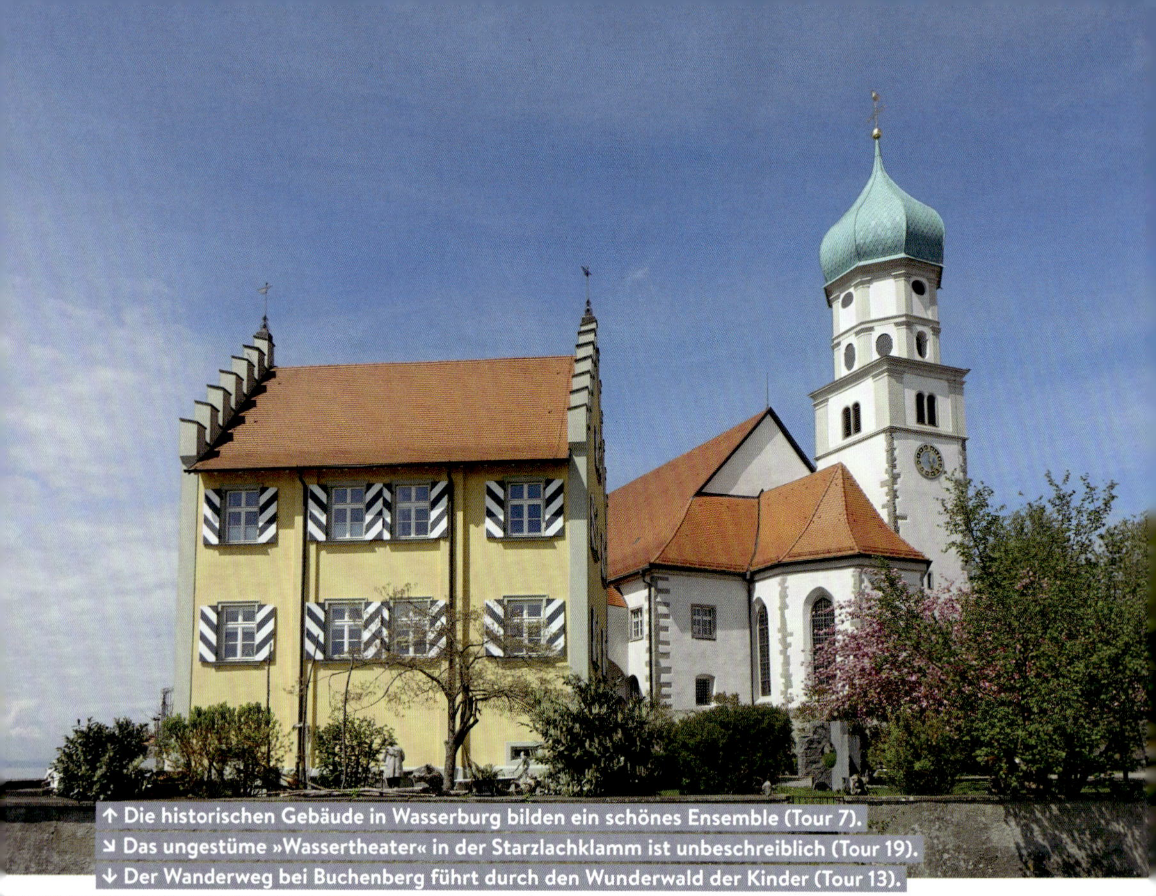

↑ Die historischen Gebäude in Wasserburg bilden ein schönes Ensemble (Tour 7).
↘ Das ungestüme »Wassertheater« in der Starzlachklamm ist unbeschreiblich (Tour 19).
↓ Der Wanderweg bei Buchenberg führt durch den Wunderwald der Kinder (Tour 13).

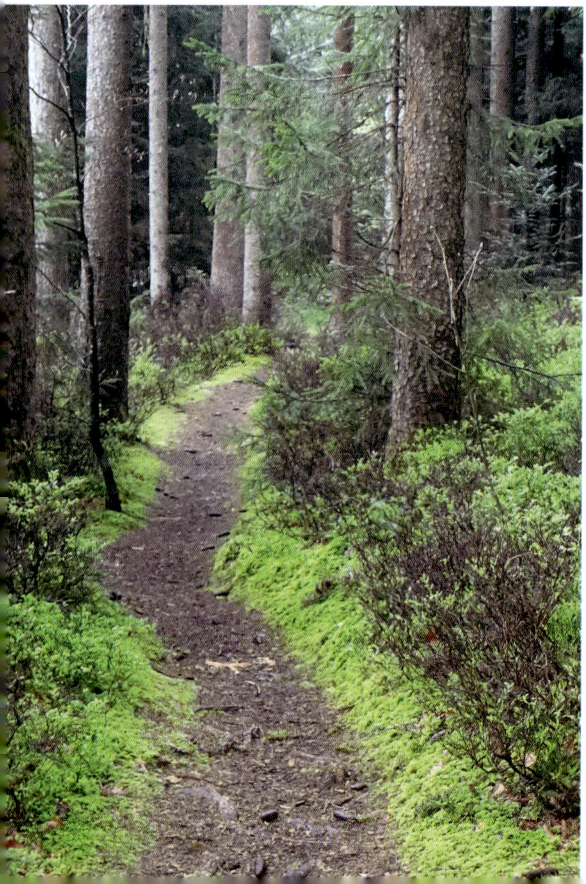

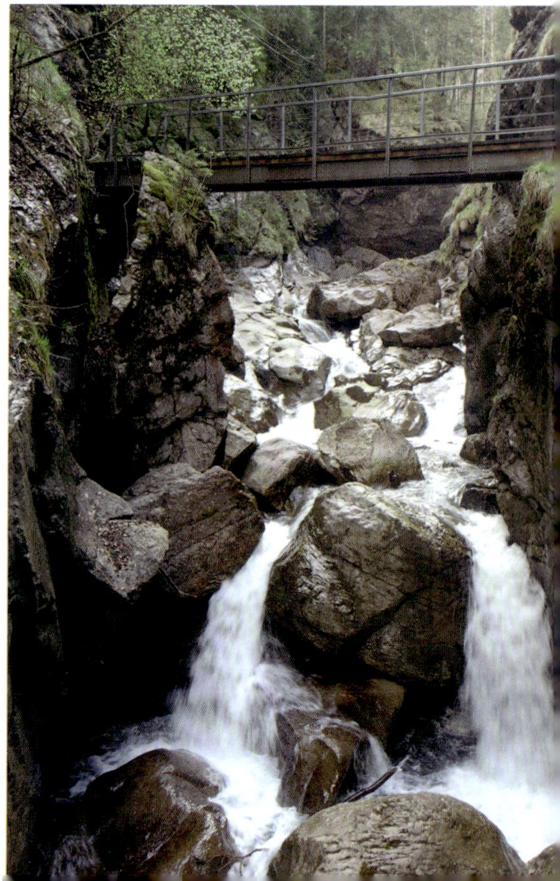

INHALT

DIE TOUREN

Unterallgäu

Westallgäu

Oberallgäu

Ostallgäu

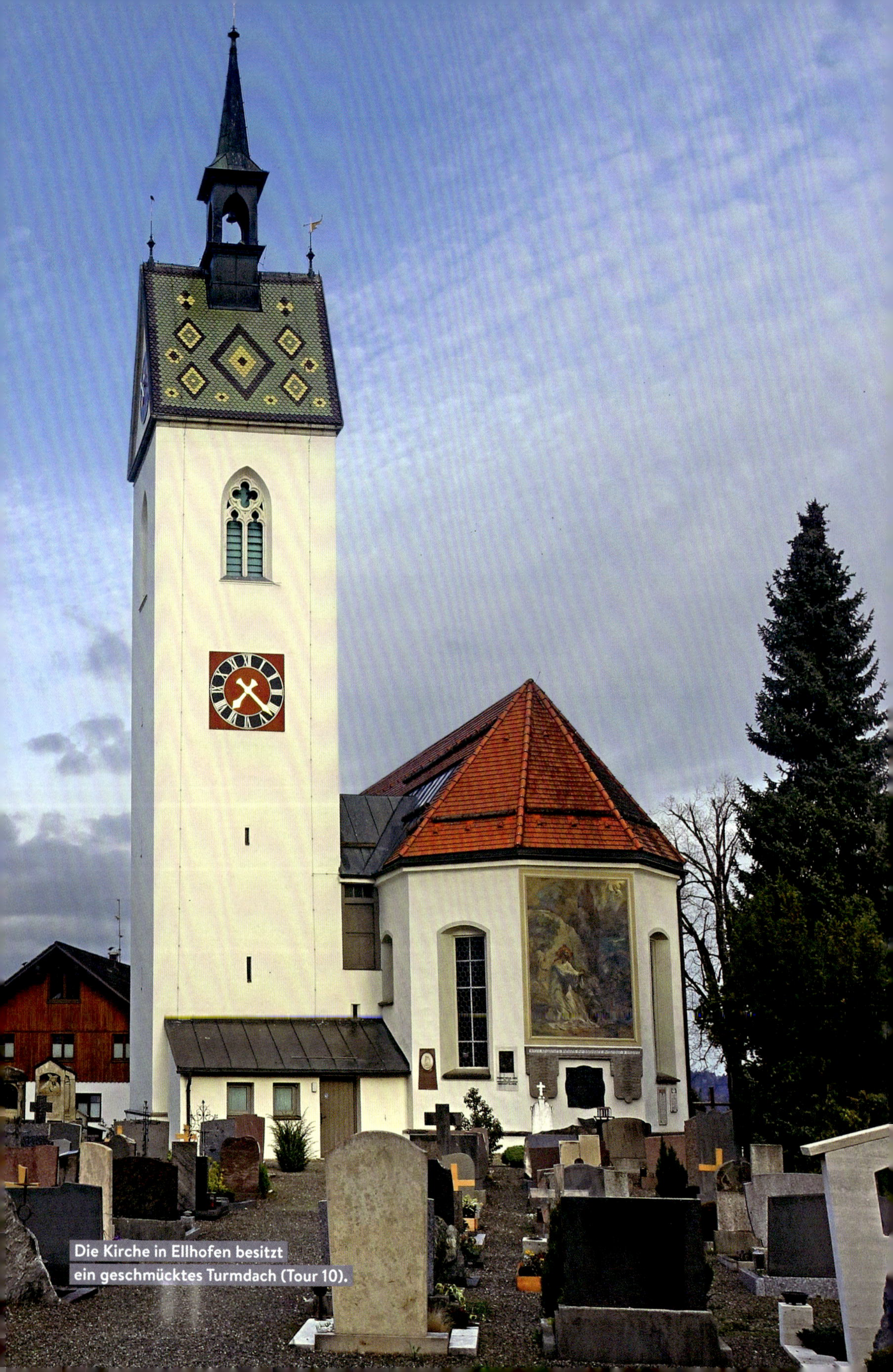
Die Kirche in Ellhofen besitzt ein geschmücktes Turmdach (Tour 10).

Vorwort

DAS ALLGÄU IST EINE DER BEGEHRTESTEN URLAUBSREGIONEN DEUTSCHLANDS. Die hügelige Landschaft vor der beeindruckenden Kulisse der Allgäuer Hochalpen sowie traditionelle Feste und Veranstaltungen locken die Gäste in die Gegend. Das Allgäu ist zu riechen und zu hören. Die Blumenwiesen und Wälder duften, und die Glocken der Kühe erinnern selbst bei geschlossenen Augen an das Allgäu. Genusswanderer finden ihre Lieblingswege in den sanften Anhöhen sowie Bergsteiger und Kletterer ihre herausfordernden Felsen. Naturliebhaber durchsteigen die wildromantischen Tobel und erfreuen sich an den rauschenden Wasserfällen, seltenen Pflanzen und Tieren. Alle Wege und Ziele im Allgäu schenken magische Momente, in denen achtsame Wanderer Ruhe genießen, Energie tanken und Erinnerungen sammeln. Das Allgäu ist auch zu schmecken. Die bewirtschafteten Hütten und Alpen sind beliebte Anlaufpunkte. Auf den Alpen und in Käsereien entlang der Allgäuer Käsestraße gibt es besten Käse aus roher Heumilch. Am Bodensee liefern Weinbauern und Obstbrenner feine und hochprozentige Flüssigkeiten. Die traditionellen Brauereien an der Allgäuer Bierstraße brauen süffige Biere. Die Allgäuer Küche kennt überlieferte Gerichte der deftigen Art sowie eine neue leichte Küche, die sich an die Traditionen anlehnt. Bei dem Thema Allgäu denken viele sofort an Schloss Neuschwanstein. Jährlich kommen 1,5 Millionen Menschen aus der weiten Welt, um diesen zu Stein gewordenen Traum eines weltabgewandten Königs zu sehen. Man muss es einfach gesehen haben, in seiner fantastischen Lage inmitten der Bergwelt über den Seen. Allein in der »Burgenregion Allgäu-Außerfern« finden sich 43 Burgen, Ruinen, Schlösser und Stadtbefestigungen. Die liebenswerten Allgäuer Städtchen verstecken meist eine große Geschichte hinter ihren Mauern. In vielen Städten und auf Burgen finden mittelalterliche Feste statt. Die Burgen, Ruinen und alten Mauern liefern Stoff für mystische Sagen und rätselhafte Geschichten. Ein ausgeprägter Kontrast ist der Bodensee mit der Szenerie der Schweizer Berge am Horizont. In Lindau verschmelzen Wasser, Natur und Stadt sowie Altes und Neues zu einer charmanten Kombination der Leichtigkeit. Das Allgäu steht für Abwechslung, vielfach unberührte Natur und große Kultur in Brauchtum und Bauwerken. Alle wichtigen Punkte dieser vielfältigen Region werden in diesem Wanderführer aufgegriffen und auf meist leichten Wegen erwandert. Dabei stehen nicht nur der Naturgenuss und die Panoramen im Fokus, sondern im Besonderen der tiefe Blick in die Geschichte des Weges, der Orte und der alten Gemäuer.

Rainer D. Kröll

Willkommen im Allgäu

Das Bild vom Allgäu im Kopf ist nicht nur Klischee. Auf der Deutschen Alpenstraße von Schloss Schwanstein bis zum Bodensee erleben Reisende entlang der Alpenkette schönste Anblicke und Genüsse. Seen, Burgen, Dörfer und Kühe in unverstellter Natur ergeben das Allgäu-Bild.

Allgäuer Geschichte

Einzelne menschliche Spuren sind aus der Steinzeit und Bronzezeit bekannt. Die Siedlungsgeschichte begann im Allgäu um das Jahr 500 v. Chr. mit keltischen Stämmen. 15 v. Chr. namen die Römer das Land ein und nannten es Raetia. Um 250 n. Chr. überrannten die Alemannen die Römer und verdrängten sie. Ab dem Jahr 536 hatten die fränkischen Könige die Macht inne. Nach 1079 machten die Staufer Herzöge, Könige und Kaiser Schwaben zum Mittelpunkt ihres Machtbereiches. Viele der Burgen, Städte und Klöster sind Gründungen der Staufer. Im 17. Jahrhundert verarmte das Allgäu durch den Dreißigjährigen Krieg völlig. Um 1900 begann ein wirtschaftlicher Aufschwung durch die Milchwirtschaft und später durch den Tourismus.

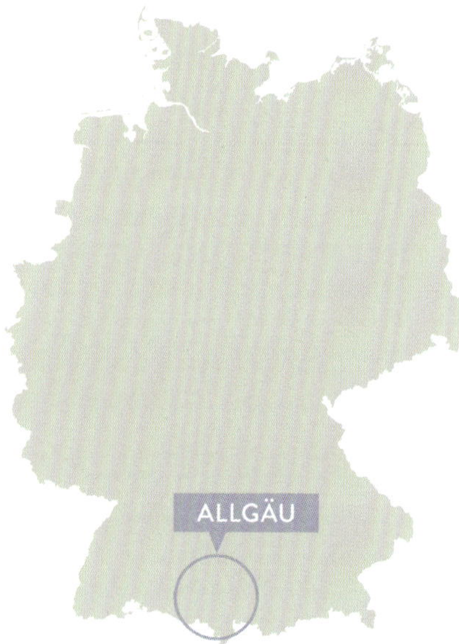

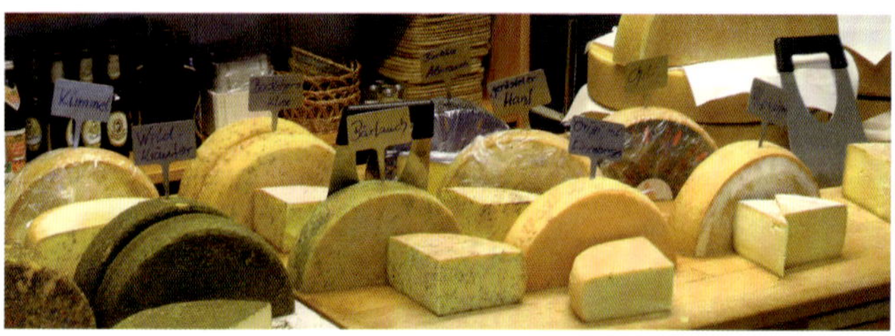

Käsegeheimnis

Nur der echte Heumilchkäse ist einen Blick wert, der aus der Milch von Kühen von den satten Wiesen und Alpen mit der Vielfalt an Kräutern in handwerklicher Tradition hergestellt wird. Das würzig-frische Weidegras und Heu im Winter ergeben die erstklassige Güte des Allgäuer Käses.

Flora und Fauna

Die Artenvielfalt der Allgäuer Alpen ist sehr hoch. Die Farbenpracht der meist geschützten Blumen ist überwältigend. Gämsen, Steinböcke und Hirsche sind die großen Säuger der hohen Berge. Rehe leben mit Niederwild in gut gegliederten flachen Gebieten. Alle Höhen sind mit Insekten, Amphibien, Fischen und Vögeln bevölkert.

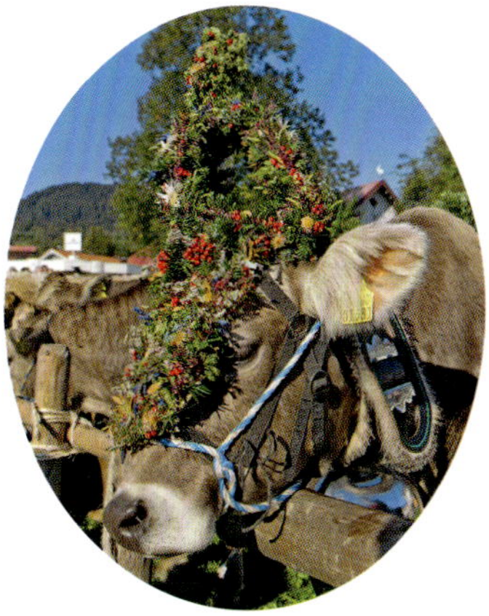

30 000 Kühe

Der Almabtrieb, Viehscheid genannt, ist eines der traditionellen Feste und gelebter Brauch im Allgäu. In rund 30 Orten entlang der Alpenkette zwischen Bodensee und den Königsschlössern kehren im Herbst rund 30 000 Rinder von den saftigen Bergweiden der Allgäuer Alpen ins Tal zurück und werden auf dem Scheidplatz den Besitzern zurückgegeben. Die Tiere haben den Sommer auf den Alpen der Alpgenossenschaften verbracht und sich an den Bergkräutern »gesund gefressen«. Die Touristinformationen geben Auskunft, an welchem Tag im September der Viehscheid stattfindet, der mit einem großes Volksfest gefeiert wird.

Wanderschuh und Fahrrad

Das Allgäu ist ein herrliches Wandergebiet mit großem Netz markierter Wanderwege. Viele Themenwege und auch Fernwanderwege wie die Wege der Wandertrilogie Allgäu, der Oberallgäuer Rundwanderweg, der Schwäbisch-Allgäuer Wanderweg, die Jakobswege oder der Europäische Fernwanderweg E5 durchziehen die Landschaften. Der ADFC hat das Allgäu als Deutschlands beliebteste Radregion ausgezeichnet.

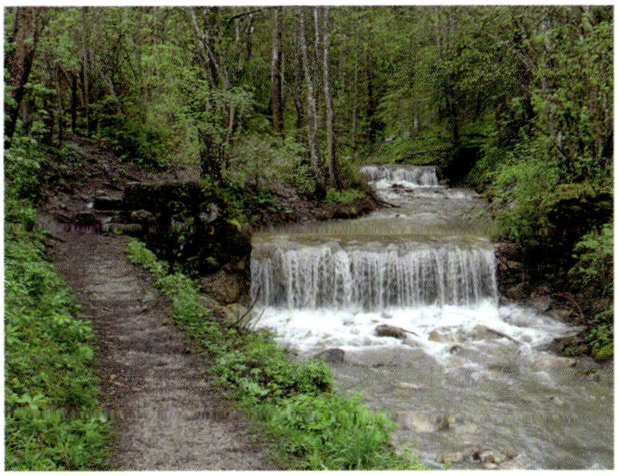

Kommissar Kluftinger

Der Titelheld der Kriminalromane Kommissar Kluftinger wohnt in Altusried an der Iller. Die Figur hat mit manchen Ängsten zu kämpfen, nur mit den Allgäuer Kässpatzen, mit seinem Lieblingsgericht, hat er im Gegenteil kein Problem. Inzwischen hat sich an verschiedenen Orten ein Kluftinger-Tourismus entwickelt, der bei »Kluftiführungen« zu Handlungsorten der zwölf Kluftinger-Krimis führt.

Allgäuer Seelen

Die länglichen Seelen gibt es seit 500 Jahren. Sie werden aus Dinkelmehl, Wasser, Hefe und Salz hergestellt und mit Salz und Kümmel bestreut. Den Ideen sind kaum Grenzen gesetzt, wenn es darum geht, die Seelen mit Belag zu versehen und zu einer kräftigen Brotzeit zu gestalten.

Allgäuer Kässpatzen

Kein anderes Gericht steht so für das Allgäu wie Kässpatzen. Das eine richtige Rezept gibt es nicht. Jeder Koch und jede Köchin macht es anders, und deshalb schmecken sie auch immer wieder anders. Hauptzutaten sind Mehl, Eier, Wasser, Salz und verschiedene Käsesorten. Gekrönt werden die Kässpatzen mit goldbraun gerösteten Zwiebeln.

Bruckmann-Tourenfinder

Für jeden Tag die richtige Tour

			km	Hm	Std.								
1	Zu den Fuggern nach Babenhausen	🔵	11,8	80	3.20	✓	✓	✓	✓	✓		✓	✓
2	Fugger-Markt Kirchheim in Schwaben	🔵	7,7	130	2.20	✓	✓	✓	✓	✓			✓
3	Auf die Mindelheimer Burg	🔵	9,8	130	2.50	✓	✓	✓	✓	✓		✓	✓
4	Durch die Memminger Geschichte	🔵	6,7	30	2.00	✓	✓	✓	✓	✓			✓
5	Von Illerbeuren nach Maria Steinbach	🔵	8,9	130	2.40	✓	✓	✓	✓	✓		✓	✓
6	Zu den Geologischen Orgeln	🔵	12,2	250	3.30	✓	✓	✓		✓			✓
7	Am Ufer des Bodensees nach Lindau	🔵	12,4	70	3.30	✓	✓	✓	✓	✓		✓	✓
8	Zu den Scheidegger Wasserfällen	🔴	5,6	140	2.00	✓		✓			✓		✓
9	Von Weiler zum Enschenstein	🔵	12,0	320	3.50	✓	✓	✓			✓		✓
10	Von Simmerberg nach Röthenbach	🔴	9,7	170	3.00	✓	✓	✓			✓		✓
11	Durch das Naturschutzgebiet Eistobel	🔵	5,3	120	1.50	✓	✓	✓			✓		✓
12	Zur Ruine Alttrauchburg	🔴	8,2	400	3.00	✓	✓	✓			✓		✓
13	Zum Eschacher Badeweiher	🔵	11,3	190	3.20	✓	✓	✓	✓	✓		✓	✓
14	Zum römischen Burgus Ahegg	🔵	8,1	210	2.30	✓	✓	✓	✓	✓		✓	✓
15	Auf der Hängebrücke über die Iller	🔴	11,0	250	3.10			✓		✓			✓

			km	Hm	Std.								
16	Zum Aussichtsturm Alpkönigblick	🔴	6,3	300	2.30	✓	✓	✓		✓			✓
17	Zur Burgruine Sulzberg	🔵	9,2	280	3.00	✓	✓	✓	✓	✓		✓	✓
18	Mit Aussicht von Museum zu Museum	🔵	9,3	240	3.00	✓	✓	✓		✓			✓
19	Durch die Starzlachklamm	🔴	6,4	330	2.20	✓		✓		✓			✓
20	Wilde Natur vor Sonthofens Haustür	🔴	6,7	240	2.10	✓	✓	✓		✓			✓
21	Zu den Weiden über Balderschwang	🔴	8,8	370	3.10	✓	✓	✓		✓			✓
22	Durch den Hölltobel nach Gerstruben	⚫	11,9	420	4.00	✓		✓		✓		✓	✓
23	Von der Abtei Irsee zum Römerturm	🔵	10,0	220	3.20	✓	✓	✓	✓	✓		✓	✓
24	Auf der Via Claudia bei Lechbruck	🔵	13,0	120	3.50	✓	✓	✓	✓	✓		✓	✓
25	Zu Nesselwanger Kraftorten	🔴	5,4	280	2.00	✓	✓	✓			✓		✓
26	Um Burg Eisenberg und Hohenfreyberg	🔵	7,9	280	2.30	✓	✓	✓	✓	✓			✓
27	Zur Burgruine Falkenstein	⚫	6,5	310	2.30	✓		✓			✓		✓
28	Füssen und das Tal der Sinne	🔴	6,6	160	2.10	✓	✓	✓		✓		✓	✓
29	Zum Schloss Hohenschwangau	🔴	10,4	230	3.10	✓	✓	✓		✓		✓	✓
30	Zum Schloss Neuschwanstein	🔴	8,7	270	2.40	✓	✓	✓	✓	✓			✓

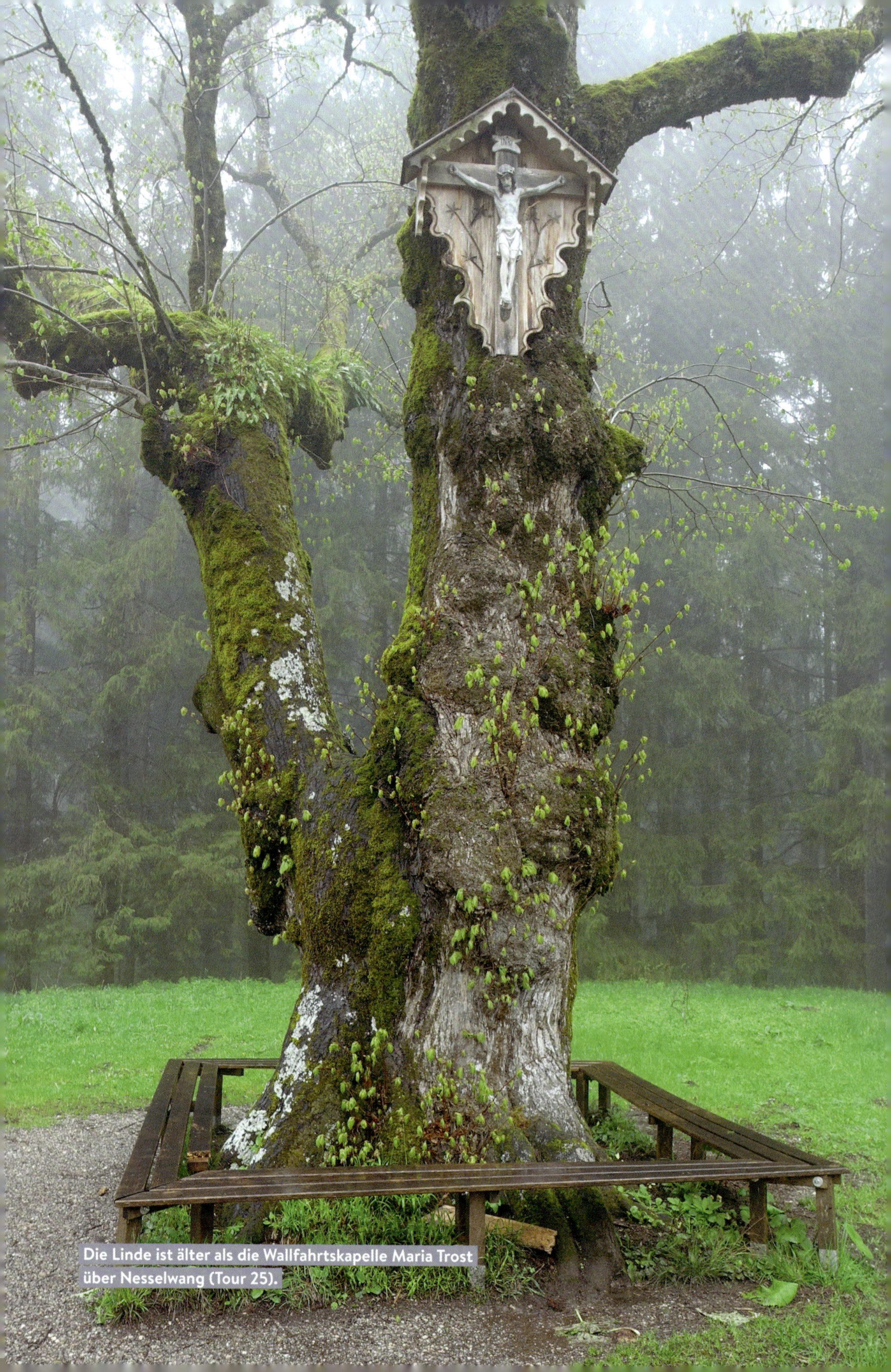

Die Linde ist älter als die Wallfahrtskapelle Maria Trost über Nesselwang (Tour 25).

INFO

PIKTOGRAMME ERLEICHTERN DEN ÜBERBLICK

Länge | Höhenunterschied | Gehzeit

Einkehr
kindergeeignet
Sehenswürdigkeit
wintergeeignet
viel Sonne
schattiger Weg
Baden
ÖPNV

ANFORDERUNGEN

Die Wanderungen sind nach eigener Einschätzung der Schwierigkeiten von Wegbeschaffenheit, Entfernung, Orientierung, Höhenunterschied und Gefahrenlage eingeteilt.

● LEICHT

Einfache Wanderung auf guten Wegen und Pfaden ohne starke Steigungen, die aber auch ohne Markierung sein können. Orientierungssinn wird benötigt.

● MITTEL

Mittelschwere Wanderung mit deutlichen Höhenunterschieden auf Wegen und Pfaden, die etwas Kondition, Ausdauer und guten Orientierungssinn erfordert.

● SCHWER

Anspruchsvolle Wanderung auf teilweise steilen Wegen mit hoher Anforderung an die Kondition, Schwindelfreiheit und Trittsicherheit. Kann ausgesetzte Passagen am Fels beinhalten. Ein gutes Orientierungsvermögen ist unbedingt geboten. Alpine Erfahrung wird vorausgesetzt.

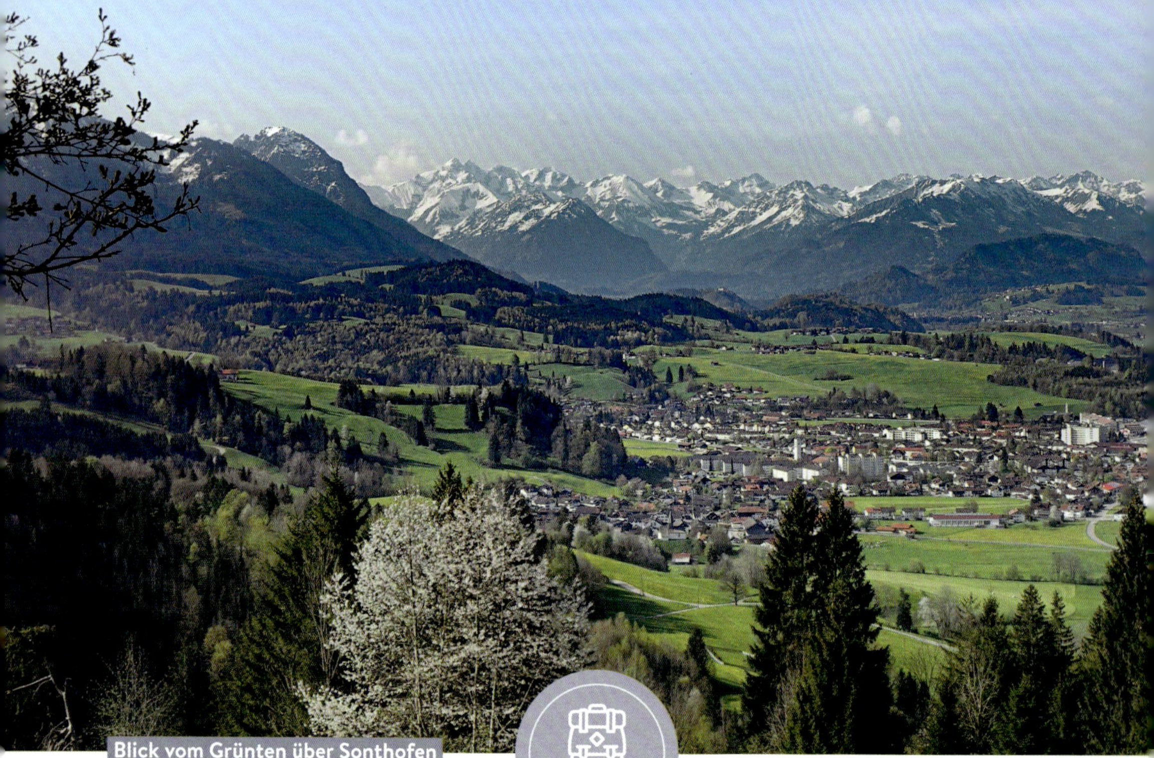

Blick vom Grünten über Sonthofen in die Allgäuer Alpen (Tour 19)

Auf historischen Pfaden unterwegs im Allgäu

Die Wandergebiete in diesem Buch sind in die vier Gruppen Unterallgäu, Westallgäu, Oberallgäu und Ostallgäu gefasst.

Wanderungen können mit einem Blick auf die Wanderkarte oder mit öffentlichen Verkehrsmitteln oft verkürzt oder verlängert werden. Touren, zu denen Trittsicherheit empfohlen wird, sind mit Vorsicht zu genießen. Mit Trittsicherheit ist die Fähigkeit gemeint, sich beim Wandern in unwegsamem Gelände oder über Felsen sicher bewegen zu können.

REISEN IM ALLGÄU

Alle Wanderungen in diesem Buch enthalten in der Infospalte Hinweise für die Anreise.

Mit dem eigenen Auto kommt man überall am besten hin. Gute Anbindung mit öffentlichen Verkehrsmitteln bieten prinzipiell die Orte, die mit der Bahn oder mit dem Bus erreichbar sind (www.bahn.de). Die öffentlichen Verkehrsmittel zu den Wanderungen sind zwar angeführt, doch die Fahrzeiten erweisen sich für Wanderer nicht immer als praktisch. Die »Allgäu-Walser-Card«, »Königscard«, »Oberstaufen PLUS« und »Bad Hindelang PLUS« sind für Urlauber wichtige Optionen. Sie werden von teilnehmenden Gastgebern oder Gemeinden ausgegeben. Welche Vergünstigungen die einzelnen Karten bieten, ist unter www.allgaeu.de/gaeste karten zu finden. Mit der »Allgäu-Walser-Card« können zum Beispiel alle Busse und Regionalbahnen kostenlos benutzt werden und sie berechtigt zu kostenfreiem oder ermäßigtem Eintritt in viele Freizeitangebote wie Burgen und Museen. Die teilnehmenden Unterkunftsgeber und die Angebote sind unter www.allgaeu-walser-card.com zu finden. Exklusiv für Inhaber der Allgäu-Walser-Card gibt es eine ÖPNV-Urlaubskarte der Verkehrsgemeinschaft Oberallgäu (www.oberall gaeu.org), buchbar in den Touristinformationen und bei Gastgebern.

BESTE JAHRESZEIT, KLIMA UND WETTER

Natürlich ist ein Urlaub im Allgäu zwischen Mai und September am besten, wobei es für Aktivitäten besonders in den Tälern auch mal gut warm sein kann. Jedoch ist in dieser Zeitspanne auch die höchste Niederschlagsmenge zu erwarten. Herrlich ist der Herbst mit seinen

An der Sennalpe Topfen gibt es selbst hergestellten Käse und Brotzeiten (Tour 19).

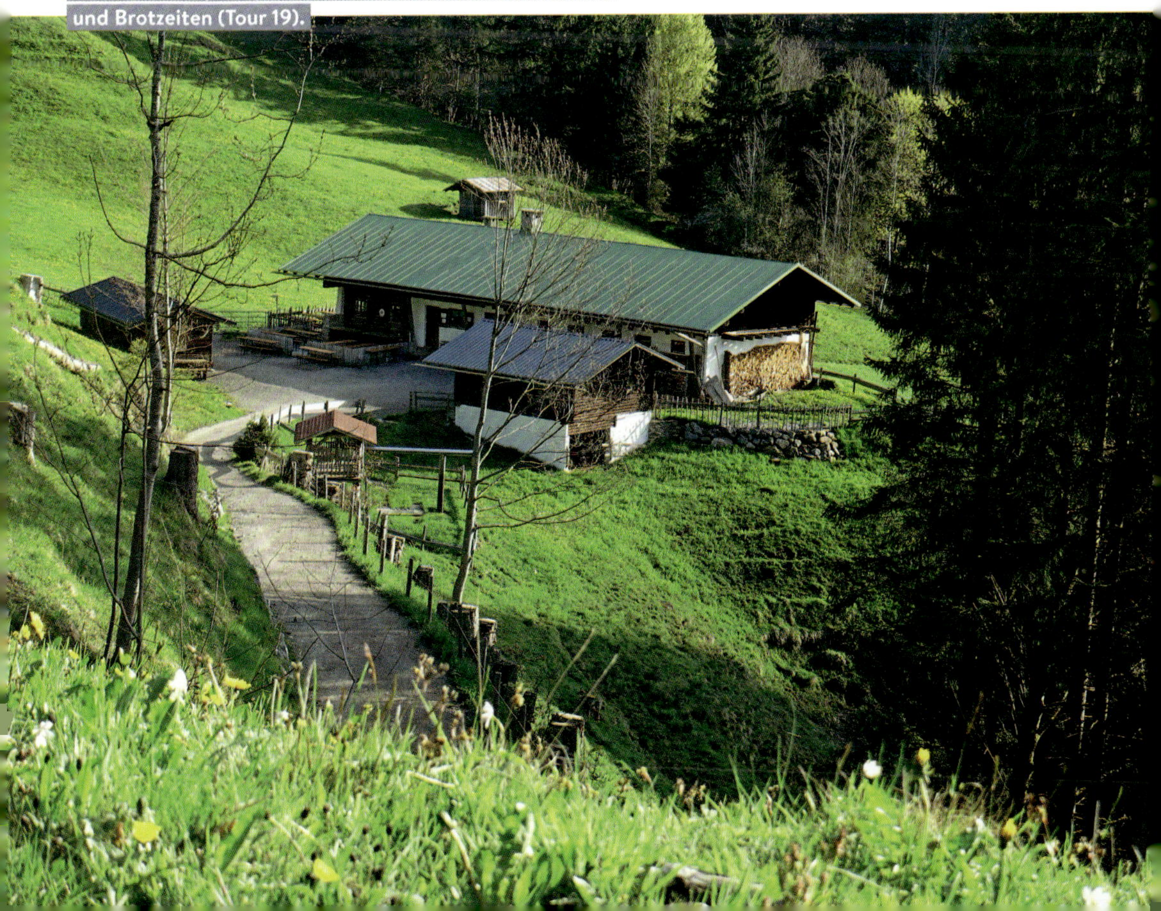

unvergleichlichen Farben, und das Wetter kann stabiler sein als im Sommer. Im Oktober beträgt die Niederschlagsmenge in Kempten mit ca. 70 mm weniger als die Hälfte von der im Juni, Juli und August, allerdings mit weniger Sonnenstunden. Wer Blumen liebt, wird sich am Frühling orientieren. Auch eine Winterwanderung hat ihre Reize. Eine frühe Startzeit am Tag bringt oftmals eine ruhige Tour, stilles Wanderglück und die schönsten Fotos. Etwas Besonderes ist an den Aussichtspunkten mit Blick nach Westen der Sonnenuntergang. Im Angesicht des momentanen Wetters ist die Machbarkeit der Touren in eigenverantwortliche Erfahrung zu bringen. Für die Wetteraussichten eines bestimmten Ortes benutzt man am besten eine der örtlichen Wetterstationen. Allgemeinere Wettervorhersagen liefern einige Internetplattformen wie zum Beispiel www.wetteronline.de. Der Alpenvereinswetterbericht ist unter der Tel. 089/29 50 70 zu erreichen.

AUSRÜSTUNG

Hohe und feste Schuhe mit griffiger Sohle sind einer der wichtigsten Ausrüstungsgegenstände. Turnschuhe sind wegen der fehlenden Stützwirkung des Fußes nicht geeignet. Sonnen- und Regenschutz sollten stets mit auf die Tour, wobei ein stabiler Regenschirm gute Dienste leistet, solange kein Wind mit im Spiel ist. Eine Regenjacke ist unverzichtbar, führt jedoch selbst in modernster Ausführung im Gegensatz zum Regenschirm bei entsprechender Wärme zum Schwitzen. Zur Ausrüstung gehören auch eine schnell trocknende Wanderfunktionshose, ein guter Rucksack mit

Alle Wanderwege sind mit Wegweisern gut ausgeschildert.

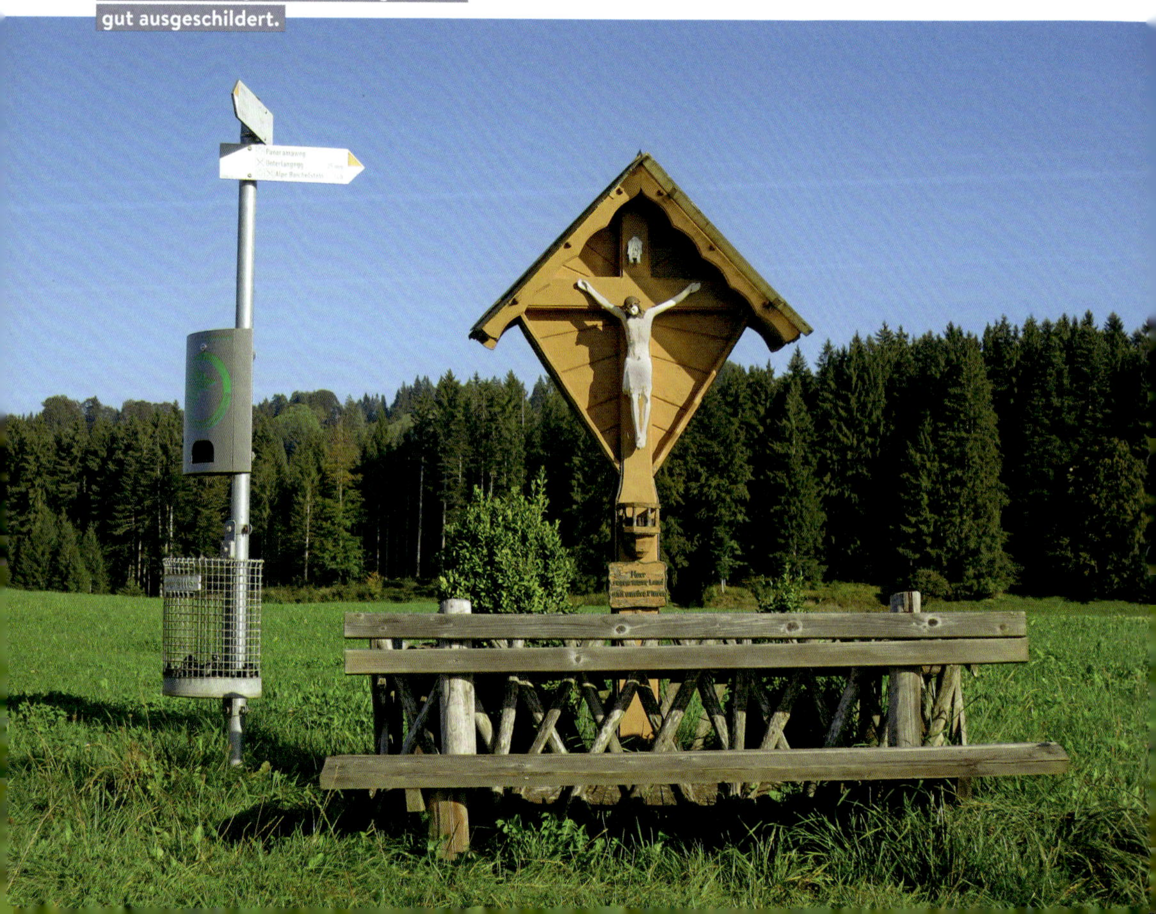

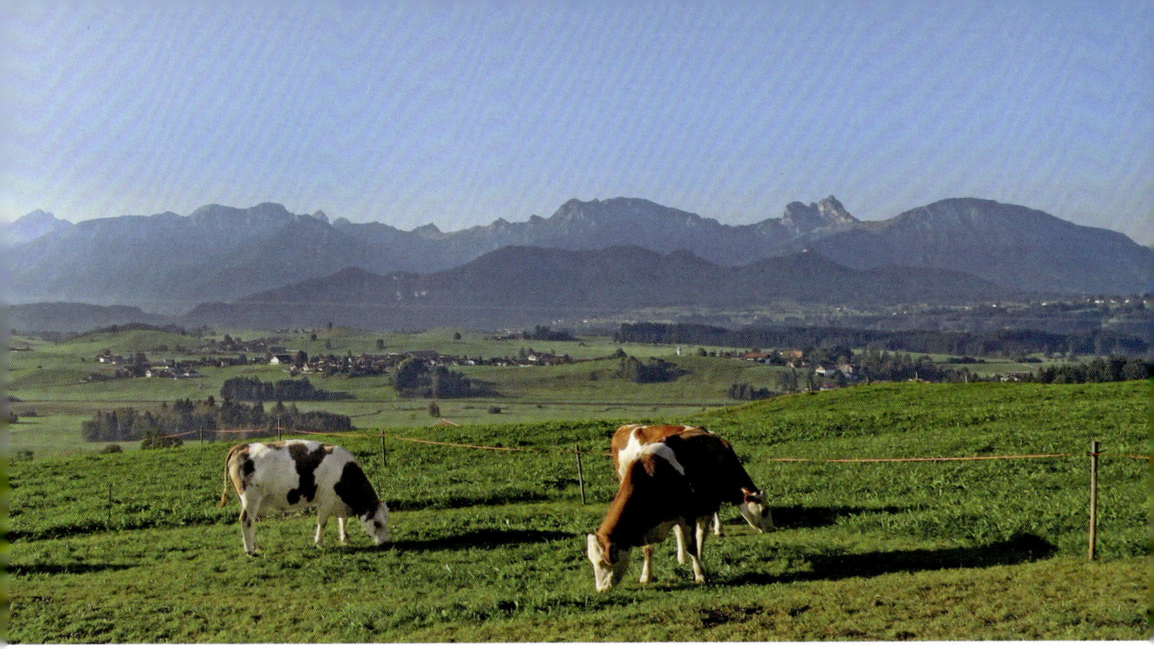

Blick in die Ammergauer Alpen mit dem markanten Säuling (Tour 26)

Lüftungsabstand am Rücken, gefüllt mit Notproviant, ausreichend Flüssigkeit, ein Wechselshirt, eine Notfallapotheke und ein Mobiltelefon für einen Notruf. Auch der Kälteschutz darf nicht vernachlässigt werden. Wenn sich jemand verletzt und am Boden gelagert werden muss und wenn dann noch Nässe dazukommt, kann es gefährlich werden.

SICHERHEIT UND GEFAHREN

Wichtigste allgemeine Gefahren in freiem Gelände sind Wetterwechsel und bei einzelnen Touren unter Felswänden auch Steinschlag. Erfahrene Wanderer beobachten an jedem sich bietenden Fixpunkt ihren Höhenmesser und justieren ihn erneut. Denn steigt die Angabe des Höhenmessers von einem Fixpunkt zum nächsten erheblich an, bedeutet dies einen Luftdruckabfall und lässt eine schnelle Wetterverschlechterung voraussehen. Umkehren ist kein Zeichen von Schwachheit, sondern Klugheit.

112 Einsatzzentrale für Polizei, Notarzt, Feuerwehr und Bergwacht. Wenn das Mobiltelefon keinen Empfang hat, Gerät ausschalten und nach dem Wiedereinschalten statt des PIN-Codes die Nummer 112 eingeben.

Optisches oder akustisches Notrufsignal: 6 Signale hintereinander mit 10 Sekunden Abstand.

GEHZEITEN, RICHTUNGSANGABEN, HÖHENMETER UND GPS-DATEN

Die Gehzeiten sind subjektiv ermittelte reine Zeiten unterwegs ohne Pausen. Auf orografische Bezeichnungen wurde zugunsten der Allgemeinverständlichkeit verzichtet. Abzweige und Richtungswechsel sind im Text trotz Wegweiser beschrieben, denn die können ja mal fehlen. Wird kein Richtungshinweis gegeben, bedeutet dies in jedem Fall geradeaus. Die Höhenangaben entstammen zuallererst den Karten, denn die haben Geografen vermessen und gezeichnet, dann erst aus dem ständig justierten Höhenmesser. Bei den Angaben des Höhenmessers sind aber immer Ungenauigkeiten möglich, weil diese wegen der Veränderung des Luftdruckes durch Wetterwechsel variabel sind. Die angegebenen GPS-Daten sind vor Ort in freier Natur erhoben, unterliegen jedoch manchmal nicht geringen Messabweichungen durch die Umgebungsbedingungen.

WEGMARKIERUNGEN UND WEGWEISER

Die meisten Wege im Allgäu sind mit Wegweisern, Markierungen und Picknickplätzen sehr gut erschlossen. Wenn nötig, sind in den Wegbeschreibungen die Markierungen der Wanderwege angegeben.

EINKEHRMÖGLICHKEITEN

Einkehrmöglichkeiten sind bei den Wanderungen angeführt. Bitte vor der Wanderung prüfen, ob die Gasthäuser, Hütten oder Alpen auch wirklich geöffnet haben.

REGIONALE KÜCHE

Die typischen Allgäuer Gerichte bestehen aus Mehl, Käse, Milch und Eiern und sind meist deftig. Die Allgäuer Kässpatzn mit Butter und gebräunten Zwiebeln sind wohl am bekanntesten. Auf den Speisekarten finden sich auch immer bayerische und schwäbische Speisen, wie auf jeden Fall der Schweinebraten, Maultaschen und Krautkrapfen. Einige Restaurants zelebrieren die leichte neue deutsche Küche und nehmen dabei Bezug auf einheimische Produkte und auf die Württemberger Küche. Familienbrauereien stellen süffiges Bier her, und die Bodenseewinzer bauen Müller-Thurgau-, Grauburgunder-, Weißburgunder-, Spätburgunder-, Riesling- und Bacchusreben zu guten Weinen aus. Produzenten, Hofläden und Bauernmärkte mit regionalen Lebensmitteln und Erzeugnissen sind zum Beispiel unter www.bioeinkauf-allgaeu.de und www.allgäuer-käsestrasse.de zu finden. Rezepte aus der Küche des Kult-Kommissars Kluftinger stehen unter www.kluepfel-kobr.de/kluftis-küche.html.

WANDERKARTEN

Kartenmaterial stellen das Bayerische Vermessungsamt (www.ldbv.bayern.de), die Verlage Kompass (www.kompass.de), Zumstein (www.ava-verlag.de) und andere her. Wer sich selbst eine Wanderkarte der geplanten Gegend ausdrucken möchte, findet in der Internetsuche unter: »Wanderkarte ausdrucken kostenlos« verschiedene Möglichkeiten, zum Beispiel www.wanderreitkarte.de.

BÜCHER UND BROSCHÜREN

Reiseführer und Wanderkarten gibt es im Buchfachhandel oder in Fremdenverkehrsämtern. Da sind auch Prospektmaterial oder Übersichtskarten für spezielle Interessen zu finden, wie zum Beispiel Beschreibung der Museen, Wandertipps oder Erlebnisse für Kinder. Die zuständigen Touristinformationen sind in der Infospalte der Wanderungen angegeben.

INTERNET

Es gibt viele Internetplattformen wie www.allgaeu.de, www.allgaeu-erleben.com, www.dein-allgaeu.de, www.allgaeuerurlaubsportal.de, www.burgenregion.de, die für die Reiseplanung genutzt werden können. Daneben haben alle Regionen, Städte und Fremdenverkehrsorte ihre eigenen Internetauftritte, die in der Infospalte der Wanderungen angegeben sind.

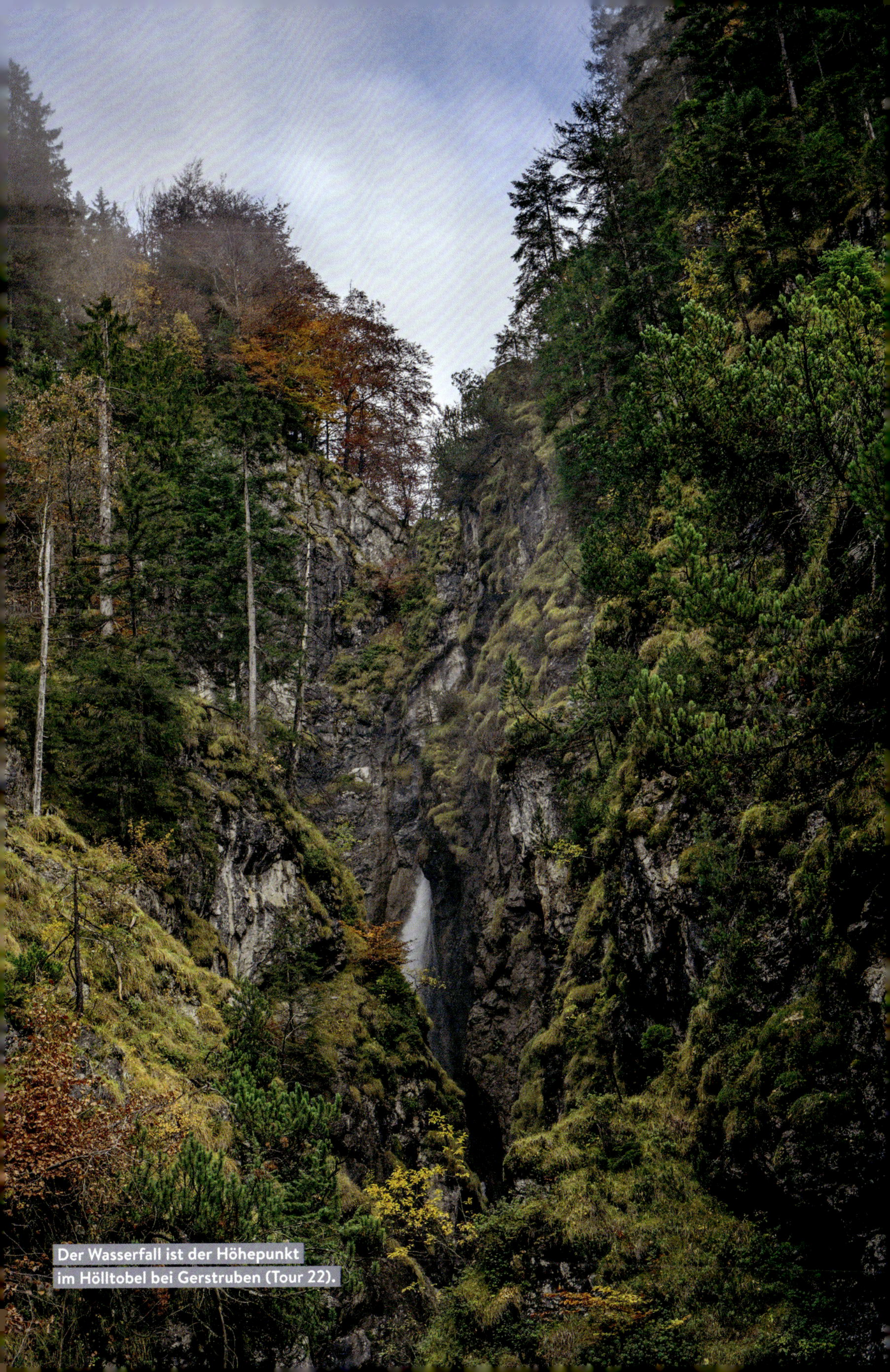

Der Wasserfall ist der Höhepunkt im Hölltobel bei Gerstruben (Tour 22).

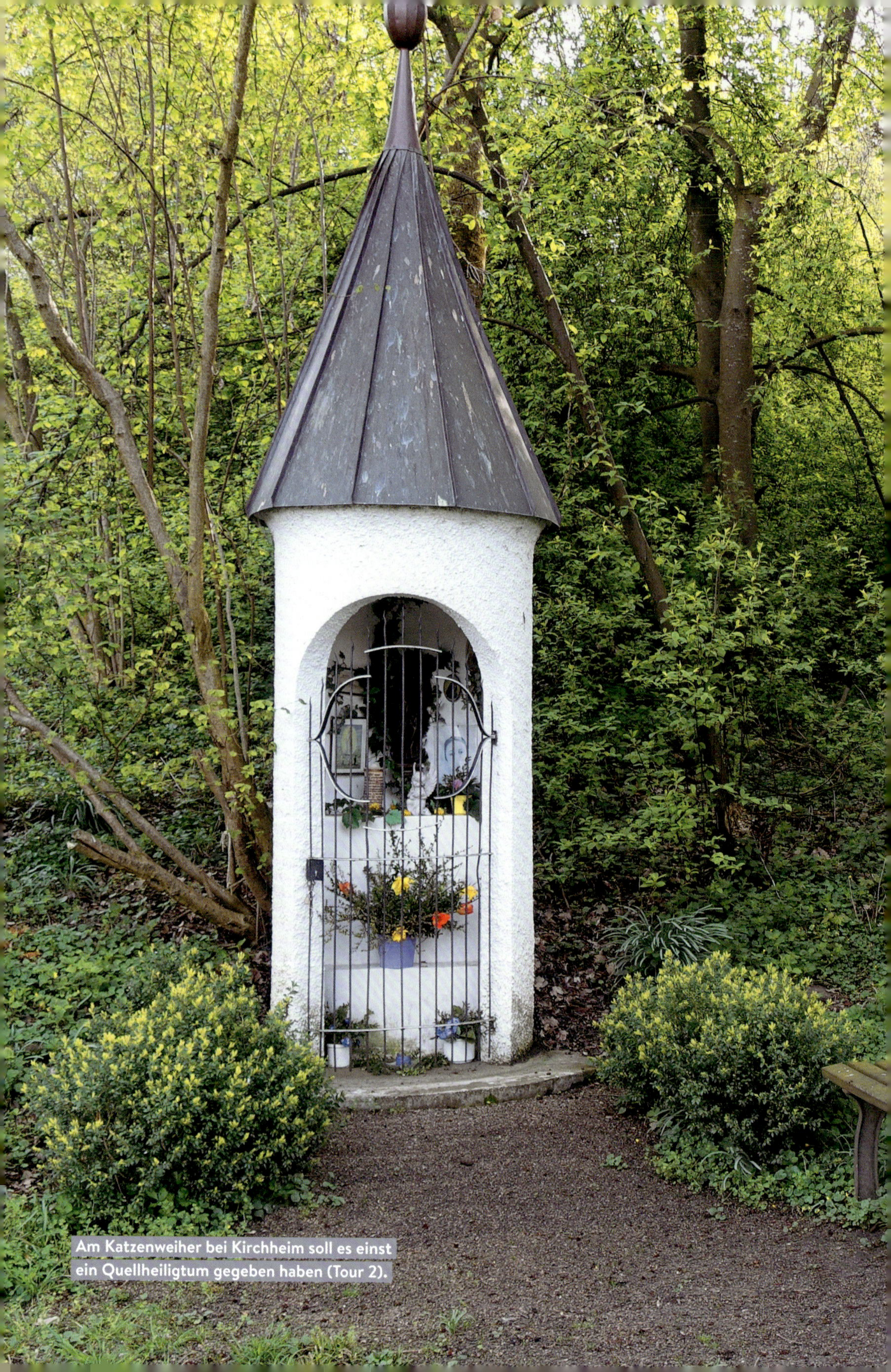

Am Katzenweiher bei Kirchheim soll es einst ein Quellheiligtum gegeben haben (Tour 2).

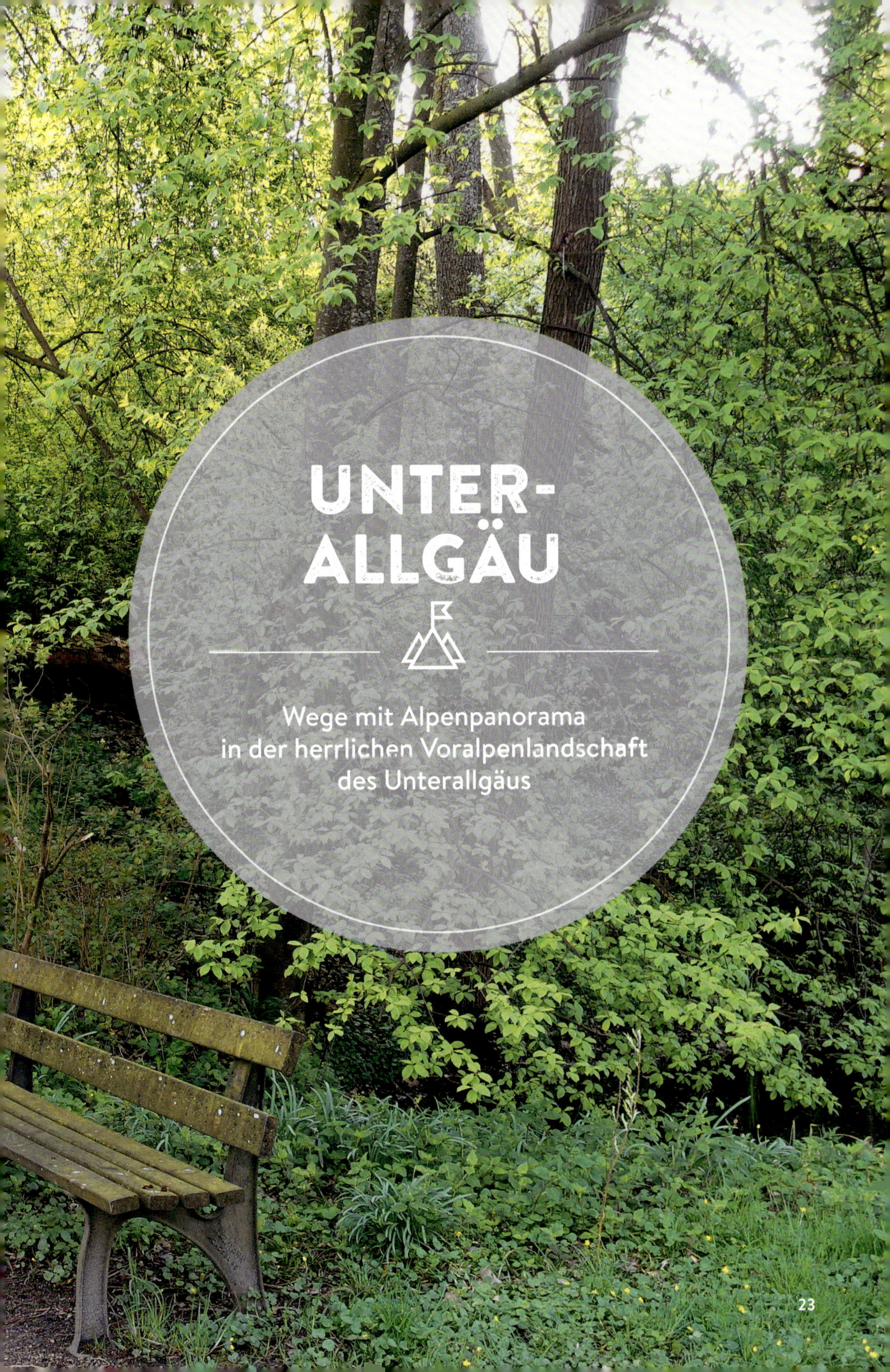

UNTER-ALLGÄU

Wege mit Alpenpanorama
in der herrlichen Voralpenlandschaft
des Unterallgäus

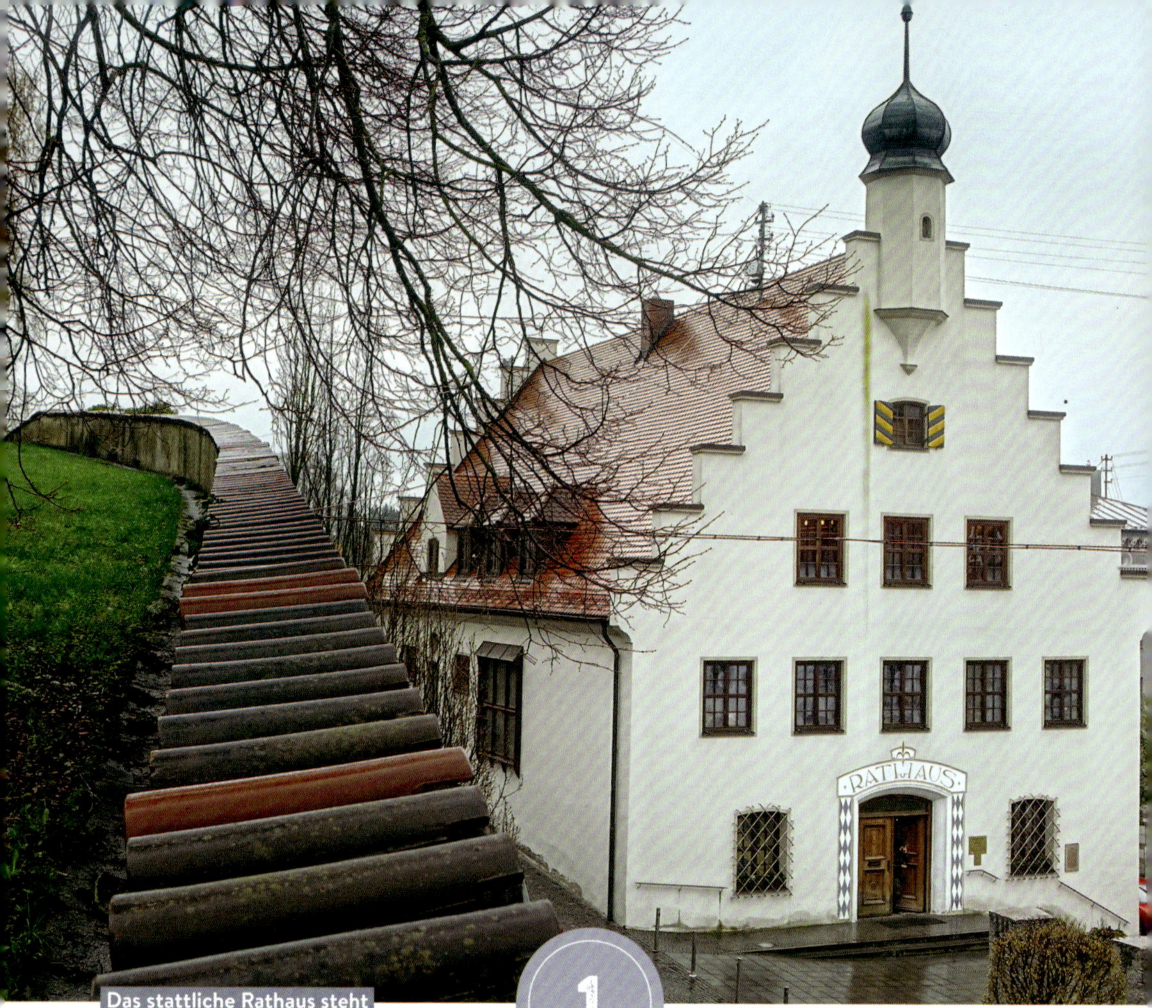

Das stattliche Rathaus steht am Marktplatz von Babenhausen.

1

Zu den Fuggern nach Babenhausen

Reizvolle Landschaft an der Günz

Abseits großer Touristenströme können Wanderer im Günztal in Ruhe und im Einklang mit der Natur unterwegs sein. Doch auf dem Wanderweg in der Babenhausener Gegend sind auch Spuren der einstigen großen europäischen Politik, Geschichte, Kultur und Kunst ergiebig vorhanden.

Der englische Schlosspark am Fuggerschloss stellt einen markanten Kontrast zum Spaziergang entlang der Günz dar. In den Straßen von Babenhausen sind einst reiche Gebäude zu finden.

ZUR KIRCHE ST. URSUS Vom Parkplatz am **A Badesee** beginnen wir die Wanderung auf der Fabrikstraße nach Norden in Richtung Babenhausen, biegen nach 40 Metern rechts zur Günz ein und wandern rechts flussaufwärts nach Süden. Nach fast zwei Kilometern gehen wir an der Brücke auf dem Sträßchen rechts an einem **1 Schafstall** vorbei. Vor dem Täuferbach laufen wir rechts und an der ersten Möglichkeit links über den Bach. An der T-Kreuzung vor Klosterbeuren geht es links hinab und auf der Hauptstraße wieder links. Auf der Kirchstraße rechts kommen wir zur Kirche **2 St. Ursus** aus dem 15. Jahrhundert.

AUF DEN KREUZLESBERG An der Kreuzung wandern wir auf der Dorfstraße rechts, an der Straßengabelung mit dem großen Baum bleiben wir halb rechts und dann geradeaus auf der Dorfstraße. Am Ende der Straße geht es links auf die Winterrieder Straße und nach dem Ortsschild rechts auf dem Feldweg hinauf. Immer geradeaus über die Felder kommen wir im Wald zur Ghagburg auf dem **3 Kreuzlesberg**. Graben und Wall sind der Rest einer Fluchtburg aus dem 12. oder 13. Jahrhundert.

ZUM MARKTPLATZ Wir umrunden den Burgstall im Uhrzeigersinn und wandern dann nach Nordosten. An einer Kreuzung geht es links zum Fuggerweiher hinab und rechts entlang. Am Naturkindergarten gehen wir auf der Straße rechts, an der T-Kreuzung links und auf dem Gehweg entlang der Landstraße St 2020 ebenfalls links. Nach 220 Metern überqueren wir die Straße und gehen auf dem Parkplatz links zum **4 Badeplatz**. Über die Wiese bleiben wir am See und laufen am Café Seeblick links auf dem Gehweg über den Bach. Auf der Schillerstraße geht es rechts, dann nochmals rechts und links auf der Veit-Stoß-Straße nach Norden. Am Ende der Straße schlendern wir auf dem Wiesmühlweg rechts und geradeaus auf

Tipp

DER TOTENTANZ

Die künstlerische Darstellung der Macht des Todes auf den Menschen kam als sogenannter Totentanz im 14. Jahrhundert in Folge der Pestepidemien auf. Der Babenhausener Totentanz in der Friedhofskapelle St. Maria ist ein Bilderzyklus, der 1722 geschaffen wurde. Er stellt Todesbilder mit sieben Themen dar, die unterschiedlichste Menschen betreffen (Krumbacher Straße 4).

Anstelle der Ghagburg steht auf dem Kreuzlesberg heute ein Kreuz.

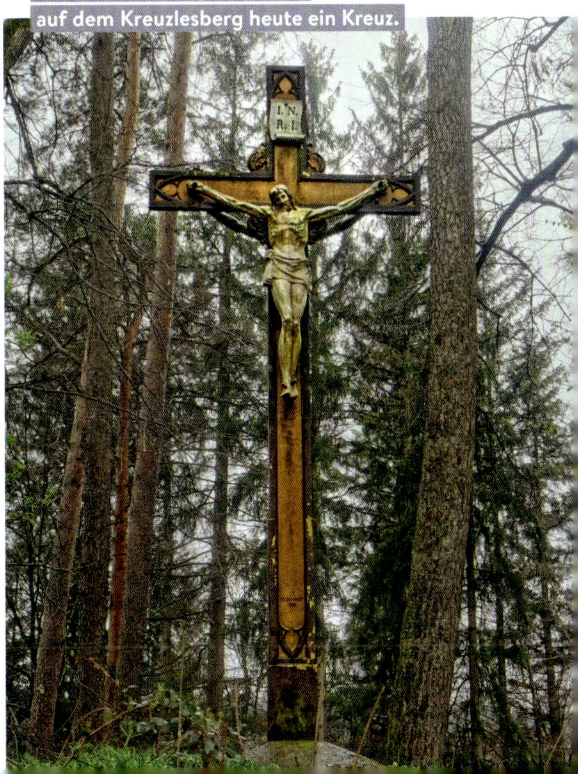

der Rechbergstraße über die Günz. An der Straße Am Anfall geht es links über den Mühlbach zur B 300. Nach rechts kommen wir zum **5 Marktplatz** mit dem stattlichen Rathaus. Wir folgen der B 300 nach links und finden in der Rechtskurve eine Treppe zu einer Türe hinauf. Durch das Treppenhaus steigen wir auf die Ebene der Kirche St. Andreas aufwärts. Links der Kirche schlendern wir am ehemaligen Mesnerhaus vorbei zur B 300 hinab und müssen neben der Straße entlang der langen Rückseite der Wirtschaftsgebäude des Schlosses laufen. Das Fuggerschloss aus dem 16. Jahrhundert steht anstelle einer früheren Burg. An der Kreuzung geht es rechts in Richtung Mindelheim am Eingang zum Schlosspark vorbei. An der südlichen Ecke des Parkes gehen wir auf der Tiroler Straße hinunter. Das Haus mit der Nummer 5 ist das 450 Jahre alte **6 Meisingerhaus**. Auf der Rechbergstraße laufen wir weiter und nach dem Mühlbach links auf der Fabrikstraße zurück zum Parkplatz am **E Badesee**.

INFO

TOURENCHARAKTER

Einfache, sonnige Wanderwege durch Wiesen, Felder und Wald

AUSGANGS-/ENDPUNKT

Parkplatz Badesee, Fabrikstraße, 87727 Babenhausen, GPS 48°08'09.9"N 10°15'10.2"E (545 m)

ANFAHRT

ÖPNV: Bahn bis Mindelheim, Bus 921 nach Babenhausen-Busbahnhof
Auto: A 7 Ausfahrt 125 Altenstadt und auf der St 2031 und St 2017 nach Babenhausen

GEHZEITEN

Badesee – Schafstall 0:40 Std. – St. Ursus 0:40 Std. – Kreuzlesberg 0:40 Std. – Badeplatz 0:25 Std. – Marktplatz 0:20 Std. – Meisingerhaus 0:20 Std. – Badesee 0:15 Std.

EINKEHR

Wirtshaus Göppel, Am Espach 16, 87727 Babenhausen, Tel. 08333/12 08, www.wirtshaus-goeppel.eatbu.com

INFORMATION

Markt Babenhausen, Marktplatz 1, 87727 Babenhausen, Tel. 08333/94 00 32, www.babenhausen-schwaben.de

Leicht	11,8 km	80 Hm	3.20 Std.

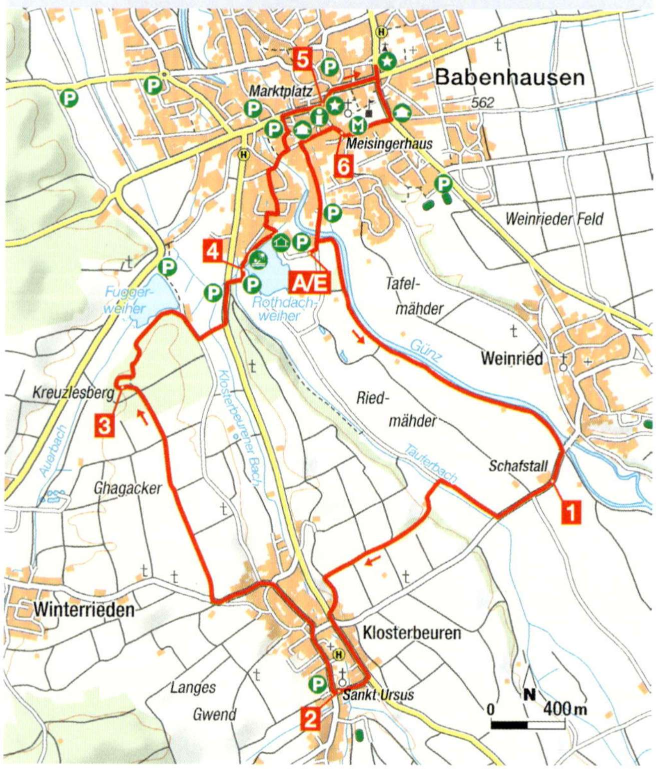

DIE »FUGGER VON DER LILIE«

Vorfahr der Fugger-Linien war der Weber Hans Fugger, der 1367 in die freie Reichsstadt Augsburg übersiedelte. Innerhalb von drei Generationen schafften die Fugger den Aufstieg zur führenden Kaufmannsfamilie. Seine Nachkommen trennten 1455 ihre Geschäftsbereiche und ihre Familiennamen in die Linie der »Fugger vom Reh« und in die Linie der »Fugger von der Lilie«. Jakob Fugger der Reiche »von der Lilie« wurde zwischen 1495 und 1525 ein europaweit tätiger Unternehmer und der bedeutendste Bankier Europas. Jakob Fugger galt schon zu Lebzeiten als einer der reichsten Männer seiner Zeit. Sein Anteil am Fuggerschen Gesellschaftskapital in Höhe von über 600 000 Gulden im Jahr 1527 entspräche heute etwa sechs Milliarden Euro. Ein Handwerker verdiente im 16. Jahrhundert etwa 50 Gulden jährlich. Das wäre ein heutiger Jahresverdienst von etwa 4500 Euro. Jakob der Reiche und seine Brüder Ulrich und Georg schufen mit den Fuggerschen Stiftungen ein Werk, das bis heute überdauerte. Aus der bis heute ununterbrochenen Linie der »Fugger von der Lilie« stammen die Fürsten Fugger-Babenhausen ab. Das Wappen der »Fugger von der Lilie« zeigt zwei Lilien auf gold-blauem Schild. Es ist an vielen Orten zu finden, denn die Familie erwarb umfangreiche Grundbesitze in Schwaben.

Das Fuggerschloss Babenhausen, Sitz des heutigen Adelsgeschlechtes der Fugger-Babenhausen, hatte Anton Fugger 1538 erworben. Er kaufte damals Häuser rund um das Schloss auf, um dort Wälle und Gräben anlegen zu können. Neben dem Schloss entstanden Wirtschaftsgebäude, eine Brauerei und Zehentstadel. 1806 wurde das Fürstentum der Fugger dem Königreich Bayern eingegliedert. Fürst Leopold Fugger ließ 1845 die Fassaden mit Treppengiebeln im Stil der Neogotik umgestalten. Das Fuggermuseum, das sich zunächst in Augsburg befand, entstand 1955 unter Friedrich Carl Fugger. Im Museum sind Zeugnisse der Goldschmiedekunst, Glas, Porzellan, Skulpturen, Waffen, Bücher, Möbel und sakrale Kunstgegenstände aus 600 Jahren Familiengeschichte ausgestellt (www.fugger.de).

Die einstige Klosterkirche Sankt Ursus wurde barockisiert.

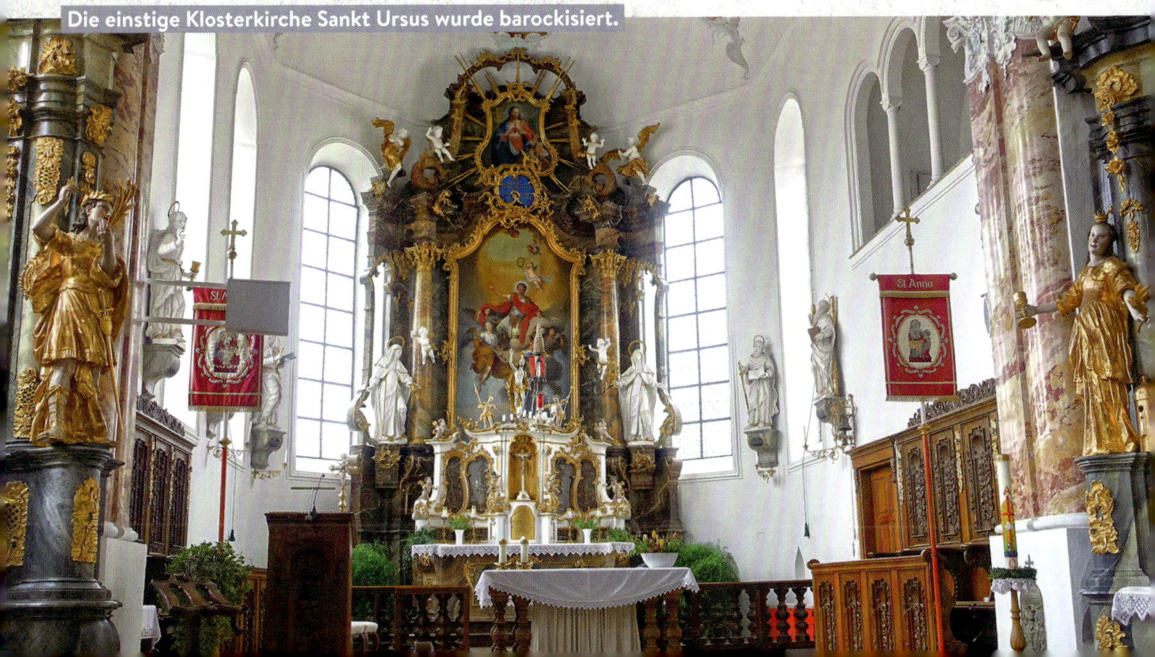

Fugger-Markt Kirchheim in Schwaben

Um das bayerische Escorial

Kirchheim in Schwaben ist vor allem bekannt durch das Fuggerschloss, das zu den bedeutendsten Renaissanceschlössern Deutschlands gezählt wird. Der berühmteste Gebäudeteil ist der Zedernsaal mit der wunderbaren Kassettendecke. Doch auch die Wege um den Ort halten Überraschungen bereit.

2

Das Fuggerschloss in Kirchheim ist ein bedeutender Renaissancebau.

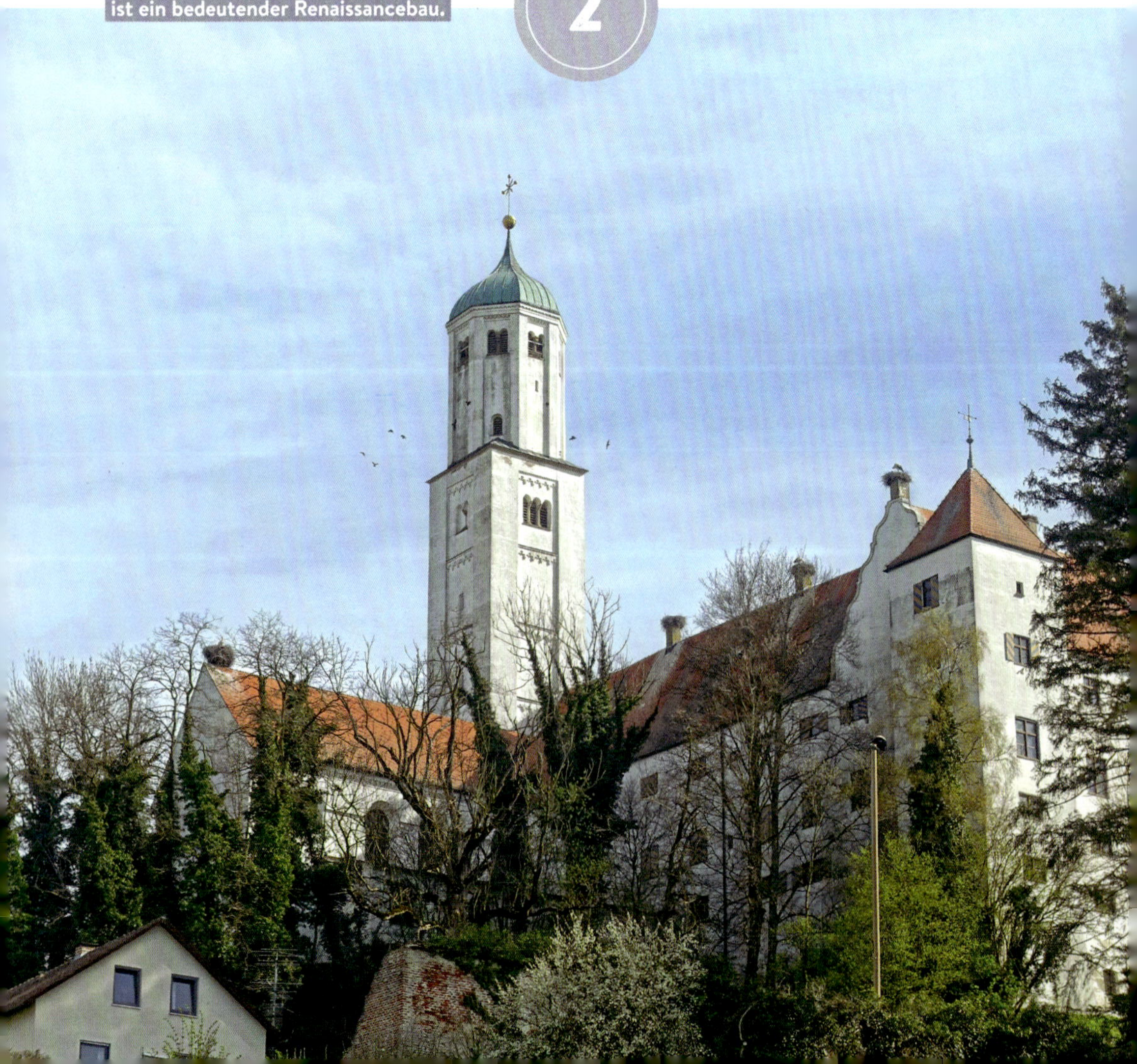

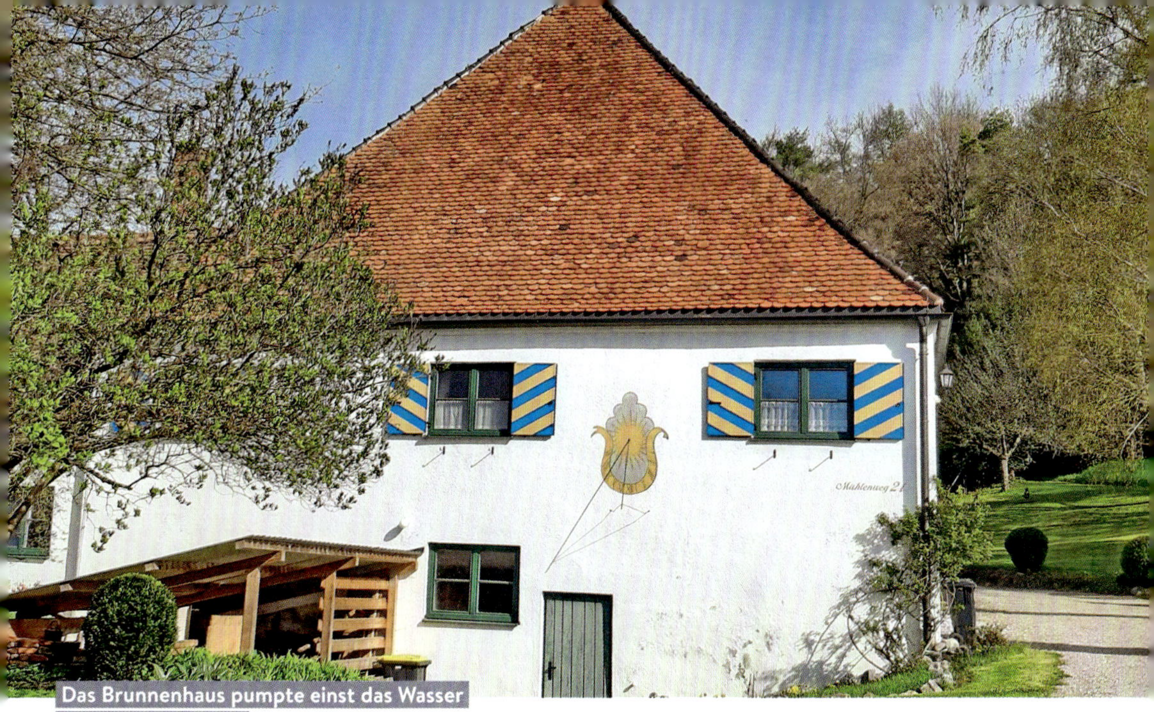

Das Brunnenhaus pumpte einst das Wasser in den Schlosspark.

Schon der Marktplatz mit dem Brunnen in Kirchheim atmet Geschichte. Das ehemalige große Gasthaus Zum Adler entstand 1859 aus dem früheren Zehntstadel. Der mit Stuck verzierte Saal im Obergeschoss ist einer der schönsten Wirtshaussäle im weiten Umkreis. Die St. Leonhard Apotheke wurde als erstes Gasthaus Zum Adler 1584 errichtet. Das schmucke historische Rathaus ist mit seiner barocken Fassade, Voluten-Schweifgiebel und Türmchen ein Schmuckstück aus dem 18. Jahrhundert. Es erfüllte einst auch die Funktion als Schule, Gericht und Gefängnis. Das Haus mit dem herrlichen alten Spalierbaum ist die Fürstliche Fugger Domanialkanzlei. Das Fuggerschloss ist eine Dreiflügelanlage mit Ecktürmen, die im 16. Jahrhundert im Stil der Renaissance erbaut wurde.

ZUM MYSTISCHEN KATZENWEIHER

Vom **A Marktplatz** beginnen wir die Wanderung rechts von der Apotheke auf der Fuggerstraße nach Norden. Am ehemaligen Schloss-Gutshof geht es rechts und links auf dem Seilerweg weiter. Am Ende müssen wir links und dann auf der Straße Lug ins Land rechts nach Derndorf hinunter. Vor dem Haus mit der Nummer 27 folgen wir dem Pfad nach rechts entlang der Weide abwärts. An der Kreuzung gehen wir vor dem Haus 15 auf der Bergstraße rechts hinauf und am letzten Haus mit der Nummer 19 knapp links vorbei und oben am Zaun entlang. In der Rechtskurve machen wir an der Lindenallee nach links einen Abstecher zum romantischen **1 Katzenweiher**. An der Quelle, die den Weiher speist, soll sich ein vorchristliches Quellheiligtum befunden haben.

ZUM HAGENBÜHL Wir gehen zurück und jetzt entlang der alten Lindenallee geradeaus auf dem Tobelweg, der an der Haselbacher Straße endet. Schräg gegenüber steht die Leonhardskapelle aus dem Jahr 1470. Hinter ihr war der alte Friedhof, der jetzt als kleiner Park angelegt ist. Doch wir wandern auf der Haselbacher Straße nach Osten aus dem Ort hinaus. An der Straßengabelung halten wir

Tipp

IM HEIMATMUSEUM

Das Museum im Rathaus hält nicht nur Ausstellungsstücke zur Vor- und Frühgeschichte, Kunst, Volkskunde, Ortsgeschichte, Handwerk und Landwirtschaft zur Ansicht bereit. Etwas ganz Besonderes ist die Sammlung einer tertiären Blätterflora aus den Sedimenten der Oberen Süßwassermolasse aus dem Raum Kirchheim (Marktplatz 6, Tel. 08266/860 80, www.kirchheim-schwaben.de).

uns auf der Hagenbühlstraße rechts über die Felder und bleiben immer geradeaus auf dem Hauptweg. An einem **2 Feldkreuz** vor einer Eiche vorbei kommen wir schließlich in den Wald auf dem Hagenbühl. 70 Meter nach dem Waldrand wandern wir rechts auf dem Forstweg weiter. An einer T-Kreuzung, an der wir rechts unten einen Weiher bemerken, gehen wir rechts aus dem Wald hinaus und kommen an einem **3 Brunnen** vorbei.

ZUM MARKTPLATZ An der T-Kreuzung in den Feldern müssen wir rechts und dann links und kommen so in Kirchheim an die Hauptstraße (St 2025). Nach rechts wenden wir uns der **4 Englisch-Gruß-Kapelle** aus dem Jahr 1605 zu. Das Fresko Zum Englischen Gruß stammt vom Maler Theodor Baierl, der zur Bewegung der Münchner Sezession gehörte. Vom Eingang der Kapelle überqueren wir die Hauptstraße in den Gehweg und laufen auf der Straße Am Mühlberg weiter. An der spitzen Straßengabelung nehmen wir rechts die Viktor-Heger-Straße. Am Ende der Straße gehen wir auf der Frühlingstraße links und auf der Friedhofstraße rechts.
Nach dem Friedhof geht es auf dem Feldweg links am Zaun entlang hinunter und auf dem

Das barocke Rathaus von Kirchheim ist besonders hübsch.

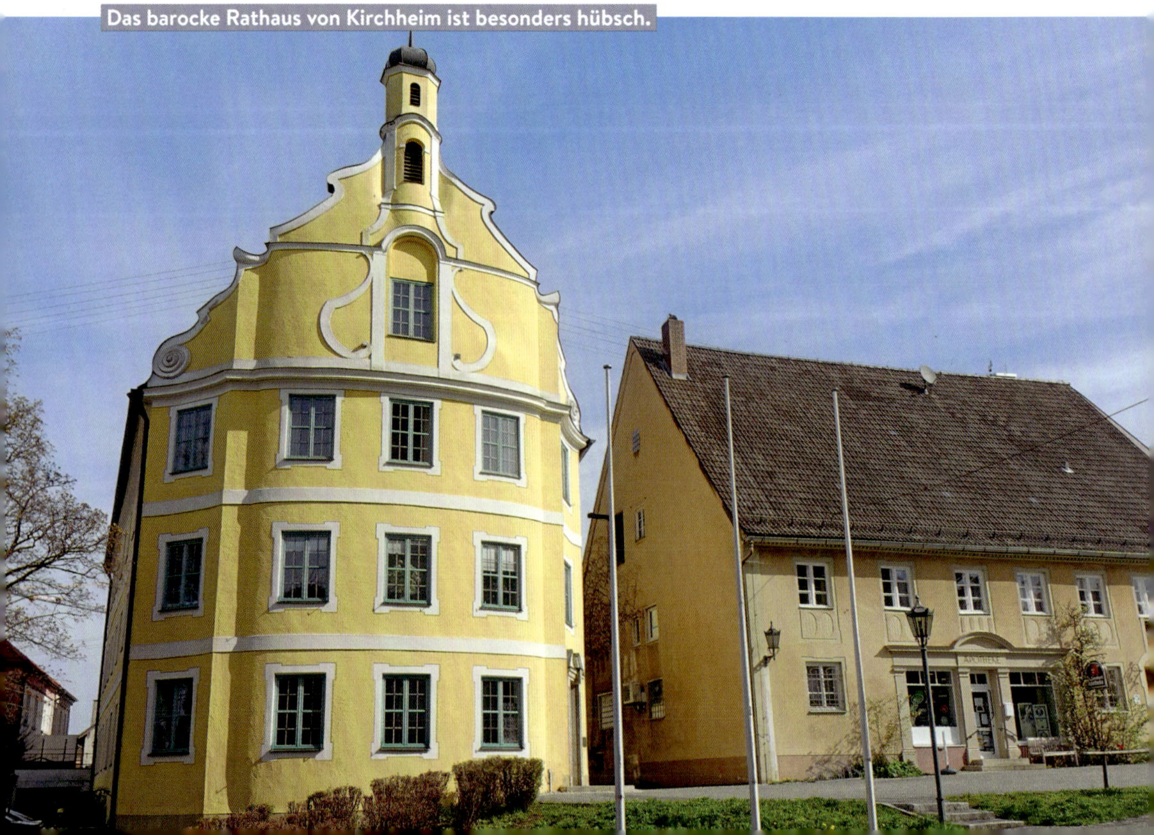

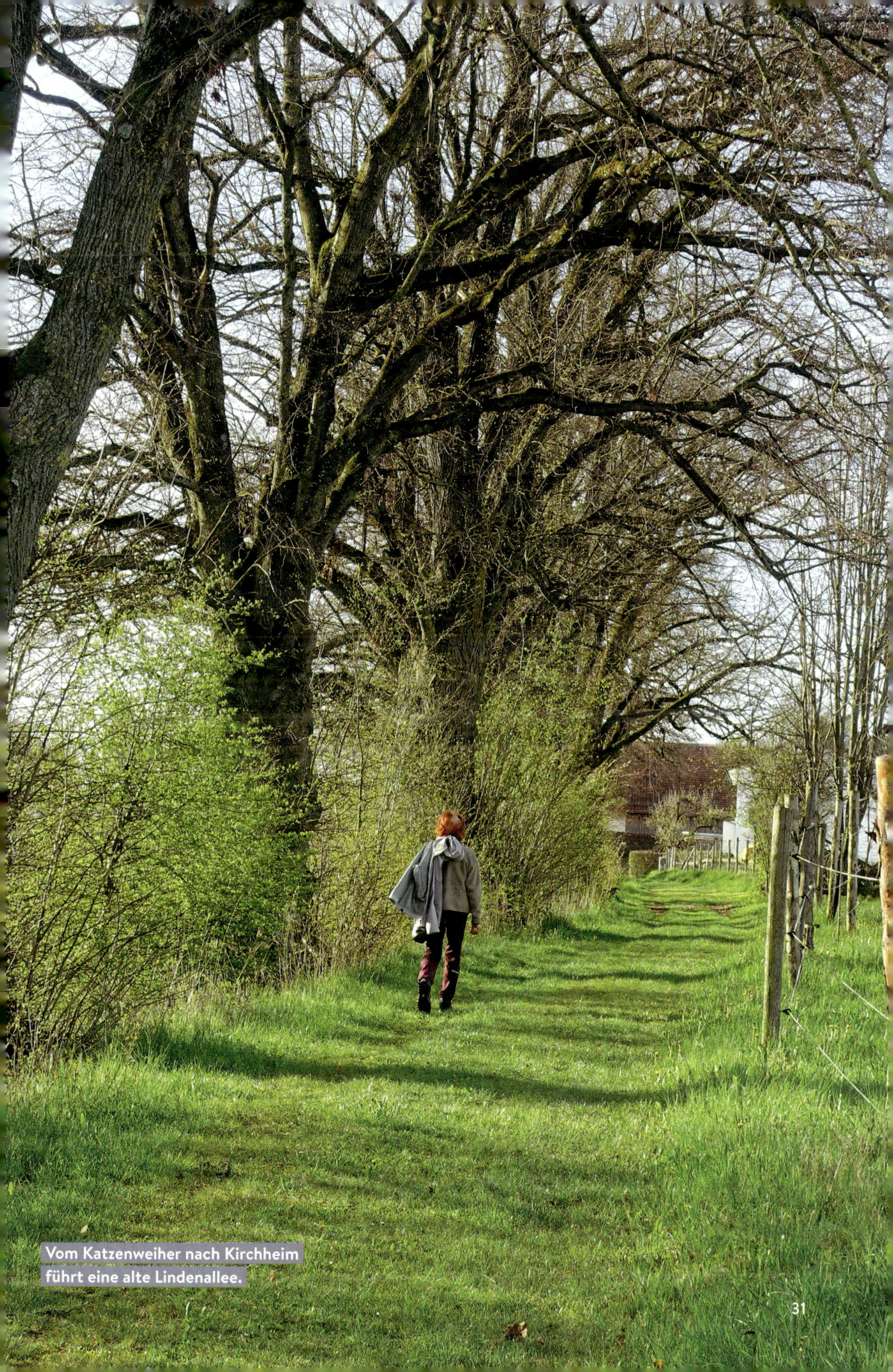

Vom Katzenweiher nach Kirchheim führt eine alte Lindenallee.

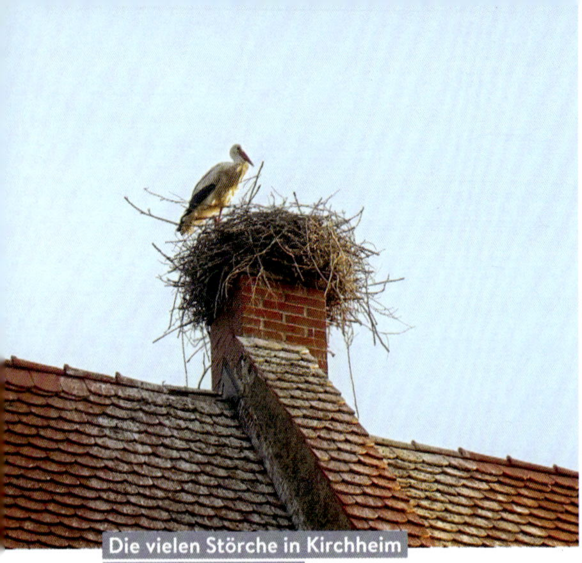

Die vielen Störche in Kirchheim sind eine Attraktion.

Mühlenweg rechts. Gleich rechts steht das 1563 erbaute **5 Brunnenhaus**, das der Wasserversorgung des Schlosses und seiner Brunnenanlagen diente. Der Brunnenweg endet an der Bronnerlehestraße, auf der wir rechts hinaufwandern. Auf dem Gehweg Brandgasse geht es rechts am Gasthof Lechler vorbei, dem einstigen Dominikanerkloster, und rechts auf der Treppe zur Kirche St. Peter und Paul aus dem Jahr 1583 aufwärts. Auf der Turmuhr sind die Stunden und Minuten auf separaten Zifferblättern abzulesen. Unter der Kirche wurde römisches Mauerwerk entdeckt. Eines der bedeutendsten Kunstwerke ist das Gemälde Mariä Himmelfahrt von Peter Paul Rubens am südlichen Seitenaltar. Das Hochgrab von Hans Fugger gilt als eine der schönsten Renaissanceplastiken Süddeutschlands. Vor dem Schloss ist der **E Marktplatz**, an dem wir losgelaufen sind. Eine Attraktion in Kirchheim sind die Störche, die zwischen März und Juli auf jedem erdenklichen Platz brüten. Sie finden in den feuchten Wiesen und Feldern um Kirchheim ideale Futterplätze. Wer möchte, geht noch auf der Hasberger Straße zur Kreuzung mit der Staatsstraße hinaus. Dort hat die Baufirma Holzheu einen Kran zu einem Storchenkran umfunktioniert, auf dem schon einmal in zwölf Nestern gebrütet wird.

INFO

TOURENCHARAKTER

Einfache, sonnige Wanderwege durch Wiesen, Felder und Wald

AUSGANGS-/ENDPUNKT

Parkplatz Marktplatz 4, 87757 Kirchheim, GPS 48°10'21.5"N 10°28'31.0"E (580 m)

ANFAHRT

ÖPNV: Bahn bis Memmingen, Bus 819 nach Kirchheim in Schwaben, Gasthaus Adler

Auto: A96 Ausfahrt 19 Mindelheim und auf der B16 und St 2037 nach Kirchheim in Schwaben

GEHZEITEN

Marktplatz – Katzenweiher 0:20 Std. – Feldkreuz 0:35 Std. – Brunnen 0:25 Std. – Englisch-Gruß-Kapelle 0:25 Std. – Brunnenhaus 0:15 Std. – Marktplatz 0:20 Std.

EINKEHR

Café Bistro Zum Sohr, Hauptstraße 22, 87757 Kirchheim, Tel. 08266/869 04 41, www.zum-sohr.de

Leicht	7,7 km	130 Hm	2.20 Std.

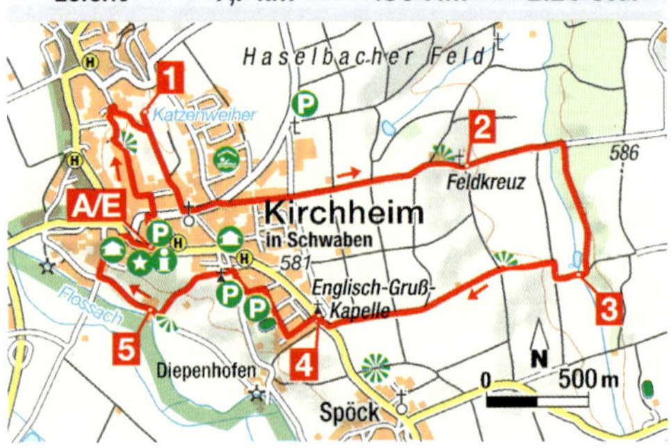

INFORMATION

Markt Kirchheim in Schwaben, Marktplatz 6, 87757 Kirchheim in Schwaben, Tel. 08266/860 80, www.kirchheim-schwaben.de

DIE HERRSCHAFT KIRCHHEIM IN SCHWABEN

Nachdem Jakob Fugger der Reiche aus der Linie Fugger von der Lilie starb, übernahm sein Neffe Anton Fugger (1493–1560) das Familienunternehmen. Er erwarb 1551 die Herrschaft und Schloss Kirchheim. Nach dem Tod von Anton Fugger wurde das Schloss Kirchheim unter seinen drei Söhnen verlost und fiel an den Sohn Hans Fugger, der 1585 das neue Renaissanceschloss errichten ließ. Hans Fugger war der Stammvater der Linien Kirchheim und Glött. Das Schloss wird bis heute von Nachkommen der Linie Fugger von Glött bewohnt. Hier wohnte auch Joseph Ernst Fürst Fugger von Glött (1895–1981), der als Widerstandskämpfer gegen den Nationalsozialismus agierte. Angela Fürstin Fugger von Glött erhielt für die Renovierung und den Erhalt des Fuggerschlosses im Jahr 2001 den Bayerischen Verdienstorden.

Das berühmte Kirchheimer Schloss wird bis heute »Schwäbisches Escorial« genannt, weil die Vierflügelanlage dem El Escorial bei Madrid gleicht. Herzstück ist der repräsentative Zedernsaal, dessen herrliche Kassettendecke 1585 von Wendel Dietrich, dem bedeutendsten Kunsttischler des 16. Jahrhunderts, geschaffen wurde. Neben dunklem Zedernholz aus dem Libanon sind in den Kassetten noch viele andere Hölzer verbaut. Tausende von Figuren, Satyrmasken, Rosetten, geometrische Formen, Blumendekore, Fruchtgirlanden und Fuggerlilien schmücken die Kassetten. Die Holzdecke gilt als schönstes Schnitzwerk der Renaissance in Deutschland und ist unbedingt sehenswert. Im 360 Quadratmeter großen Saal begeistern auch die prunkvollen Portale, der Kamin und die zwölf überlebensgroßen Terrakottaskulpturen. Da sich der Zedernsaal durch unübertroffen gute Akustik auszeichnet, etablierte sich seit der Mitte des 20. Jahrhunderts eine großartige Musiktradition. Seit dieser Zeit gehen im Zedernsaal große nationale und internationale Vokalkünstler, Chöre und Orchester ein und aus. Eine Besichtigung des Zedernsaales ist täglich von 9 bis 12 Uhr und von 14 bis 17 Uhr im Rahmen einer Führung möglich. Voranmeldung unter Tel. 0151/66742424.

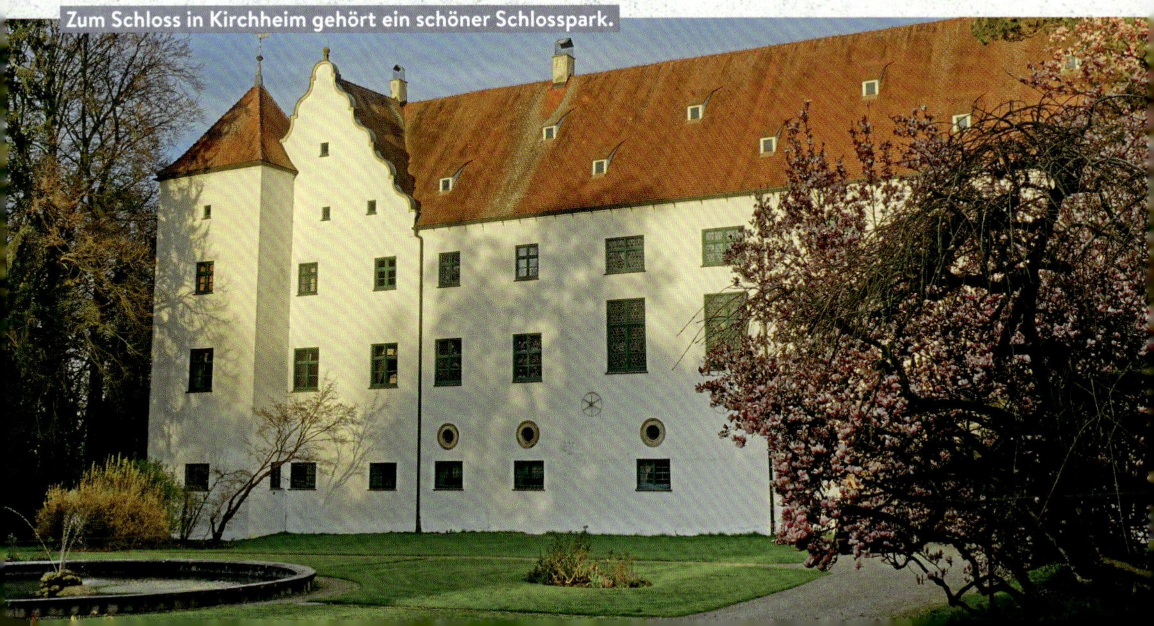

Zum Schloss in Kirchheim gehört ein schöner Schlosspark.

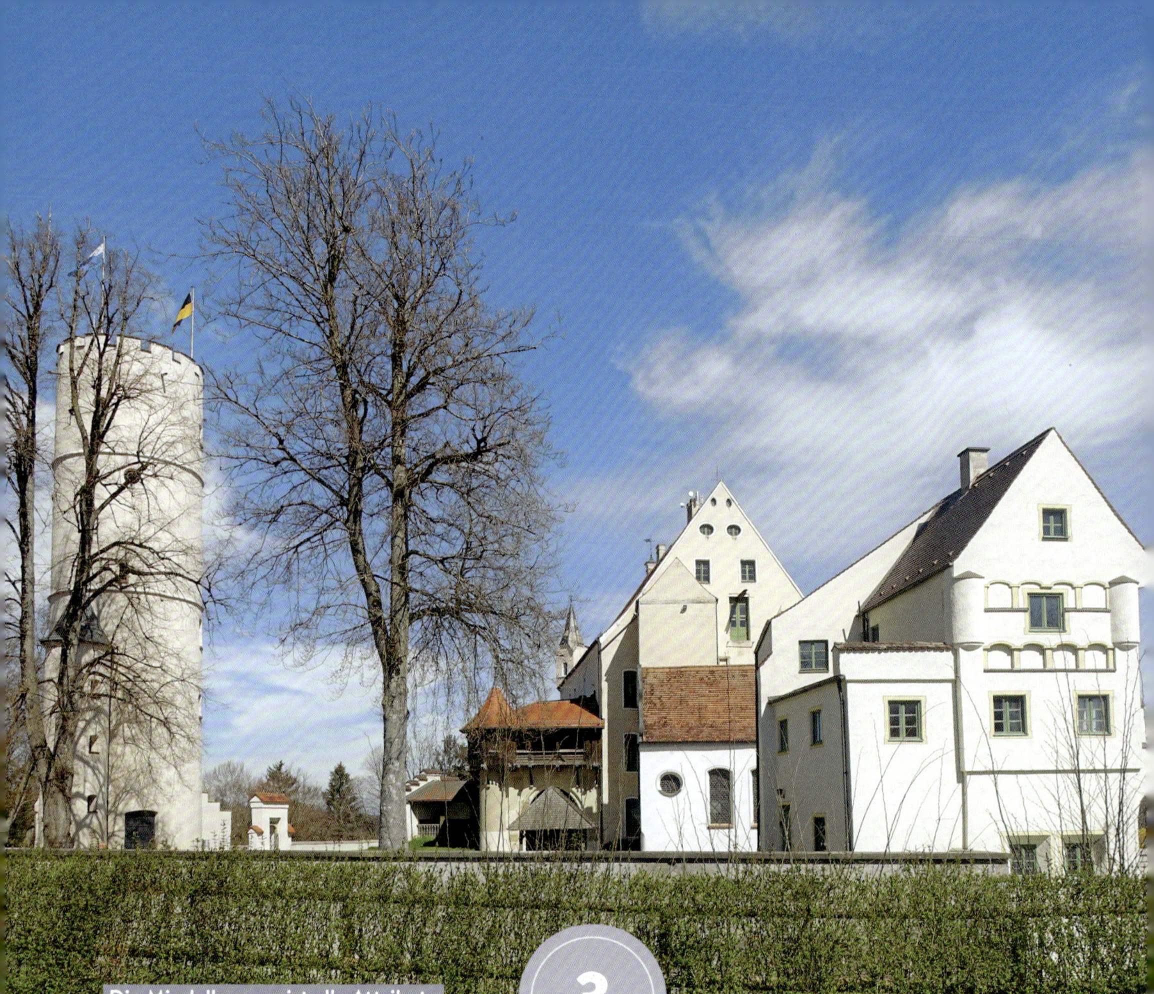

Die Mindelburg weist alle Attribute einer mittelalterlichen Burg auf.

3

Auf die Mindelheimer Burg

Natur und Mittelalter an der Mindel

In Mindelheim überraschen auf den Gassen zwischen Türmen, Stadtmauer und farbenfrohen Bürgerhäusern romantische Winkel, die zum Genuss und Vergnügen einladen. Schöne Blicke aus der Vogelperspektive auf die Stadt bieten die Mindelburg und andere Aussichtspunkte auf dem Wanderweg.

Viele historische Ensembles in Mindelheim strahlen Behaglichkeit aus und sind eine Augenweide. Einfach nur bummeln und staunen oder im Müßiggang vor einem Café sitzen und das Treiben beobachten ist in Mindelheim schon genug. Dazu im Kontrast steht das Blütenmeer des Naturlehrgartens zwischen Bach und Teich, an dem sich Libellen tummeln.

ZUR AUSSICHT Vom Parkplatz gehen wir zuerst auf der **A Luxenhoferstraße** stadtauswärts an der Mindel nach Norden. Nach dem Haus mit der Nummer 29 folgen wir rechts dem Gehweg entlang des Flüsschens. Erst nach 600 Metern wandern wir an einer Fußgängerbrücke links über die Felder in Richtung Bergwaldrunde. An einer Bank vor einer Holzhütte steigen wir rechts in Richtung Bergwaldrunde aufwärts und bleiben dann in Richtung Unterauerbach geradeaus. Eine Forststraße überqueren wir in einen Waldpfad, der bald abwärts verläuft. An einer zweiten Forststraße laufen wir rechts und am Ende auf der Ortsverbindungsstraße 170 Meter links zur **1 St.-Anna-Kapelle** hinauf.

ZUR MINDELBURG Von der Kapelle geht es zunächst noch 60 Meter nach Westen und in einem Bogen nach Süden in den Wald hinein. Nach über einem Kilometer müssen wir an einer Kreuzung mit der gelb-weißen Markierung links aufwärts. Am Ende des Waldes geht es auf der Bergwaldstraße rechts und nach dem Haus mit der Nummer 4 links in das kleine Sträßchen hinein. Nach der Nummer 48 gehen wir geradeaus durch das Tor auf das Grundstück mit dem Jägerzaun, in dem die Katharinenkapelle aus dem Jahr 1606 steht. An der Geländekante ist eine Bank mit einer schönen Aussicht über Mindelheim. Eine Treppe führt hinab zur **2 Herrgottsruhkapelle** aus dem Jahr 1718. Sie ist der Endpunkt des Kreuzweges. Vor der Kapelle beginnt ein Weg nach rechts in den Wald hinein in Richtung Mindelburg. An einer Gabelung vor der B 18 nehmen wir die rechte Spur und gelangen auf einer Brücke über die Bundesstraße zur mittelalterlichen **3 Mindelburg** hinauf, die im 12. Jahrhundert begründet wurde. Die Aussicht vom

Tipp

MINDELHEIMER MUSEUMSLANDSCHAFT

Sechs Museen warten in Mindelheim auf die Besucher. Im einstigen Jesuitenkolleg in der Hermelestraße 4 sind Schwäbisches Krippenmuseum, Textilmuseum, Archäologiemuseum und die Carl-Millner-Galerie untergebracht. Carl Millner (1825–1895) zählte zu den erfolgreichsten Münchener Landschaftsmalern. Das Schwäbische Turmuhrenmuseum in der Hungerbachgasse 9 zeigt 50 Turmuhren von 1562 bis heute. Das Heimatmuseum mit Zeugnissen kirchlicher Kunst und der Volkskunst befindet sich im Franziskanerinnenkloster Heilig Kreuz (www.mindelheim.de).

Die Herrgottsruhkapelle besitzt ein wertvolles Altarbild.

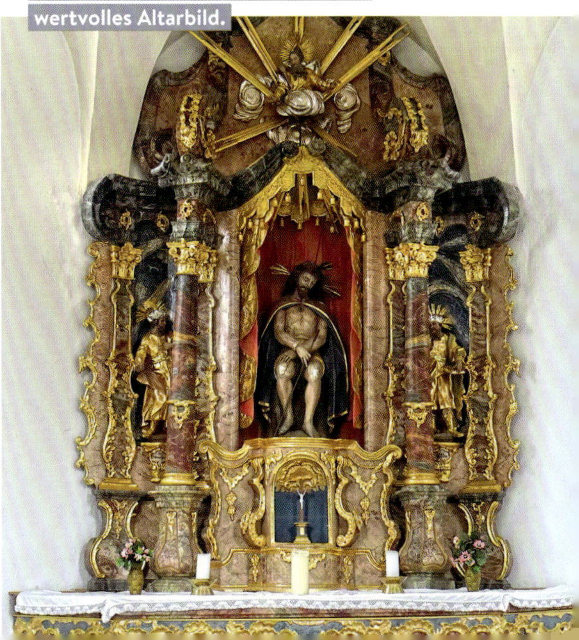

24 Meter hohen Bergfried ist zu jeder Jahreszeit ein lohnenswertes Erlebnis.

ZUR HISTORISCHEN ALTSTADT Wir gehen wieder aus der Burganlage heraus und spazieren vor dem Parkplatz links in Richtung Naturlehrgarten. Unten an einem Parkplatz müssen wir in spitzem Winkel links zum **4 Naturlehrgarten**. Er stellt eine Verknüpfung aus Lehrgarten, Spielgelände und Naherholungsziel dar und leistet einen Beitrag zur Biodiversität. Schließlich kommen wir auf der Tiergartenstraße am Freibad Mindelheim vorbei und wandern weiter auf der Georgenstraße. Auf der Ludwig-Schramm-Straße geht es links und gleich wieder rechts auf dem Gehweg an der Mindel entlang. Der Weg setzt sich in die **E Luxenhoferstraße** fort, an der unser Ausgangspunkt ist. Doch es bietet sich geradezu an, die geschichtsträchtige Altstadt Mindelheims zu besichtigen und durch die Gassen zu schlendern. In der Touristinformation gibt es einen guten Stadtplan mit den Sehenswürdigkeiten.

INFO

TOURENCHARAKTER

Leichte, sonnige Wege.
Feste Schuhe mit griffigen Sohlen sind richtig.

AUSGANGS-/ENDPUNKT

Parkplatz Luxenhoferstraße 15,
87719 Mindelheim,
GPS N48°02'52.4"N 10°28'59.9"E (595 m)

ANFAHRT

ÖPNV: Bahn bis Mindelheim
Auto: A 96 Ausfahrt 19 Mindelheim und auf der B 16 nach Mindelheim

GEHZEITEN

Luxenhoferstraße – St.-Anna-Kapelle 0:40 Std. – Herrgottsruhkapelle 0:40 Std. – Mindelburg 0:25 Std. – Naturlehrgarten 0:25 Std. – Luxenhoferstraße 0:40 Std.

EINKEHR

Restaurant Theater-Eck,
Theaterplatz 1, 87719 Mindelheim,
Tel. 08261/759 69 57,
www.theatereck.de

INFORMATION

Tourist-Information im Rathaus,
Maximilianstraße 26, 87719 Mindelheim,
Tel. 08261/991 51 60,
www.mindelheim.de

Leicht | 9,8 km | 130 Hm | 2.50 Std.

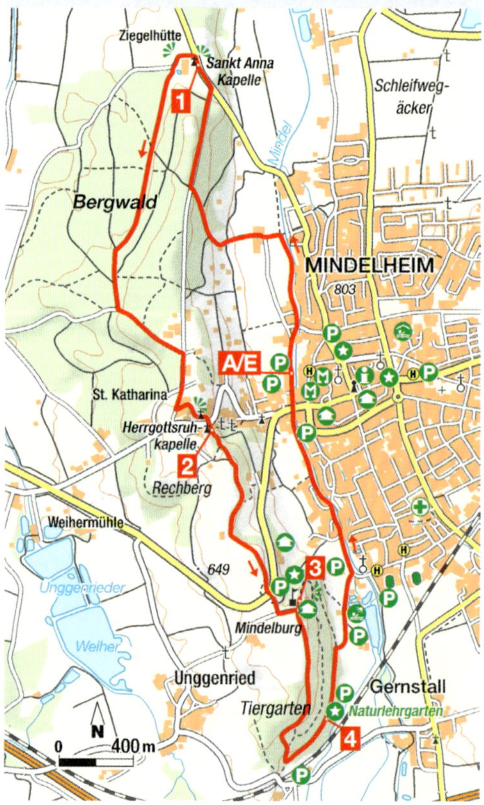

GEORG VON FRUNDSBERG

Im 7. Jahrhundert n. Chr. siedelten sich alemannische Siedler an der Mindel an. In karolingischer Zeit gab es hier im Jahr 1046 einen Reichshof. Die befestigte Stadt Mindelheim und die Mindelburg wurden im späten 12. Jahrhundert zur Sicherung der Salzstraße Via Salina von Reichenhall über München an den Bodensee begründet. Die Herrschaft der Herzöge von Teck erwarb im 15. Jahrhundert der Tiroler Ritter Ulrich von Frundsberg. 1473 wurde auf der Mindelburg der berühmte »Vater der Landsknechte« Georg von Frundsberg geboren. 1616 fiel die Herrschaft an Herzog Maximilian I. von Bayern. Auf einem Wandgemälde aus der Zeit um 1520 in der Trinkstube in der Mindelburg ist der Burgherr Georg von Frundsberg mit Gästen abgebildet. Mit 24 Jahren unternahm er 1499 als Landsknecht seinen ersten Kriegszug. Die Söldnerheere des Landsknechtwesens gab es seit dem 15. Jahrhundert. Sie waren eine schlagkräftige Fußtruppe, die aber auch den schlechten Ruf von Plünderern und Marodeuren hatte und führungslos ganze Landstriche verwüstete. Dem Landsknechthaufen folgte ein Tross mit Wagen und Karren, mit Marketenderinnen und Marketendern, Metzgern, Bäckern und Schankwirten. Frundsberg stellte unter den Landsknechten Zügellosigkeit fest und organisierte sie durch Exerzieren und feste Marschordnungen zu geordneten Kämpfern. Dabei nannte er seine Untergebenen Söhne oder Brüder und die nannten ihn schon zu Lebzeiten »Vater der Landsknechte«. Mit seinen gut ausgebildeten Truppen errang Frundsberg bedeutende Siege über zahlenmäßig überlegene Heere und wurde zur Legende bis auf den heutigen Tag. Alle drei Jahre findet in Mindelheim zur Erinnerung an Georg von Frundsberg und an die Landsknechte das Frundsbergfest statt. Die zehntägige Feier ist eines der größten historischen Feste Süddeutschlands. Im Festzug ziehen dann 2500 historisch gekleidete Personen, 200 Pferde, 30 Kutschen, Festwagen und Geschütze vor der malerischen Kulisse der Altstadt an den begeisterten Zuschauern vorbei (www.frundsbergfest.de).

In der Altstadt Mindelheims gibt es viel zu sehen.

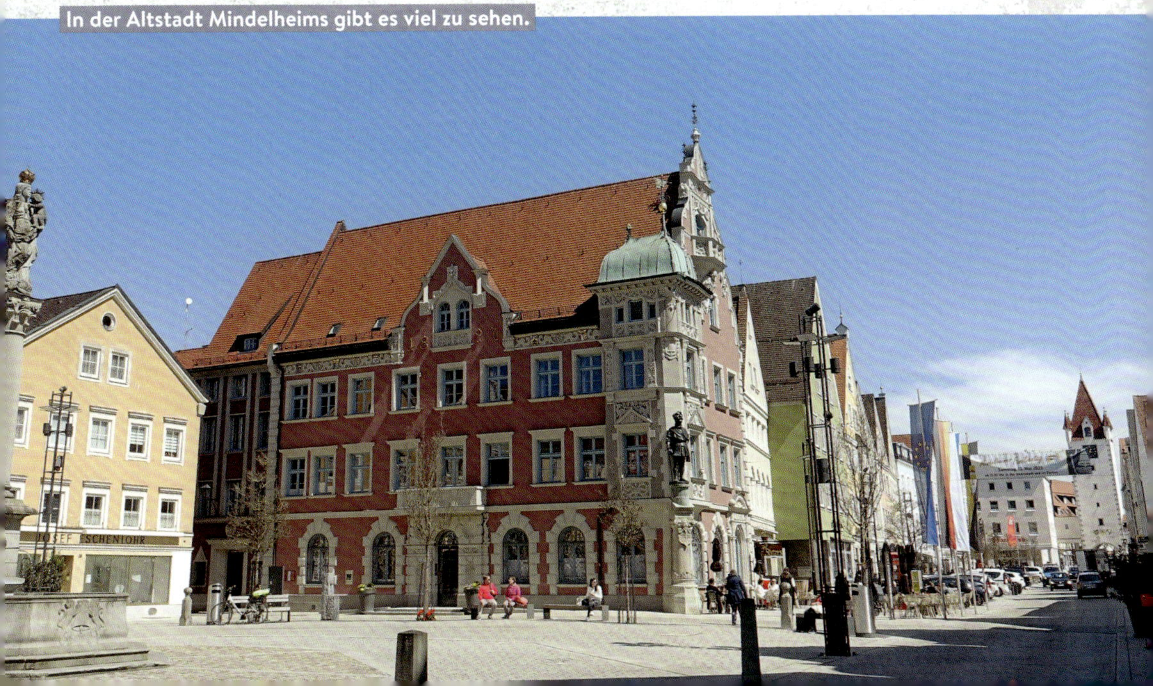

Durch die Memminger Geschichte

Mittelalter und Neue Welt

Memmingen ist eine mittelalterliche Stadt in historischer Schönheit. Sie begeistert mit bunten Häuserfassaden, Toren, Türmen und Mauern. Manche Stellen entlang der kilometerlangen, gut erhaltenen Stadtmauer um die Altstadt glänzen auch durch ihren morbiden Charme.

4

Das Rathaus mit der Rokokofassade stammt aus dem Mittelalter.

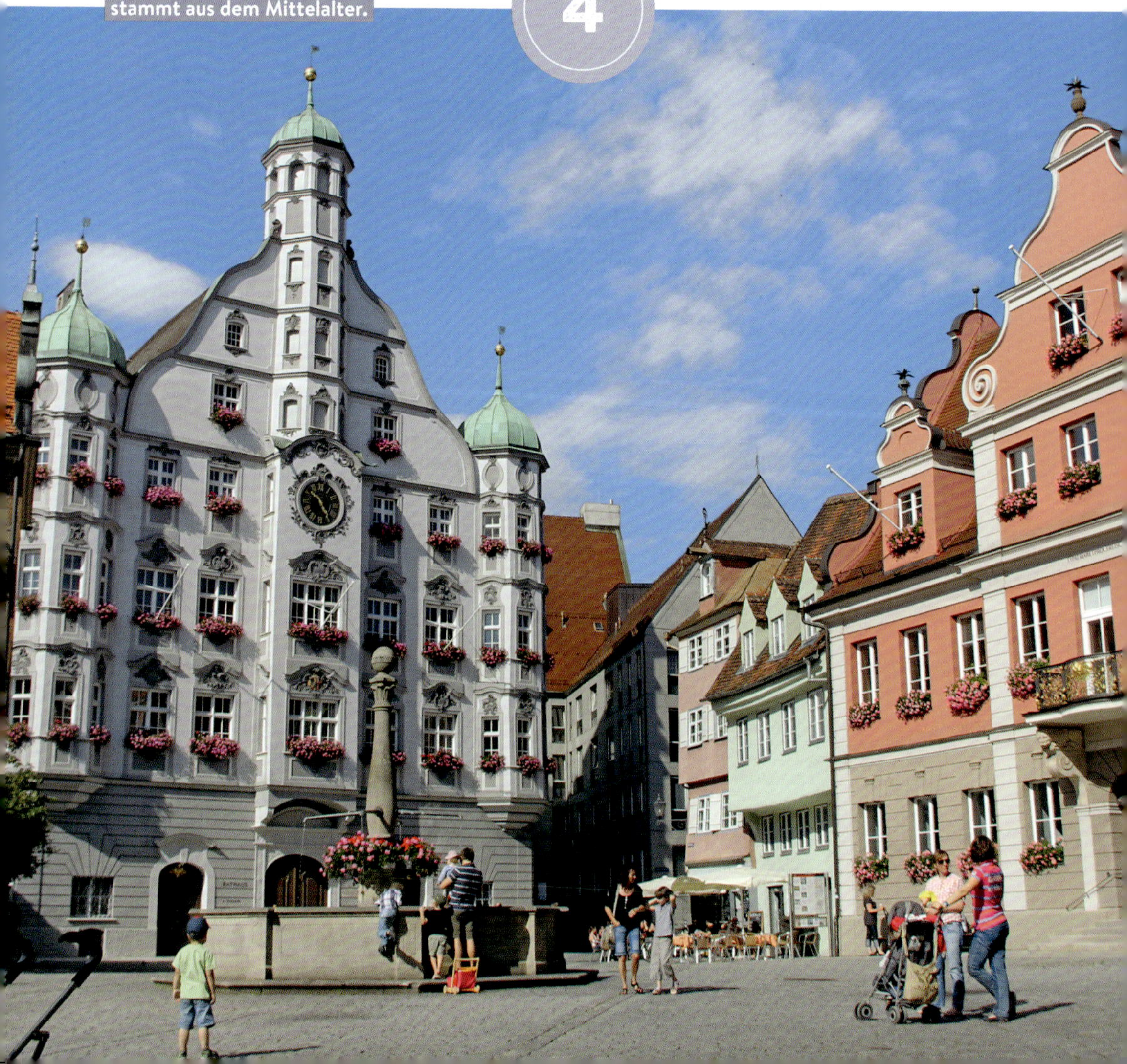

Der Spaziergang durch Memmingen ist ein kurzweiliger Zeitvertreib mit Einblicken in die Geschichte und zugleich ein Ausflug ins Grüne durch Parks und Anlagen und immer wieder entlang des Stadtbaches.

ZUM HAFENDECKELTURM Vom Parkplatz **A Neue Welt** überqueren wir die Straße in den Stadtpark Neue Welt, laufen entlang der Wassersportanlage stadteinwärts nach Süden und halten uns stets an den Lauf der Memminger Ach.
Am Ende haben wir noch ein Stück auf der Saarlandstraße und überqueren die Straße Am Kuhberg in den Bogendurchgang der Stadtmauer. Hier stand im 15. Jahrhundert das Diemerstürlins, durch das die Bürger, nachdem die Stadttore geschlossen waren, in die Stadt gelangen konnten. Auf dem Sträßchen Am Einlaß kommen wir entlang der Ach zum einstigen **1 Betteltuɾm**, an dessen Stelle das Armenhaus aus dem 19. Jahrhundert steht. Durch den Torbogen, dann rechts durch den Zollergarten und rechts in der Straße Ratzengraben erreichen wir den heute so romantisch wirkenden Hexenturm aus dem 12. Jahrhundert. Gegenüber ist die Krautstraße, von der wir nach dem Parkhaus links in den Stadtpark Kohlschanze kommen. Nach rechts geht es entlang der Stadtmauer zur Ruine des **2 Hafendeckelturmes**.

ZUM MARKTPLATZ Neben der Kohlschanzstraße geht es nach Süden und rechts in die Kalchstraße. Auf der Salzstraße laufen wir links und auf der Maximilianstraße rechts. Am Weinmarkt mit den hübschen mittelalterlichen Zunfthäusern schlendern wir auf der Kramerstraße links zum Theaterplatz. Vor dem Stadttheater links kommen wir zum Gerberplatz, an dem das **3 Siebendächerhaus** steht. Auf der Lindentorstraße gehen wir rechts, am

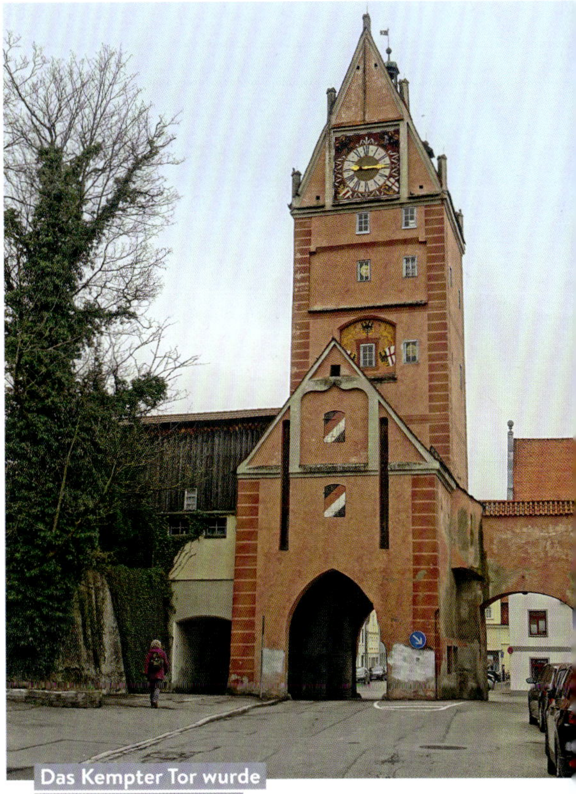

Das Kempter Tor wurde im Jahr 1395 erbaut.

Tipp

IN DER MEWO KUNSTHALLE

Die Memminger Wohnungsbaugenossenschaft MEWO überlässt der Stadt das Gebäude mietfrei zur Nutzung als Kunsthalle. Das Haus für Gegenwartskunst und Kunst des 19. und 20. Jahrhunderts ist im ehemaligen königlichen Bayerischen Postgebäude am Bahnhof untergebracht. Es präsentiert die städtischen Sammlungen von Memminger Malern und weltberühmten Künstlern der Malerei und Grafik (Bahnhofstraße 1, 87700 Memmingen, Tel. 08331/85 07 71, www.mewo-kunsthalle.de).

Schrannenplatz nach der Ach links und an der gotischen Frauenkirche links vorbei. 30 Meter rechts nach der Kirche können wir links durch einen Torbogen in den Reichshainpark schlüpfen und nach rechts zum Kempter Tor laufen. Durch das Tor und links auf der Straße An der Hohen Wacht wandern wir am Scharfrichterhaus und an der Roten Kaserne vorbei in das Gerberviertel mit viel Patina. Schließlich erreichen wir das **4 Lindauer Tor** aus dem 14. Jahrhundert. Wir bleiben innerhalb auf der Straße An der Mauer, überqueren den Schweizerberg halb links und gehen zum Westertor. In der Zangmeisterstraße geht es an der mittelalterlichen Basilika St. Martin vorbei zum **5 Marktplatz**. Das mittelalterliche Rathaus wurde im 18. Jahrhundert mit einer Rokokofassade umgestaltet. Das prunkvolle Steuerhaus mit Arkaden war der Sitz der Finanzverwaltung der freien Reichsstadt.

AUS DER STADT ZUR NEUEN WELT Vom Marktplatz laufen wir auf der Ulmer Straße zum Ulmer Tor mit der Darstellung des feierlichen Einzuges Kaiser Maximilians im Jahr 1489. Durch den kleinen Park rechts nach dem Tor sind wir wieder am Bogendurchgang, durch den wir zu Beginn die Stadt betreten haben. Nach links kommen wir auf der Saarlandstraße wieder in den Stadtpark Neue Welt. Weit draußen an der Wassersportanlage wandern wir jetzt links vorbei und erreichen in einem Bogen wieder den Parkplatz **E Neue Welt**.

INFO

TOURENCHARAKTER
Leichte, sonnige Wege durch die Stadt

AUSGANGS-/ENDPUNKT
Parkplatz In der Neuen Welt 8, 87700 Memmingen, GPS 47°59'56.7"N 10°11'10.3"E (590 m)

ANFAHRT
ÖPNV: Bahn bis Memmingen
Auto: A 96 Ausfahrt 14 Memmingen-Ost und auf der Münchner Straße und Schuhmacherring zum Parkplatz In der Neuen Welt

GEHZEITEN
Parkplatz In der Neuen Welt – Betteltum 0:25 Std. – Hafendeckelturm 0:10 Std. – Siebendächerhaus 0:15 Std. – Lindauer Tor 0:20 Std. – Marktplatz 0:15 Std. – Parkplatz In der Neuen Welt 0:35 Std.

EINKEHR
Joesepp's Brauhaus,
Schweizerberg 17, 87700 Memmingen,
Tel. 08331/927 81 03, www.joesepps-brauhaus.de

INFORMATION
Tourist Information, Marktplatz 3, 87700 Memmingen,
Tel. 08331/85 01 73,
www.tourismus-memmingen.de

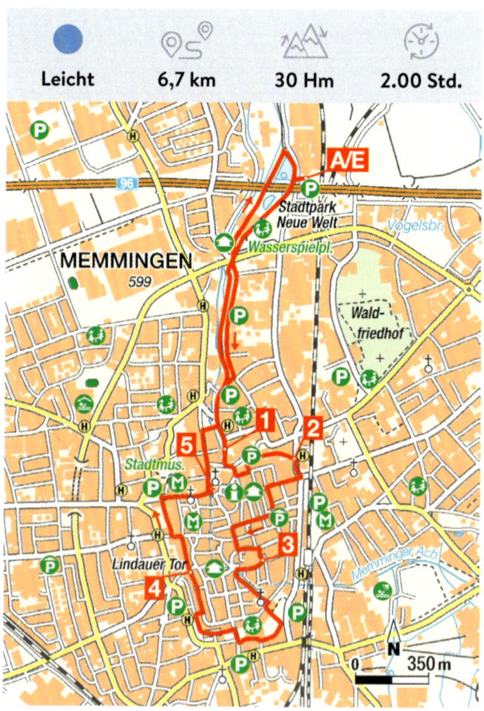

MEMMINGER FREIHEITSGESCHICHTE

Im 14. Jahrhundert lebten die Bürger innerhalb der Mauern Memmingens in Wohlstand und Sicherheit und konnten ungestört ihren Berufungen nachgehen. Es gab genügend Nahrung, die medizinische Versorgung war gut und es gab einige Bildungseinrichtungen. Die bürgerlichen Zünfte hatten schon 1347 das in der Zunftverfassung gewährte Recht von Einfluss auf die Stadtpolitik und Wirtschaft. Doch 1525 schlossen sich 50 Bauernvertreter verschiedener Regionen und Memminger Bürger zur Christlichen Vereinigung zusammen und schrieben neue Forderungen nach Freiheit und Teilhabe in ein Manifest. In der historischen Kramerzunft verfassten sie die sogenannten Zwölf Artikel, die sich schließlich im ganzen Heiligen Römischen Reich Deutscher Nation verbreiteten. In der Region waren die Zwölf Artikel ein Forderungskatalog an den Schwäbischen Bund, ein Zusammenschluss der schwäbischen Reichsstände, also Territorialfürsten, Ritter und Prälaten. Doch der Schwäbische Bund schlug noch im gleichen Jahr im Bauernkrieg die Aufständischen blutig nieder. 100 000 Menschen fanden den Tod, und die Zunftverfassung wurde durch kaiserliche Anordnung abgeschafft. Die Handwerker verloren ihre politische Einflussnahme und die Patrizier gewannen an Macht.

Doch im Rückblick gelten die Zwölf Artikel als erstes Monument der deutschen Freiheits- und Verfassungsgeschichte, die sich weiter fortsetzen sollte und 1832 im Hambacher Fest einen weiteren Höhepunkt fand. Das Zunfthaus der Kramer, in dem die aufständischen Bauern das Manifest der Zwölf Artikel schrieben, ist noch heute am Weinmarkt in Memmingen zu besichtigen. Dort gibt es auch einen Informationspunkt zu den Freiheitsrechten. Der Brunnen vor dem Haus erinnert an die Zwölf Artikel, die auch auf dem Brunnen geschrieben stehen. Die Stadt Memmingen hält das Andenken an die Ereignisse im Jahr 1525 hoch und trägt den Titel »Stadt der Freiheitsrechte«. Die Stadt hat den »Memminger Freiheitspreis 1525« ins Leben gerufen. Damit soll daran erinnert werden, dass keine einmal erworbene Freiheit für alle Zukunft gesichert ist. Freiheit muss ersehnt, erkämpft und verteidigt werden. Der eingerichtete Glücksweg führt zu historischen Plätzen und Bauwerken, die eine Funktion beim Kampf der Memminger Bürger für ihre Rechte und die Freiheit spielten.

Im Siebendächerhaus trockneten einst die Gerber Felle und Leder.

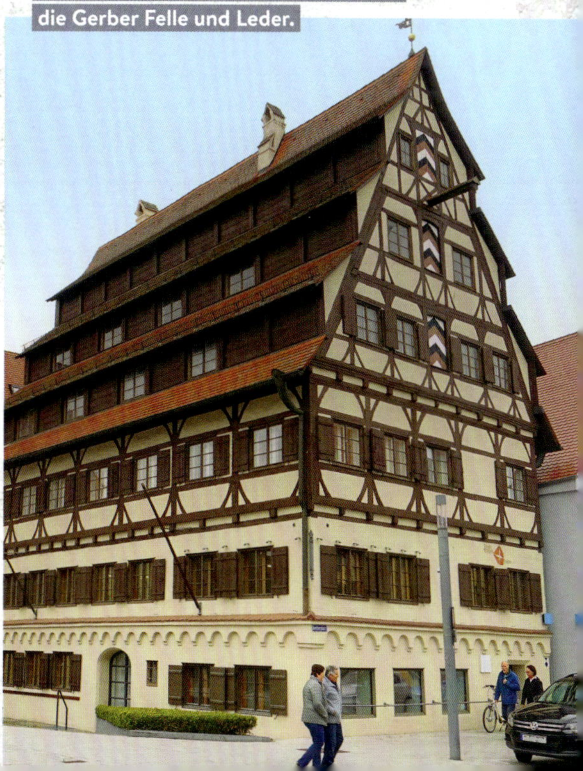

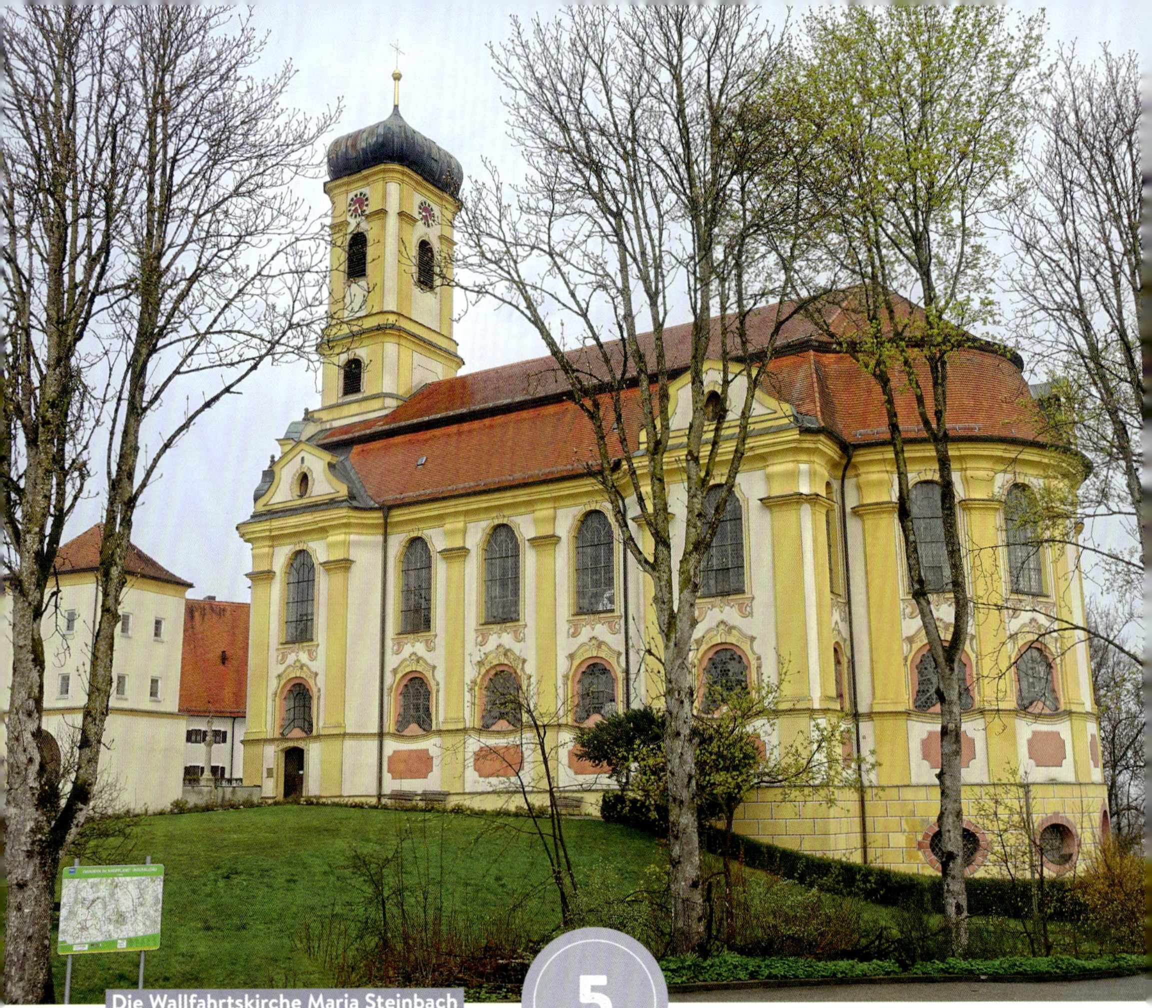

Die Wallfahrtskirche Maria Steinbach ist eine bedeutende Rokokokirche.

5

Von Illerbeuren nach Maria Steinbach

Im malerischen Illerwinkel

Der ländlich geprägte Illerwinkel verspricht geruhsame Erholung. An manchen Tagen sind im sehenswerten Schwäbischen Bauernhofmuseum viele Menschen anzutreffen. Zur Rokokokirche Maria Steinbach kommen nicht nur Wallfahrer, sondern auch interessierte Kunstfreunde.

Ein Besuch im Bauernhausmuseum ist ein schönes Erlebnis. Alte Haustierrassen wie Allgäuer Braunvieh, Schwäbisch-Hällisches Schwein, Augsburger Huhn und Waldschaf oder die bunten Bauerngärten mit Blumen, Gewürzen und Kräutern begeistern.

NACH MARIA STEINBACH Vom Parkplatz am **A Bauernhofmuseum** beginnen wir die Wanderung auf der Museumstraße am Museum und an der Kirche Maria Himmelfahrt vorbei. An der Kreuzung laufen wir auf der Illerstraße rechts bis zum Badeplatz am Lech hinunter. Vor dem Badeplatz steht ein bemerkenswertes Sühnekreuz. Wir gehen zurück und an der Kreuzung rechts auf dem Radweg auf der historischen **1 Brücke** über die Iller. Nach der Brücke und nach dem Gedenkstein für die keltische Burg Kapf steigen wir links auf der Treppe in den Wald hinauf. Unterwegs gibt es Abstecher zu Aussichtsplätzen mit Sicht über die Iller bis Schloss Kronburg. An Abzweigen bleiben wir immer geradeaus, kommen vor Maria Steinbach aus dem Wald und wandern auf der Dorfstraße weiter. Nach einer Linkskurve steigen wir rechts auf dem Wallfahrerweg zur Wallfahrtskirche **2 Maria Steinbach** hinauf. Ein angeblich wundertätiges Gnadenbild der schmerzhaften Muttergottes führte zur Wallfahrt. Das heutige Gotteshaus wurde 1749 erbaut und gilt als Perle des Rokokos. Doch schon im 12. Jahrhundert gab es hier eine romanische Kirche.

ZUR KIRCHE ST. PETER UND PAUL Vom Kirchhof laufen wir durch das Torhaus auf der Kirchstraße am Friedhof vorbei und biegen rechts in die Ampoer Straße ab. An der Gabelung bleiben wir links und wandern vor Ampo an der Sohle des Abhanges auf einem Feldweg rechts über die Wiesen. Am großen Parkplatz einer Kneipe überqueren wir links die Legauer Straße (St 2009) zu einer **3 Kneippanlage**. Hier wandern wir rechts und laufen in Lautrach auf der Dr.-Anschütz-Straße ein. An der langen Mauer des Schlossparkes finden wir links einen Eingang und durchstreifen den hübschen Park. Das jetzige Schloss wurde vom Fürstabt von Kempten 1783 als Jagdschloss erbaut und trägt Elemente des Barocks und Rokokos. Anstelle des Schlosses Lautrach stand im 9. Jahrhundert eine Burg. Heute ist das Schloss ein

Tipp

IM SCHLOSS KRONBURG

Das Schloss zählt zu den schönsten Renaissanceschlössern Bayerns und ist seit 1619 im Besitz des Geschlechtes Westernach. Ein Besuch im Schloss Kronburg führt in einen Traum von einem Schloss. Der Schlossherr Theodor Freiherr von Vequel-Westernach leitet selbst die Führungen und erzählt Geschichten aus den alten Mauern. Weitere Argumente für den Besuch sind das Wildgehege am Schloss und das Bier der Brauerei Kronburg im Brauereigasthof im Dorf (Burgstraße 1, 87758 Kronburg, Tel. 08394/271, www.schloss-kronburg.de).

Die Innenausstattung der Wallfahrtskirche Maria Steinbach ist verschwenderisch.

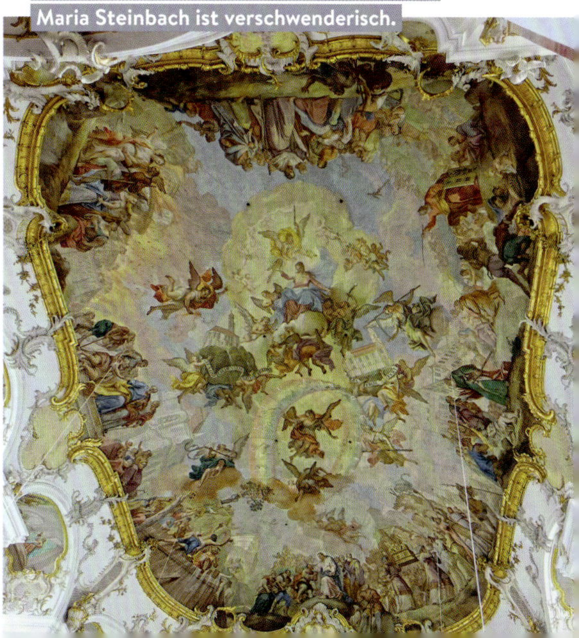

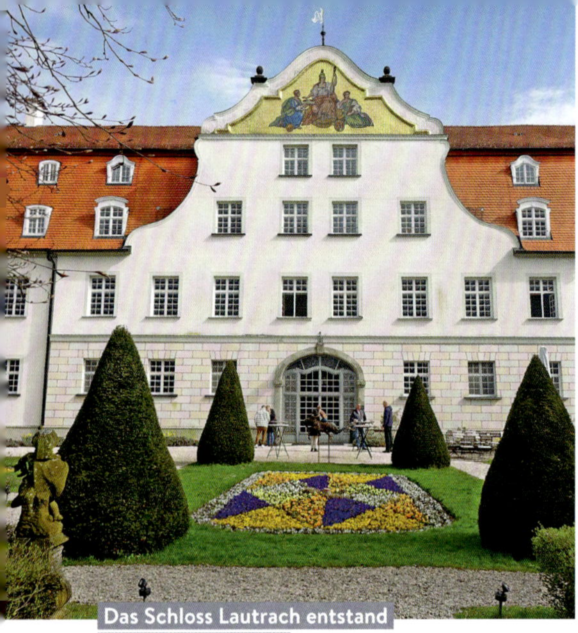

Das Schloss Lautrach entstand im 18. Jahrhundert.

Tagungshaus. Auf der Westseite können wir bei dem schönen Tor aus dem Schlossgarten und laufen auf der Schloßstraße links und auf der Kirchtalstraße rechts zur Kirche **4 St. Peter und Paul** hinunter, die aus dem 12. oder 13. Jahrhundert stammt. Das Langhaus und der Chor wurden 1735 erbaut.

ZUM BAUERNHOFMUSEUM Vom Parkplatz neben dem Friedhof steigen wir auf der langen Treppe hinab und an den Tennisplätzen vorbei über die Ach. Am Waldrand geht es rechts und an der Kreuzung an der **5 Mühle** auf der Aichstetter Straße rechts. Die Straße wird zu einem steilen Gehweg. Oben bleiben wir auf der Deybachstraße geradeaus. Auf der Straße Alte Mühlensteige kommen wir zur Illerstraße (St 2009) hinunter und folgen ihr nach links. Rechts geht es auf der Brücke über die Iller zum Parkplatz am **E Bauernhofmuseum** zurück.

INFO

TOURENCHARAKTER
Leichte, sonnige Wege. Feste Schuhe mit griffigen Sohlen sind richtig.

AUSGANGS-/ENDPUNKT
Bauernhofmuseum, Museumstraße 8, 87758 Illerbeuren, GPS 47°54‘12.1“N 10°07‘25.5“E (610 m)

ANFAHRT
ÖPNV: Bahn bis Memmingen, Bus 966 nach Illerbeuren-Feuerwehr
Auto: A 96 Ausfahrt 11 Aitrach und auf der St 2009 nach Illerbeuren

GEHZEITEN
Museum – Brücke 0:20 Std. – Maria Steinbach 0:30 Std. – Kneippanlage 0:50 Std. – St. Peter und Paul 0:20 Std. – Mühle 0:10 Std. – Museum 0:30 Std.

EINKEHR
Museumsgasthaus Gromerhof, Museumstraße 4, 87758 Illerbeuren, Tel. 08394/594, www.gromerhof.de

INFORMATION
Tourist Information, Marktplatz 3, 87700 Memmingen, Tel. 08331/85 0173, www.tourismus-memmingen.de

Leicht	8,9 km	130 Hm	2.40 Std.

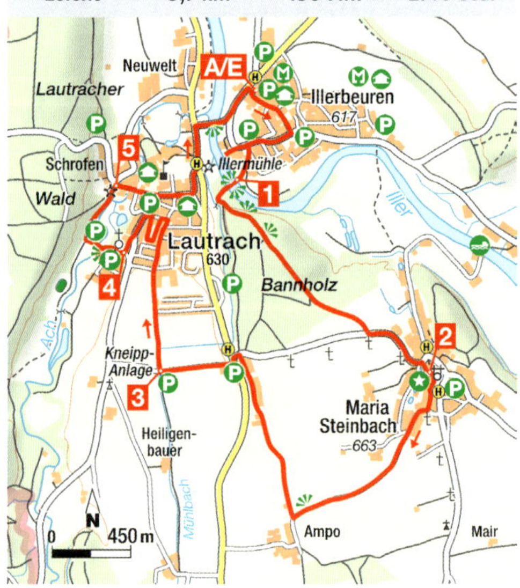

IM SCHWÄBISCHEN BAUERNHOF-MUSEUM

Alles im liebenswerten Museumsdorf in Illerbeuren atmet Geschichte. 30 alte Gebäude können besichtigt werden, die nicht nur aus dem unteren Illertal stammen. Zu den gestellten Aufgaben gehören die Rettung und der Erhalt ländlicher Architektur. Das Kleinbauernanwesen St.-Ulrich-Sölde, der Nattererhof und der Neubauerhof mit ihren Wohn- und Wirtschaftsgebäuden standen schon immer an dieser Stelle. Alle anderen Gebäude wurden an ihrem ursprünglichen Standort abgebaut und dann auf dem Gelände wiederaufgebaut. Das Museum ist das älteste Freilichtmuseum in Süddeutschland, denn schon 1948 begann im örtlichen Heimatverein der Gedanke zu reifen, ein Museum zu gründen. 1954 begann die tatsächliche Geschichte des Museums mit dem Ankauf des Bauernhauses St.-Ulrich-Sölde. Ab 1967 wurden die ersten Gebäude aus anderen Gegenden in das Museum versetzt. Die Gebäude wurden zu Baugruppen formiert, die bestimmte Regionen oder Themen betreffen. Da gibt es zum Beispiel die Baugruppe Mittelschwaben oder die Baugruppe Technik auf dem Land. In allen Einrichtungen und Gebäuden gibt es viel zu entdecken. In den Häusern befinden sich zeitgemäße Einrichtungsgegenstände und in einigen kleine Ausstellungen, die das alte Landleben vermitteln. Vor den Bauernhäusern sind gepflegte Gemüse- und Kräutergärten angelegt, wie es zu jener Zeit üblich war. In Werkstätten wie in der Bürstenbinderei, in der Schmiede oder beim Schuster lebt Handwerksgeschichte auf. In der Töpferei, in der Sägemühle, in den Werkstätten und auf den Äckern finden Vorführungen in alten Techniken statt. Die liebevollen Museumsläden verkaufen Gegenstände, die schon lange Geschichte sind. Der Spaziergang über das Gelände führt durch Obstbäume, vorbei an alten Kulturpflanzen und alten Haustierrassen und hinaus zur urigen Torfwirtschaft mit Biergarten. Das Gebäude täuscht den Gleichgewichtssinn, denn das Haus steht richtig schief. Das Museumsgasthaus Gromerhof am Eingang ist schon deshalb wichtig, weil es dort echte Allgäuer Spezialitäten gibt, die zum Teil auch schon Geschichte sind (Museumstraße 8, 87758 Illerbeuren, Tel. 08394/1455, www.bauernhofmuseum.de).

Ein Besuch im Bauernhausmuseum Illerbeuren ist erlebnisreich.

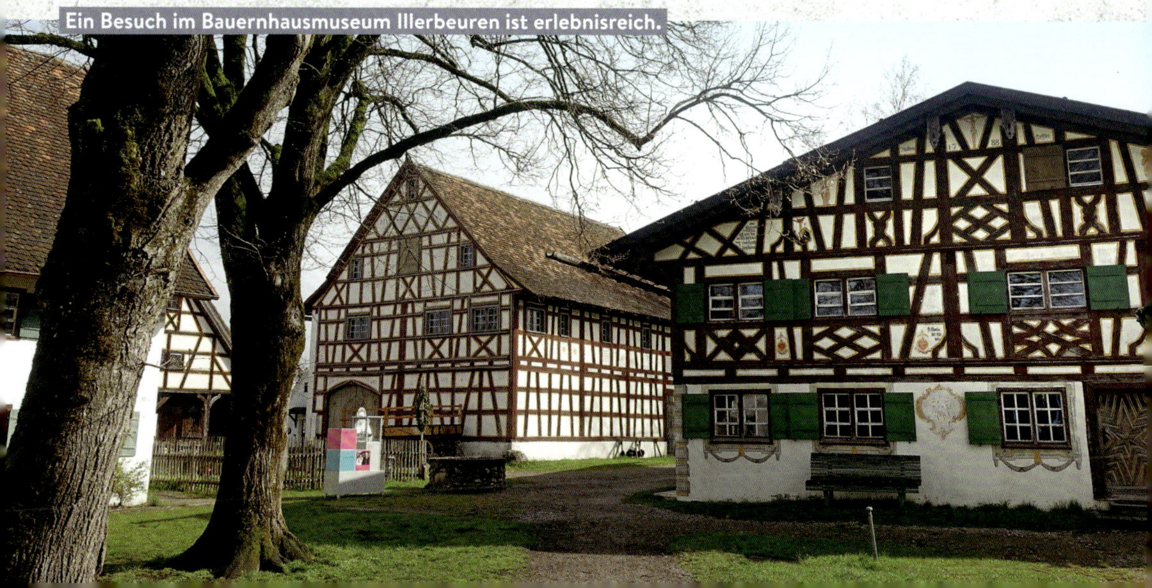

Zu den Geologischen Orgeln

Strahlende Basilika Ottobeuren

Ottobeuren nennt sich »Allgäu für die Sinne«, was angesichts der größten barocken Klosteranlagen der Welt mit der dominanten barocken Basilika St. Alexander und Theodor nicht übertrieben ist. Ottobeuren liegt ja auch als Glanzstück an der Oberschwäbischen Barockstraße.

6

Die Geologischen Orgeln sind ein seltenes Naturwunder.

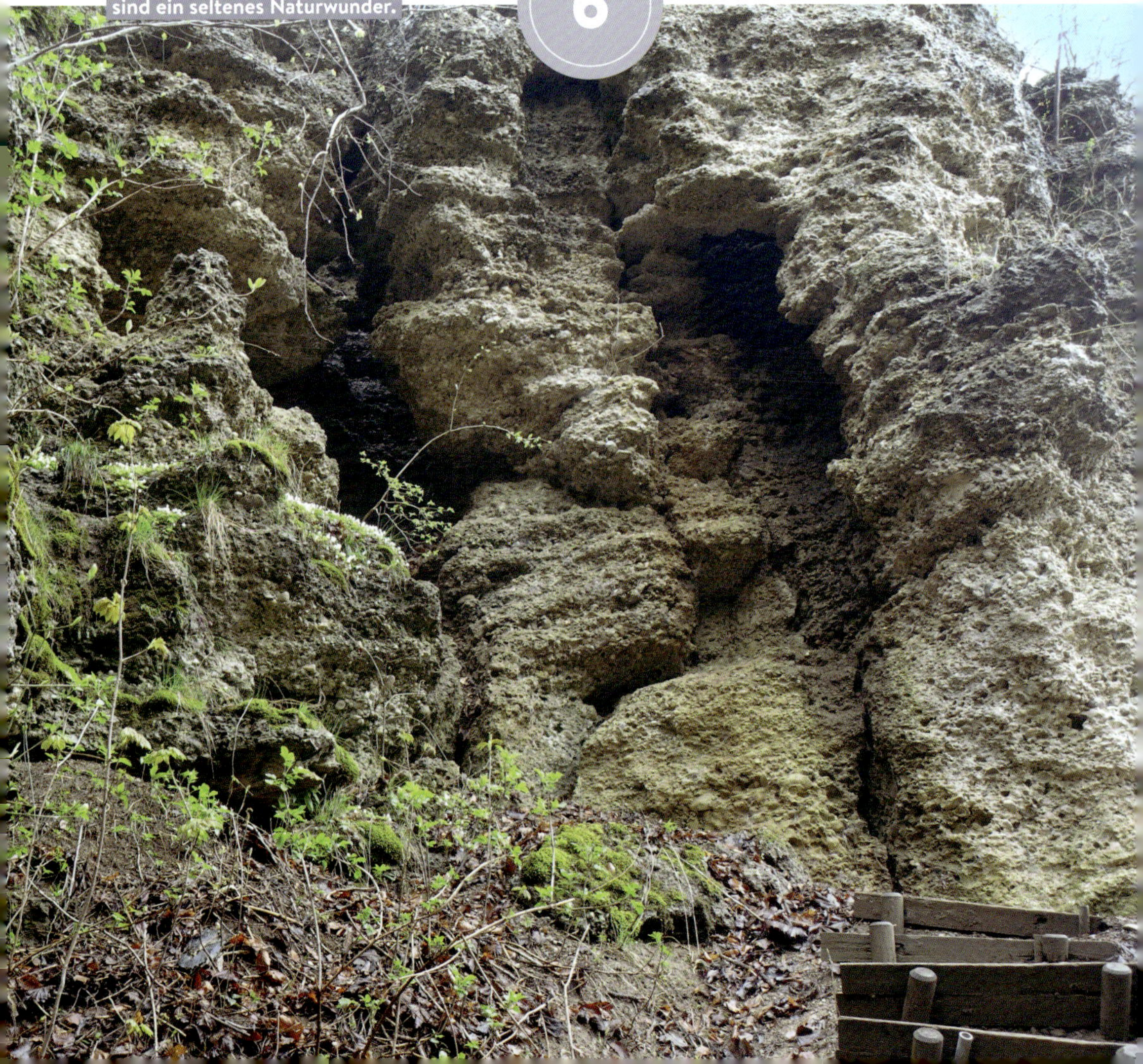

Aus dem Naturdenkmal der Geologischen Orgeln erklingt kein Ton. Die Klosterbasilika Ottobeuren verfügt über Orgeln, die in angesagten Konzerten in hervorragender Akustik zur Geltung kommen.

ZU DEN GEOLOGISCHEN ORGELN Vom Parkplatz an der **A Abtei Ottobeuren** beginnen wir die Tour auf der Sebastian-Kneipp-Straße nach Süden. Nach der Ottostraße können wir rechts durch den Park vor dem ehemaligen Beamtengebäude des Klosters durchgehen. Am südlichen Ende des Baues gehen wir am Weiher links vorbei und nach dem Weiher vor dem Zaun auf dem romantischen Pfad rechts. An der Kreuzung nehmen wir den Kiesweg und folgen der gelb-weißen Markierung eher links zur höchsten Stelle des Kneipp-Aktiv-Parkes. Links am Parkhotel geht es an der Mariengrotte vorbei abwärts und rechts in den Wald hinauf. An der T-Kreuzung nach dem Hotel laufen wir rechts und nach 50 Metern in spitzem Winkel links ohne Markierung aufwärts. An der Forststraße geht es links Richtung Pflanzschule hinauf und an einem Pavillon links vorbei. Am großen Feld bleiben wir in Richtung der schon zu sehenden **1 Sternwarte** rechts um das Feld herum. An der Landstraße gehen wir vor dem Parkplatz rechts und an der Gabelung links durch ein Tal. Vor dem Hof Haitzen wandern wir links durch die Wiesen und dann auf der Straße nach **2 Schrallen**.
Nach dem Weiler müssen wir auf der Straße rechts in Richtung Klessen. Dort bleiben wir geradeaus durch ein Tal in Richtung Geologische Orgeln. Nach einer Linkskurve im Wald laufen wir rechts in Richtung Bossarts. Nach 800 Metern gehen wir links in den ersten Hof und vor dem Stall rechts herum zur Geländekante. Auf einer Treppe kommen wir hinunter zu den **3 Geologischen Orgeln**. Die Nagelfluh-Konglomeratfelsen entstanden in der Günz-Kaltzeit vor rund 600 000 Jahren. An dieser Stelle hat kohlensaures Regenwasser über Jahrtausende die Felsen zu 15 Meter hohen Orgelröhren ausgehöhlt.

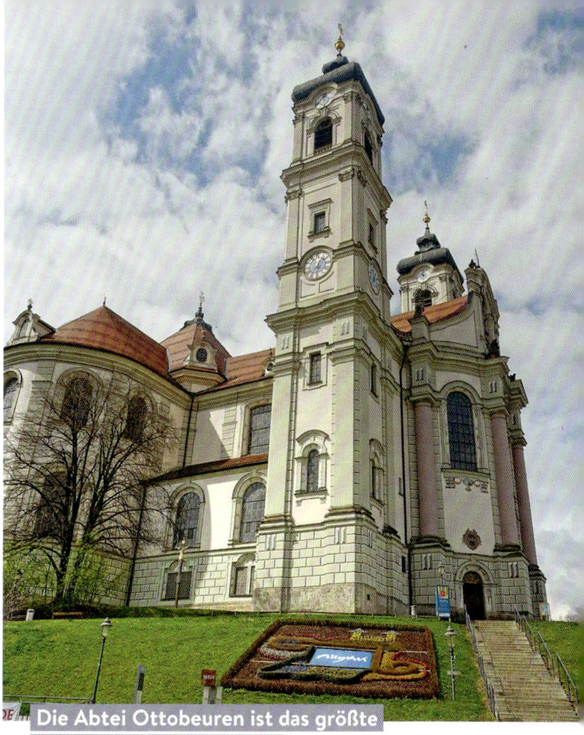

Die Abtei Ottobeuren ist das größte barocke Kloster der Welt.

NACH OTTOBEUREN Weiter unten geht es auf der Forststraße mit der Markierung des

Tipp

IM MUSEUM DIETHER KUNERTH

Das Museum für zeitgenössische Kunst in Ottobeuren ist ein Kontrastprogramm zur barocken Kunst der Basilika. In dem kubistischen Bau werden in schlichtem Ambiente in wechselnden Ausstellungen moderne Werke von Diether Kunerth und namhaften deutschen und internationalen Künstlern gezeigt. Außerdem beinhaltet das Museum eine Kunstwerkstatt für Erwachsene und Kinder (Marktplatz 14a, 87724 Ottobeuren, www.mzk-diku.de).

Kneipp-Wanderweges rechts in Richtung Ottobeuren. Nach einem Kilometer bleiben wir an einer Kreuzung geradeaus auf dem Pfad durch Wald bergauf. Oben an großen Wiesen queren wir eine Forststraße in einen Pfad im Waldrand. Nach einem Bach geht es an der T-Kreuzung links und nach 120 Metern in spitzem Winkel rechts hinauf in Richtung Ottobeuren. Oben in den Wiesen gehen wir an der T-Kreuzung links zum Weiler **4 Niebers.** Hier wandern wir rechts durch den Ort abwärts, bleiben an der Kreuzung an einem einzelnen Haus geradeaus und unten an der Linkskurve geradeaus in den Wald hinauf. Vor dem künstlich angelegten Motzabach dürfen wir links entlang des Baches bis zu einem **5 Kneippbecken** schlendern. Vor der Straße geht es parallel dazu rechts aufwärts und am Parkplatz rechts über die Wiesen in Richtung Basilika zum Parkplatz vor der **E Abtei Ottobeuren** zurück. Die Besichtigung der prachtvollen Basilika ist ein Muss, ist sie doch eines der Hauptwerke des europäischen Barocks.

INFO

TOURENCHARAKTER
Meist leichte, sonnige Wege. Feste Schuhe mit griffigen Sohlen sind richtig.

AUSGANGS-/ENDPUNKT
Parkplatz Abtei, Sebastian-Kneipp-Straße Ecke Ottostraße, 87724 Ottobeuren, GPS 47°56‘29.3“N 10°17‘47.5“E (465 m)

ANFAHRT
ÖPNV: Bahn bis Memmingen, Bus 955 nach Ottobeuren-Marktplatz
Auto: A7 Ausfahrt 130 Woringen über Moosbach und auf der St 2013 nach Ottobeuren

GEHZEITEN
Abtei – Sternwarte 0:40 Std. – Schrallen 0:20 Std. – Geologische Orgeln 0:55 Std. – Niebers 0:55 Std. – Kneippbecken 0:25 Std. – Abtei 0:15 Std.

EINKEHR
Wirtshaus am Markt, Am Marktplatz 9, 87724 Ottobeuren, Tel. 08332/280 98 00, www.wirtshaus-ottobeuren.de

INFORMATION
Touristikamt Ottobeuren, Marktplatz 14, Tel. 08332/9219 50, www.ottobeuren.de

Leicht	12,2 km	250 Hm	3.30 Std.

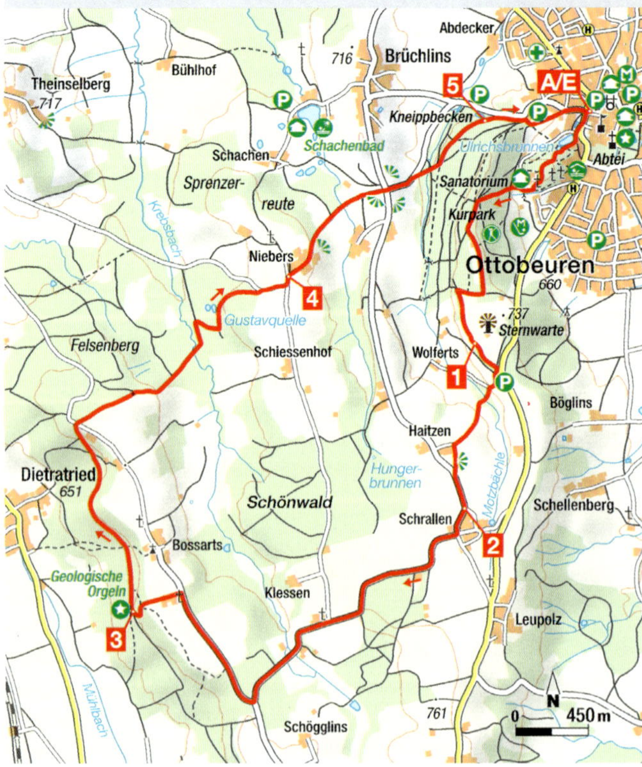

GESCHICHTE DER BENEDIKTINERABTEI OTTOBEUREN

Im Jahr 764 wurde in kleinem Maßstab im schon bestehenden Dorf das Benediktinerkloster gegründet und im Jahr 972 von Kaiser Otto I. zur selbstständigen Reichsabtei erhoben. Die ersten Mönche kamen aus St. Gallen und von der Insel Reichenau im Bodensee. Im 9. Jahrhundert gab es in Ottobeuren über 100 Mönche. Im 11. Jahrhundert kam ein romanischer Neubau von Kloster und Kirche in Gang. Nach Beschädigungen im Bauernkrieg wurde die Kirche im Stil der Renaissance 1558 neu erbaut. Nach den Plünderungen im Dreißigjährigen Krieg begannen 1711 die Arbeiten zum vollständigen Neubau der Klosteranlage im barocken Stil. Die heutige Basilika war dann im Jahr 1766, 2000 Jahre nach der Klostergründung, fertiggestellt und rundete das Gesamtkunstwerk Ottobeuren ab. In der mehr als 1200-jährigen Geschichte hatte Ottobeuren große Strahlkraft auf die Politik, Kultur, Bildung, Wirtschaft und auf die Bevölkerung. Im 16. Jahrhundert entwickelte sich das Kloster zum Zentrum des süddeutschen Humanismus und betrieb eine Druckerei. Mit der Säkularisation im Jahr 1802 erstarb das Klosterleben nicht, denn Mönche durften in dem Kloster verbleiben. 1918 wurde das Kloster wieder zur Abtei erhoben.

Im riesigen Gebäudekomplex aus dem 18. Jahrhundert spiegelt sich die Macht und Repräsentation des damaligen Benediktinerordens wider. Die gesamte Anlage ist 480 Meter lang und 430 Meter breit. Damit ist die Abtei Ottobeuren mehr als doppelt so groß wie die spanische Klosterburg El Escorial, mit der Ottobeuren oft verglichen wird. Baumeister waren Simpert Kraemer und Johann Michael Fischer. Die Kirchenschiffe sind fast 100 Meter lang. Die reiche spätbarocke Ausstattung stammt von Künstlern der Wessobrunner Schule. Der sogenannte »Benediktinerhimmel« ist eine herrliche Ausmalung der hohen Kuppel von österreichischen Rokokomalern. Die Szenen sind dem geisterfüllten Leben des Heiligen Benedikt und Heiligen, die nach Benedikts Ordensregel lebten, gewidmet. Benedikt strahlt als geistbegnadeter Seher, der die ganze Welt wie in einem Sonnenstrahl erblicken durfte. In den drei Orgeln sollen über 10 000 Pfeifen verbaut sein.

Die Innenausstattung der Basilika ist ein Hauptwerk des europäischen Barocks.

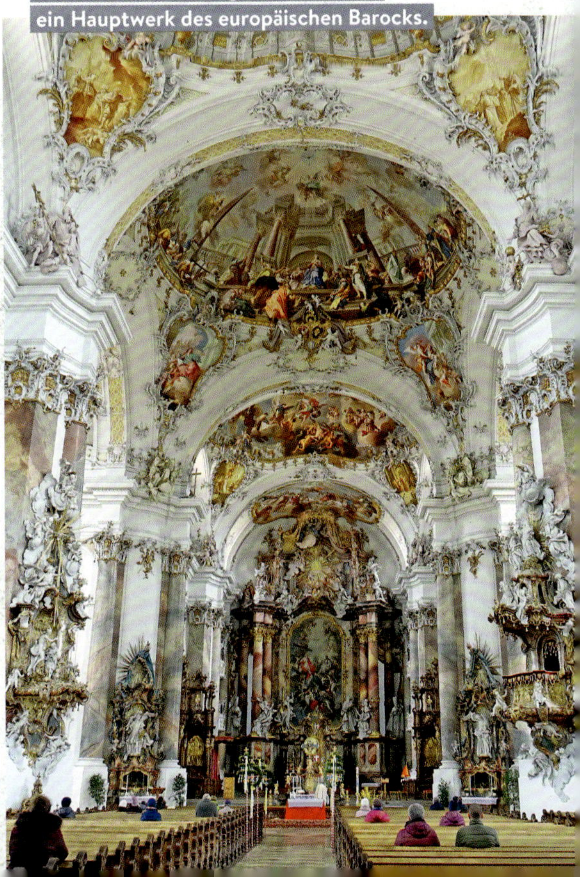

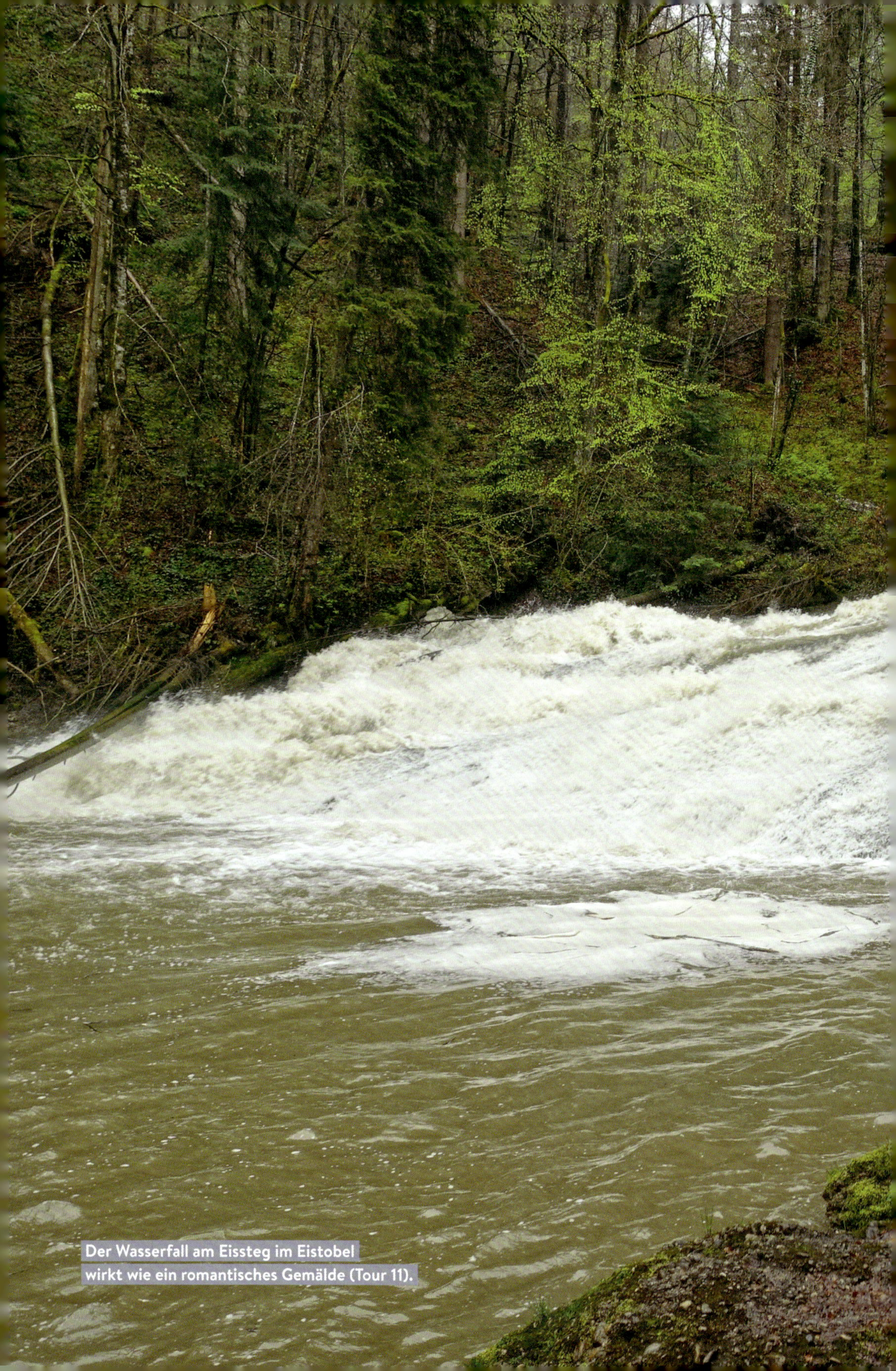

Der Wasserfall am Eissteg im Eistobel
wirkt wie ein romantisches Gemälde (Tour 11).

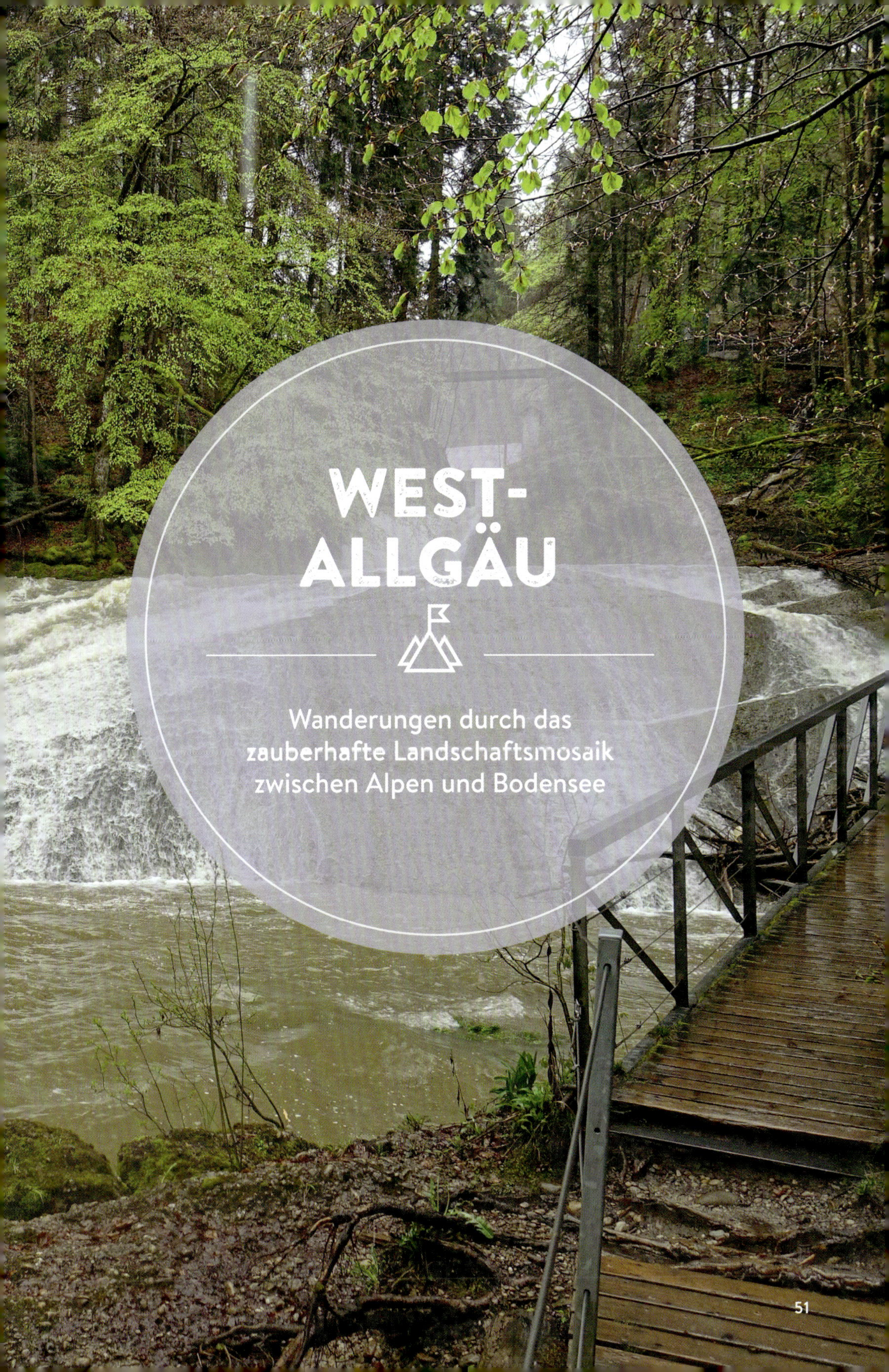

WEST-ALLGÄU

Wanderungen durch das zauberhafte Landschaftsmosaik zwischen Alpen und Bodensee

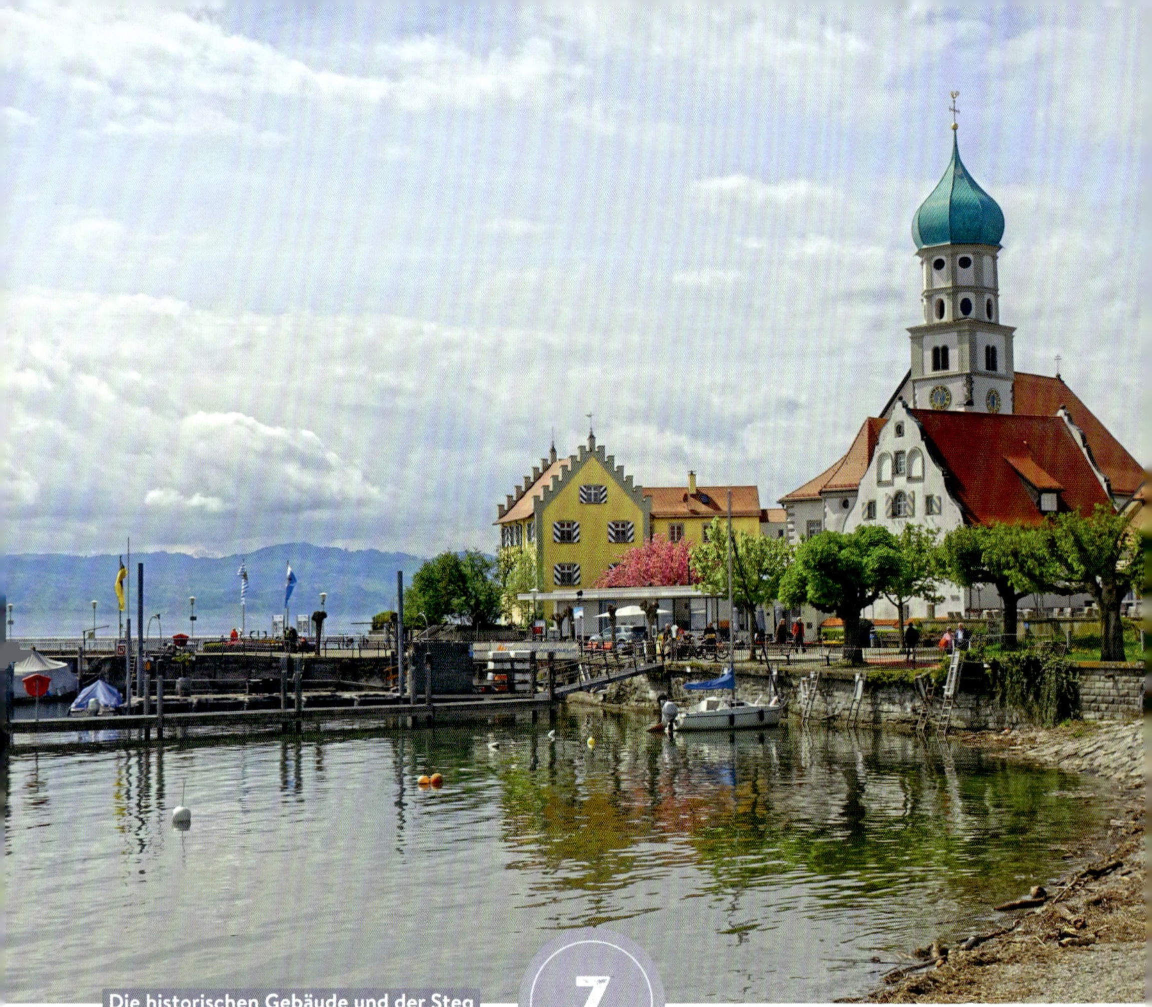

Die historischen Gebäude und der Steg in Wasserburg bilden ein schönes Ensemble.

7

Am Ufer des Bodensees nach Lindau

Mit dem Schiff nach Nonnenhorn

»Am Bayerischen Meer beginnt der Süden«, sagen jene, die an den Stränden leben dürfen. Tatsächlich ist der Wärmespeicher des Sees für ein besonders günstiges Klima verantwortlich, sodass an den Hängen Weinbau möglich ist. Genießen, Baden und Schauen sind Themen dieser Wanderung.

Der Bodensee erzählt viele Geschichten, denn an seinen Ufern sind reichlich Kultur und Natur zu finden. Auf dieser Wanderung durch eine in Mitteleuropa einmalige Landschaft liegen Historie, Strandbäder und Genuss eng beieinander. Am besten, wir setzen den Takt unserer Schritte herunter, denn auch Einheimische sagen: »Am See geht alles ein wenig langsamer zu.«

NACH WASSERBURG Vom Bahnhof im idyllischen **A Nonnenhorn** beginnen wir die Wanderung auf der Bahnhofstraße nach Nordwesten zum Bahnübergang. Auf der Straße Seehalde wenden wir uns links, laufen auf den Steg am **1 Hafen** hinaus und schauen über die befreiende Ausdehnung des Wassers. Zurück im Ort wandern wir auf der Seestraße rechts. Die Straße endet an einer Kreuzung, an der eine der ältesten und größten Torkel (Weinpresse) im gesamten Bodenseeraum steht. Das Baujahr wird mit 1591 angegeben. Von der Presse laufen wir auf der Conrad-Forster-Straße in Richtung Wasserburg nach Südosten und biegen nach 350 Metern rechts in die Straße Im Paradies

Tipp

IM MUSEUM IM MALHAUS

Als Jakob Fugger im 16. Jahrhundert die Herrschaft von Wasserburg übernahm, ließ er ein Gerichtshaus erbauen, das durch die Wasserburger Hexenprozesse bekannt wurde. Heute zeigt das Museum im Malhaus (MiM) Ausstellungen zu den Themen Hexen, Fischerei und berühmte Schriftsteller. Wolfram Geißler, der literarische Meisterzeichner der Bodenseelandschaft, und Martin Walser, der typische Vertreter der deutschen Nachkriegsliteratur, nehmen Raum im Museum ein (Halbinselstraße 77, 88142 Wasserburg am Bodensee, Tel. 08382/75 04 57, www.museum-im-malhaus.de).

Die Villa Alwind ist von einem wunderbaren Park umgeben.

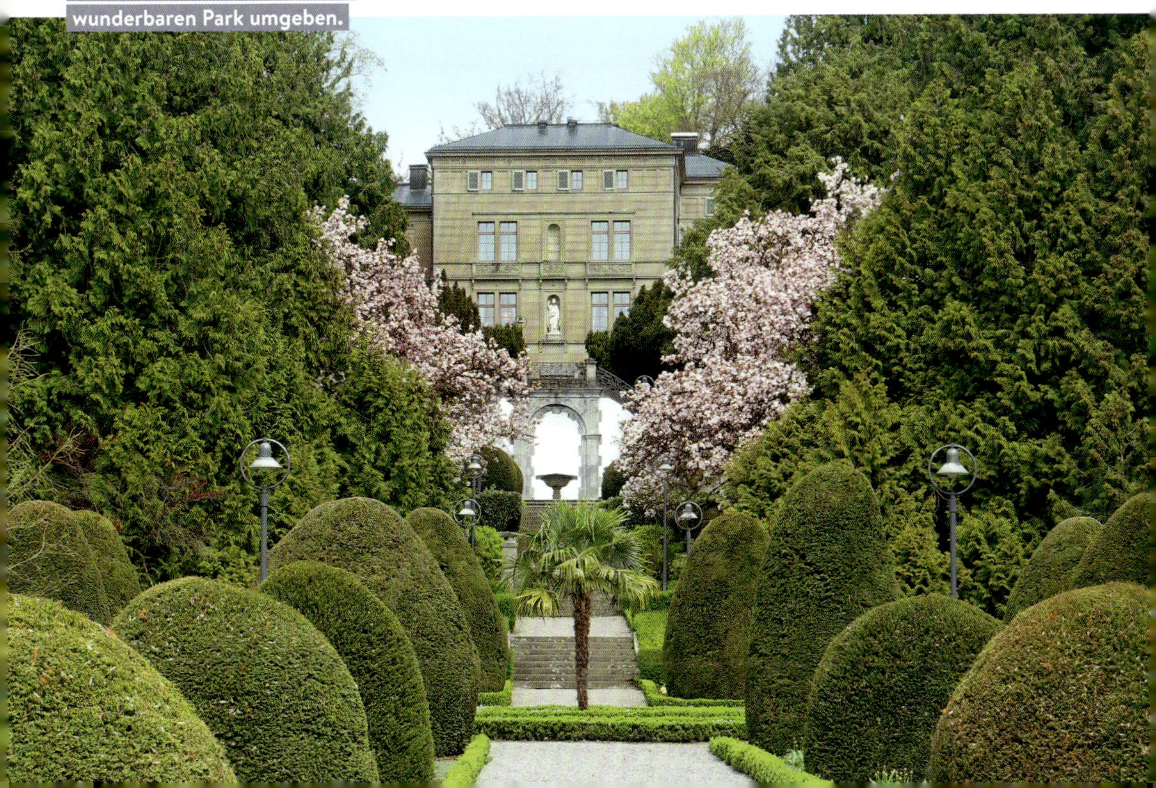

ein. Am Schluss kommen wir auf einen Gehweg zur Uferanlage **2 Paradies.** Hier bietet sich eine schöne Aussicht auf die malerische Halbinsel Wasserburg mit den historischen Gebäuden und bis hinüber in die österreichischen und Schweizer Berge mit dem Säntis-Massiv. Wir müssen zurück und gehen vor der Fischbrutanstalt auf dem Gehweg rechts. Auf der Wasserburger Straße geht es rechts und nach dem Haus mit der Nummer 42 auf einem Gehweg rechts zum sogenannten Malerwinkel mit wiederum herrlichem Blick auf die Halbinsel Wasserburg. Ein Zaun grenzt den Schilfgürtel des Naturschutzgebietes Wasserburger Bucht ab. Hier können in der Flachwasserzone Wasservögel an ihren Nahrungs- und Ruheplätzen beobachtet werden. Wieder auf der Wasserburger Straße umgehen wir nach rechts das Naturschutzgebiet und wandern auf die Halbinsel, die vor dem 17. Jahrhundert eine Insel war. Vor dem Schlosshotel Wasserburg, einem ehemaligen Montfortschen Schloss aus dem 14. Jahrhundert, befindet sich auf der Wiese das Bodendenkmal starker Grundmauern einer mittelalterlichen Inselfestung des Klosters St. Gallen aus dem 8. Jahrhundert. Doch die Insel war schon in vorgeschichtlicher Zeit von Menschen besiedelt. Einst in der Hand der Habsburger wurde Wasserburg durch Napoleon Bonaparte 1806 dem Königreich Bayern zugesprochen. Weiter vorne steht die gotische Kirche St. Georg mit dem für Bayern typischen Zwiebelturm, deren erste urkundliche Nennung aus dem Jahr 784 stammt. Neben dem Museum im Malhaus können wir wegen des schönen Blickes auf die Halbinsel auf den Landungssteg **3 Wasserburg** hinauslaufen.

NACH LINDAU Zurück auf der Halbinsel bleiben wir rechts entlang des Ufers, doch wir werden bald auf die Uferstraße geleitet, auf der wir rechts weitergehen. Schließlich gelangen wir auf einen Gehweg zur kleinen Bucht am Eschbach-Park. Vor dem Freibad

Die Burgruine Degelstein am See geht auf das 14. Jahrhundert zurück.

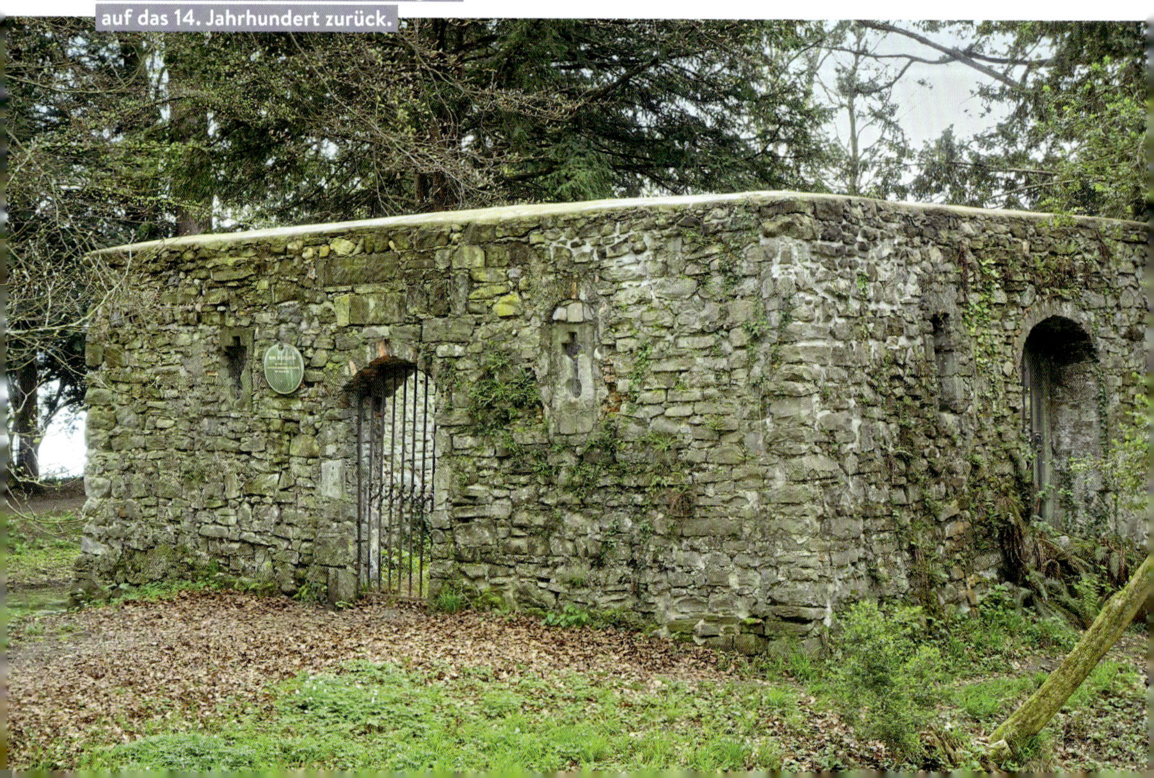

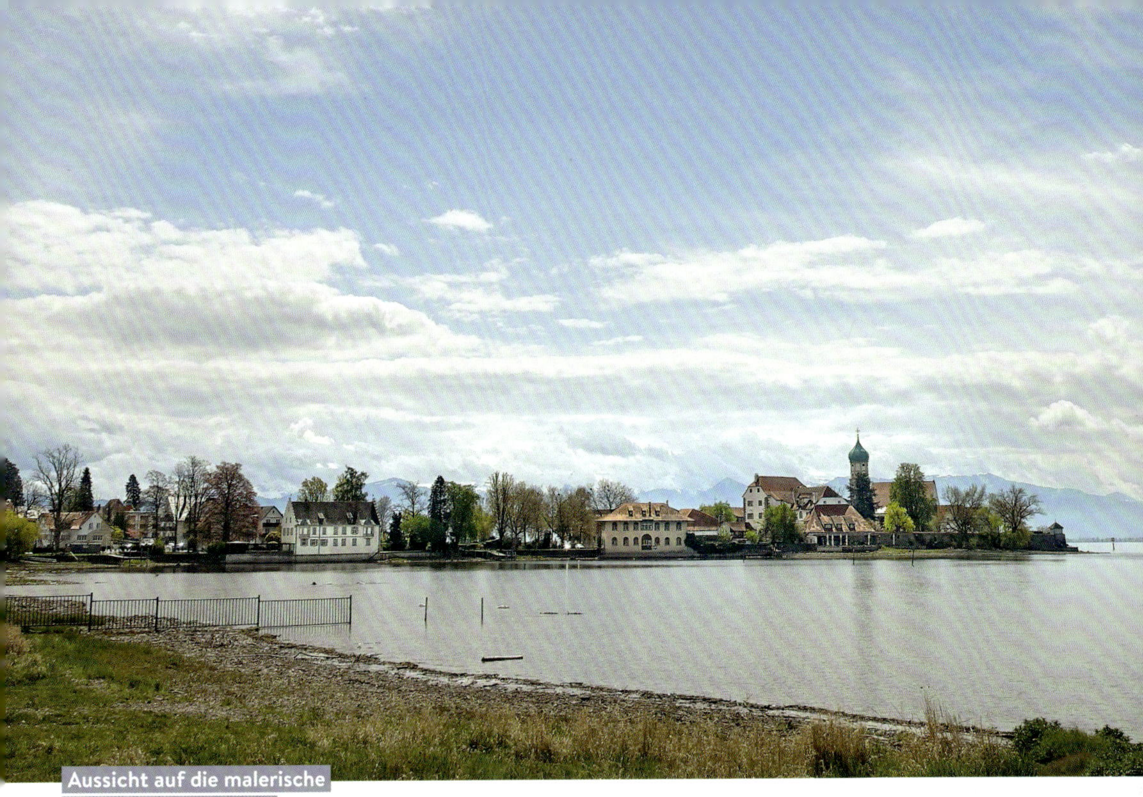

Aussicht auf die malerische Halbinsel Wasserburg

Aquamarin biegen wir rechts in die Reutener Straße ein. Auf der Uli-Wieland-Straße müssen wir rechts und folgen der Kurve nach links. Geradeaus könnten wir zum öffentlichen Seezugang Roßtränke hinaus. Am Ortsschild Lindau folgen wir dem Gehweg rechts und gehen entlang des herrlichen Parkes der Villa Alwind aus dem 19. Jahrhundert. Auf dem Lindenhofweg geht es in einer S-Kurve aufwärts. An einem Parkplatz spazieren wir geradeaus in die Parkanlage Lindenhof. Auf dem ersten Weg links umrunden wir fast die **4 Burgruine Degelstein** aus dem 14. Jahrhundert. Der wunderbare Landschaftsgarten mit der Villa Lindenhof entstand Anfang des 19. Jahrhunderts, womit der Lindauer Villengürtel begründet wurde. Am Schweizerhaus und am Strandbad vorbei laufen wir vor dem Hotel **5 Bad Schachen** auf den Landungssteg hinaus. Von dort haben wir nun die Aussicht auf die Lindauer Insel. Am historischen Grandhotel aus der Jugendstilepoche vorbei kommen wir auf der Badstraße zum Oeschländerweg, auf dem wir rechts laufen, und an dessen Ende geht es rechts auf der Schachener Straße weiter. Auf der Giebelbachstraße dürfen wir rechts wieder zum See und wir durchlaufen den Lotzbeck-Park. Nach dem Bahnübergang wandern wir rechts auf dem Bahndamm zur Lindauer Insel hinaus. Wir steigen zur Thierschbrücke hinauf und überqueren die Bahngleise. Auf der Westpromenade immer am Ufer entlang, vorbei an Gärten, Schanzen und Türmchen, lockt vor dem Hafen schließlich der herrliche Biergarten an der ehemaligen Eilguthalle. Zum Bahnhof oder zum **E Lindauer Hafen** ist es ja nicht mehr weit. Der Blick vom Leuchtturm schafft einen Überblick und herrliche Aussicht über den See in die Berge. Die Lindauer Altstadt ist allein schon eine Tagesexkursion wert. Die Rückkehr nach Nonnenhorn ist mit der Bahn möglich, schöner ist die Fahrt mit dem Schiff.

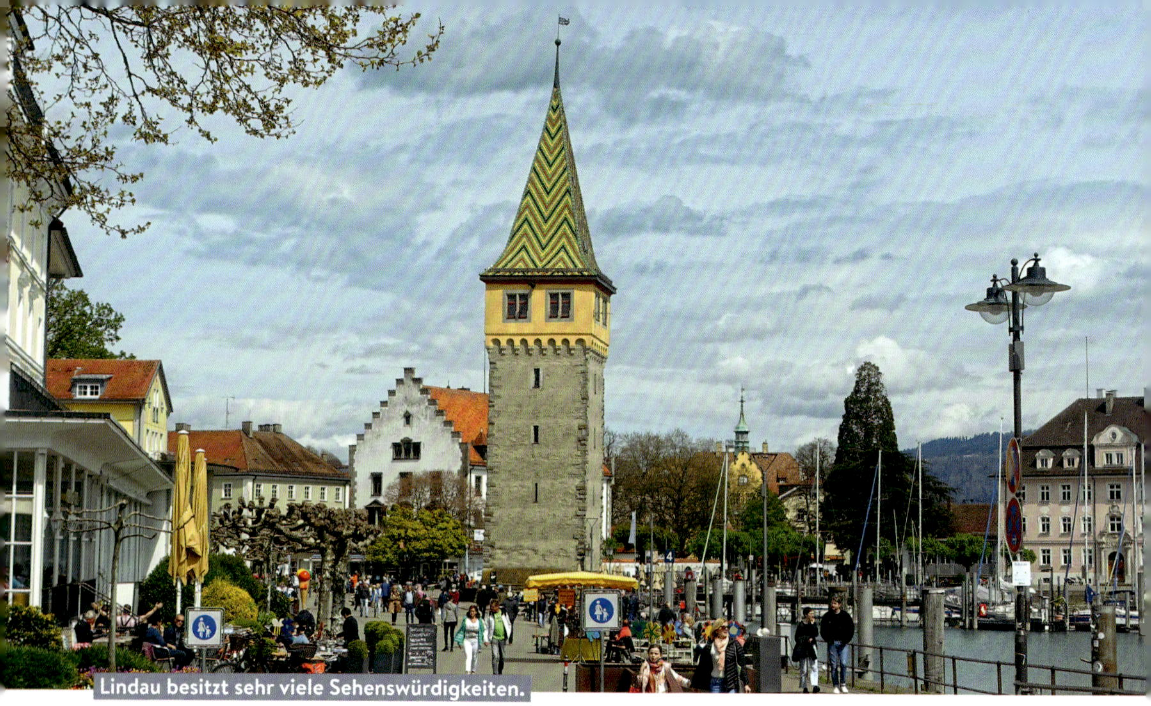

Lindau besitzt sehr viele Sehenswürdigkeiten.

INFO

TOURENCHARAKTER
Einfache, sonnige Spazierwege

AUSGANGSPUNKT
Parkplatz Bahnhof, Bahnhofstraße 7, 88149 Nonnenhorn, GPS 47°34'29.4"N 09°36'45.5"E (405 m)

ENDPUNKT
Lindau Hafen

ANFAHRT
ÖPNV: Bahn bis Nonnenhorn
Auto: A 96 Ausfahrt 3 Sigmarszell und auf der B 31 nach Nonnenhorn

RÜCKFAHRT
Mit der Bahn oder mit dem Schiff nach Nonnenhorn (www.bahn.de, www.bsb.de)

GEHZEITEN
Nonnenhorn Bahnhof – Hafen 0:10 Std. – Paradies 0:25 Std. – Wasserburg 0:35 Std. – Burgruine Degelstein 1:00 Std. – Bad Schachen 0:10 Std. – Lindau Hafen 1:10 Std.

Leicht | 12,4 km | 70 Hm | 3.30 Std.

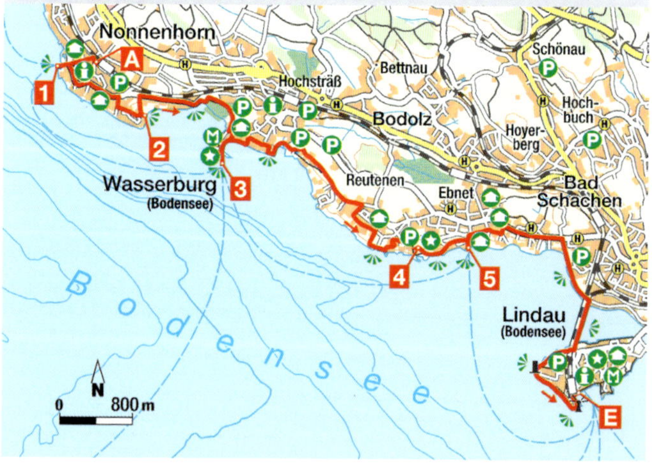

EINKEHR
Biergarten Eilguthalle, Schützingerweg 2, 88131 Lindau, Tel. 08382/9111229, www.eilguthalle.li

INFORMATION
Lindau Tourismus, Alfred-Nobel-Platz 1, 88131 Lindau, Tel. 08382/8899900, www.lindau.de

LINDAUER GESCHICHTE UND GESCHICHTEN

Lindau wirbt mit dem Slogan »Ganz schön nah am Paradies«. Wie der Autor selbst weiß, gilt das zumindest für jene, die hier leben dürfen. Ein touristischer Anziehungspunkt erster Güte ist Lindau bestimmt auch ohne Werbung, denn Lindau ist fröhlich und frisch. Die Altstadt hat mit ihren verwinkelten Gassen und mittelalterlichen Gebäuden einen ganz besonderen Charme, der einen mediterranen Anstrich trägt. Die Häuser, Kirchen und Straßen erzählen Geschichten und Geschichte. Mönche aus St. Gallen verfassten im Jahr 882 eine Urkunde über »die Insel, auf der Lindenbäume wachsen«. Auf dem Lindauer Stadtwappen ist noch heute ein Lindenbaum abgebildet. Doch schon im Jahr 810 wurde von einem Grafen als Dank für seine Rettung aus Seenot auf der Insel ein Kloster für adelige Frauen gegründet. Auf den Mauern der romanischen Klosterkirche wurde im Jahr 1752 das heutige barocke Munster Unserer Lieben Frau erbaut. Vor dieser katholischen Kirche und vor der evangelischen Kirche St. Stephan entwickelte sich ab dem 1. Jahrhundert der Marktplatz als Dreh- und Angelpunkt der Stadt. Im Jahr 1275 wurde Lindau zur Reichsstadt erhoben. Das gotische Alte Rathaus in der Maximilianstraße entstand 1436. Die Bemalung des Gebäudes stammt aber aus dem Jahr 1930. Im Ratssaal fanden im 15. Jahrhundert unter Kaiser Maximilian I. Reichstage statt. Napoleon Bonaparte nahm Lindau die Reichsprivilegien und übergab die Stadt an Österreich, aber 1806 ging Lindau mit Vorarlberg an Bayern. Seit 1856 brüllt der bayerische Löwe gegenüber dem Leuchtturm an der Hafeneinfahrt. Einen besonderen Blick in die Vergangenheit Lindaus bietet das Ensemble am Schrannenplatz. Die romanische Peterskirche ist über 1000 Jahre alt und damit eine der ältesten Kirchen am Bodensee. Sie birgt in den Fresken »Lindauer Passion« aus der Hand Hans Holbeins des Älteren einen bedeutenden Kunstschatz. Der Diebsturm neben der Kirche stammt aus dem 14. Jahrhundert und war einst Gefängnis und westliches Ende der Stadtbefestigung. Zu der historischen Gruppierung am Schrannenplatz gehören noch die Glockengießerei und das Zeughaus. In Lindau verschmelzen Wasser, Natur und Stadt und Altes und Neues zu einer charmanten Dichtung der Leichtigkeit.

Der Lindauer Hafen mit Leuchtturm und Löwe ist einmalig.

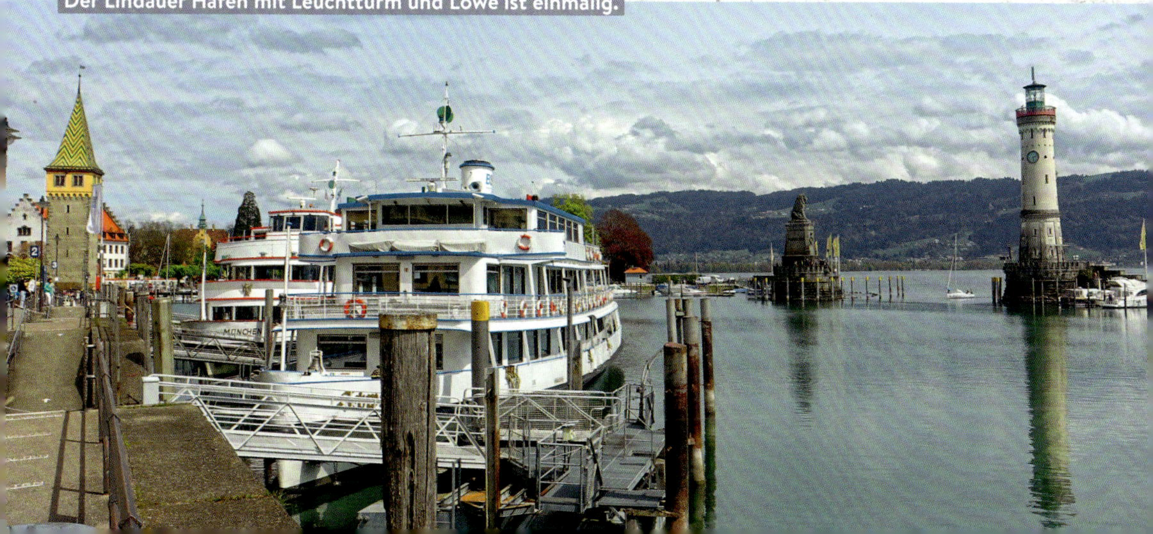

Zu den Scheidegger Wasserfällen

Sonnenterrasse über dem Bodensee

Die Scheidegger Wasserfälle und die Hasenreuter Wasserfälle sind Naturerlebnisse der Extraklasse in malerischer Landschaft. Die Kraft der Natur hat erstaunliche Geotope geschaffen und Millionen Jahre alte Fossilien freigelegt. Die Pfade in den Schluchten sind ein Fenster zur Erdgeschichte.

Die Scheidegger Wasserfälle zählen zu den schönsten Geotopen Bayerns.

8

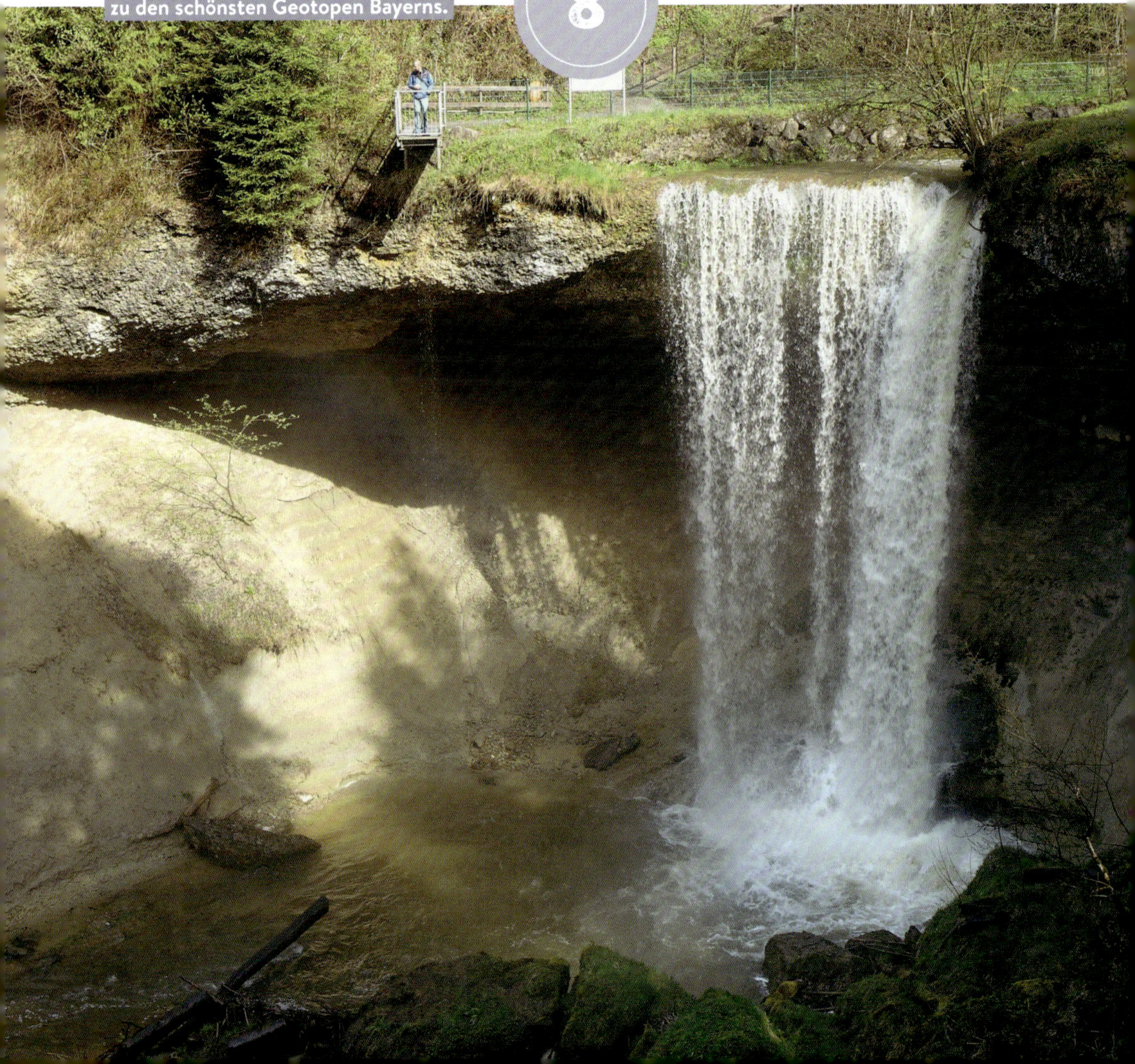

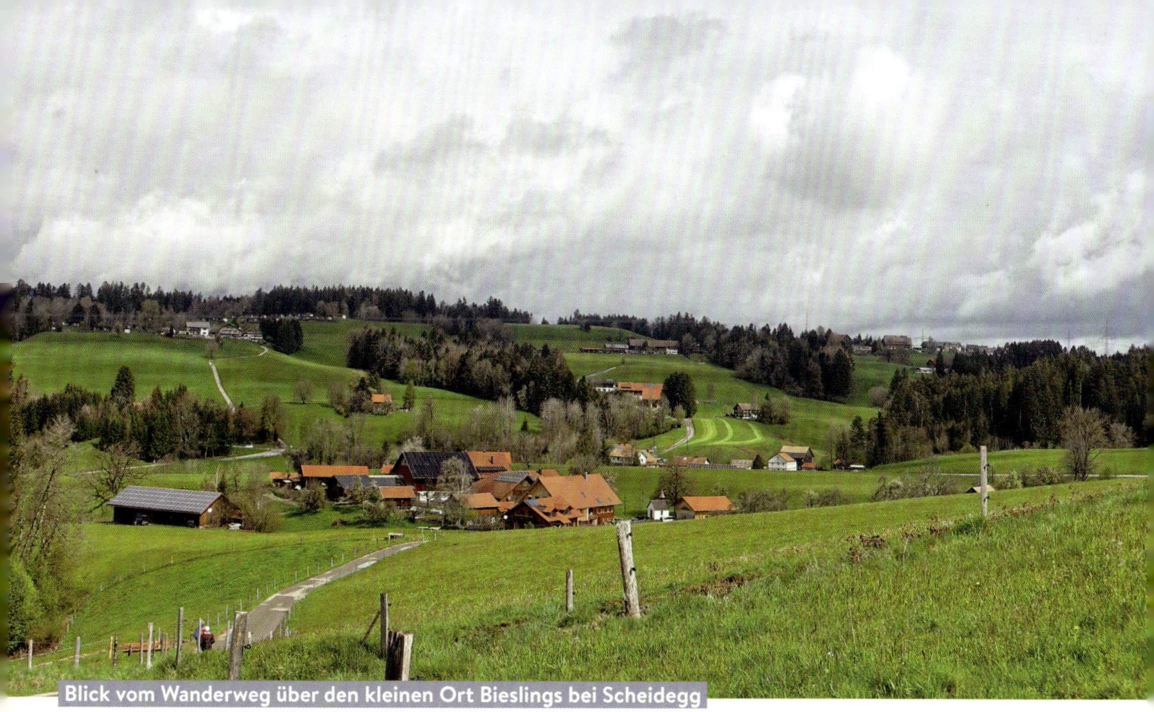

Blick vom Wanderweg über den kleinen Ort Bieslings bei Scheidegg

Die anspruchsvolle Wanderung ist eine Begegnung mit rauer Natur, die nicht so schnell in Vergessenheit gerät. Besonders die Steige vom Hasenreuter Wasserfall entlang des Riedbaches sind keine gepflegten Wanderwege, sondern beinhalten glitschige Problemstellen durch wildeste Natur, die kaum zu überbieten ist. Ein bewölkter Tag ist gerade richtig, um mit Bedacht in die wildromantische Flusslandschaft der Scheidegger Wasserfälle einzusteigen. Der besinnliche Mensch wird nicht von Menschenmassen an den Aussichtspunkten vorbeigeschoben, und die mystische Stimmung und das Rauschen des Wassers inspirieren die Sinne.

ZU DEN SCHEIDEGGER WASSERFÄLLEN

Vom Parkplatz an der **A Zollstraße** kurz vor der Grenze beginnen wir die Abenteuertour in Richtung Hasenreuter Wasserfall in den Wald hinab. An der roten Bank ist das Naturschauspiel des **1 Hasenreuter Wasserfalles** am besten zu sehen. Der Riedbach stürzt eindrucksvoll über eine Stufe aus Nagelfluhfelsen in sein weiterführendes Bett. Flussabwärts entlang des Riedbaches befinden wir uns im wildesten Chaos der Natur. Baumstämme liegen kreuz und quer zwischen Felsen im aufregenden Tobel. Das Rauschen des Wassers begleitet uns ohne Unterlass. Ruhiger wird es erst an einer Kreuzung, an der wir links hinabgehen. Vor dem Riedbach rechts laufen

Tipp

IN DER DORFSENNEREI

In Böserscheidegg, dem östlichen Ortsteil von Scheidegg, betreibt eine Genossenschaft von neun Landwirten eine Dorfsennerei. Die Hartkäsesorten werden aus Roh-Heumilch nach überliefertem Verfahren hergestellt. Im Verkaufsladen warten Bergkäse, Emmentaler, Rotweinkäse, verschiedene Kräuterkäse und andere Delikatessen auf die Genießer (Böserscheidegg 12, 88175 Scheidegg, Tel. 08381/834 56, www.kaeserei-boeserscheidegg.de).

wir ohne Markierung weiter. Auf einem 2 **Eisernen Steg** aus einem liegenden T-Träger balancieren wir über den Bach und setzen unseren Weg auf der anderen Seite des Riedbaches flussabwärts fort. Der Weg wird ab Rickenbach zu einem Sträßchen, das zum Scheidegger Wasserfall führt. An der 3 **Kasse** ist die Eintrittsgebühr zu bezahlen. Die verzweigten Wege und langen Treppen zu Aussichtsstellen verschiedener Wasserfälle, zu den Wasserfallpanoramen und zum langen Geo-Erlebnispfad können je nach Lust und Laune zusätzlich einen Kilometer Wegstrecke bedeuten. Die Wege lohnen sich, denn die Scheidegger Wasserfälle werden zu den 100 schönsten Geotopen Bayerns gezählt. Schließlich blicken die Besucher in die bis zu 200 Meter tief eingeschnittene Rohrachschlucht, die das größte Naturschutzgebiet im Landkreis Lindau ist.

RÜCKWEG DURCH SCHEIDEGG Von der Kasse gehen wir auf der Straße wieder zurück und nun vor der engen Rechtskurve geradeaus in Richtung Bieslings hinauf. An der Kreuzung in dem kleinen Ort machen wir nach links einen Abstecher zur 4 **Kapelle in Bieslings** St. Gallus und Magnus, die wegen der schönen Figurengruppe über dem Altar bekannt ist. Zurück an der Kreuzung geht es anschließend links in Richtung Scheidegg aufwärts. Das Sträßchen wird in Scheidegg zur Bräuhausstraße, die am Rathausplatz endet. Dort gehen wir rechts und vor dem Kiosk links zur 5 **Kirche** St. Gallus. Wir gehen geradeaus auf dem Pfarrweg links am Hotel Post vorbei und auf der Zollstraße weiter hinaus bis zum Parkplatz E **Zollstraße** an den Hasenreuter Wasserfällen zurück.

INFO

TOURENCHARAKTER

Nicht bei Nässe gehen. Für die glitschigen Steige am Hasenreuter Wasserfall sind Trittsicherheit und festes Schuhwerk erforderlich.

AUSGANGS-/ENDPUNKT

Parkplatz Zollstraße, 88175 Scheidegg, kurz vor der Grenze rechts, GPS 47°34'35.2"N 09°50'05.1"E (820 m)

ANFAHRT

ÖPNV: Bahn bis Röthenbach, Bus 11 nach Scheidegg-Zentrum

Auto: A 96 Ausfahrt 3 Sigmarszell und auf der B 308 nach Scheidegg

GEHZEITEN

Zollstraße – Hasenreuter Wasserfall 0:05 Std. – Eiserner Steg 0:30 Std. – Kasse 0:25 Std. – Kapelle 0:15 Std. – Kirche 0:20 Std. – Zollstraße 0:25 Std.

EINKEHR

Gasthaus Zum Hirschen, Kirchstraße 1, 88175 Scheidegg, Tel. 08381/2119

INFORMATION

Scheidegg-Tourismus, Rathausplatz 8, 88175 Scheidegg, Tel. 08381/894 22 33, www.scheidegg.de

Mittel	5,6 km	140 Hm	2.00 Std.

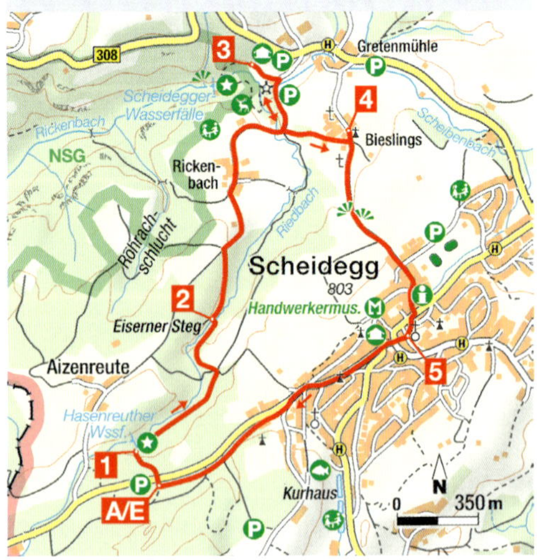

NICHT NUR VIEHSCHEID UND KÄSE

Die Alpabtriebe mit Bierzelt und Musik und die Besichtigungen in Sennereien mit Käseverkostung sind zu viel besuchten touristischen Attraktionen im Allgäu geworden. Der Viehscheid oder Alpabtrieb ist eine alte Tradition der alpinen Milchviehwirtschaft. Nachweislich wurde bereits im Jahr 1059 ein Viehscheid im Raum Oberstdorf durchgeführt. Mangels ausreichender Weiden im Tal werden noch heute im Frühjahr 30 000 Jungrinder auf die Bergweiden getrieben. Im September wird das Vieh mit Blumenkränzen und großen Schellen geschmückt wieder ins Tal getrieben. Dort werden die Tiere auf dem Scheidplatz gesammelt und an ihre Besitzer zurückgegeben. Der Viehscheid ist für die Alphirten der Höhepunkt des Jahres und wird entsprechend gefeiert.

Die Käseherstellung beherrschten die Menschen in Mesopotamien schon 5000 v. Chr., im Allgäu ist die Käserei nachweislich ab dem 13. Jahrhundert bekannt. Bedeutung gewann die Käseherstellung aber erst zu Beginn des 19. Jahrhunderts. Ein angeworbener Senner aus dem schweizerischen Emmental soll 1821 in Weiler den ersten Allgäuer Emmentaler hergestellt haben, und ein Käsehändler brachte in dieser Zeit die belgische Methode der Limburger-Produktion ins Allgäu. Am Ende des 19. Jahrhunderts gab es im Allgäu Hunderte von Sennereien, von denen die meisten im 20. Jahrhundert von industriellen Käsefabriken verdrängt wurden. Aber besonders an der Allgäuer Käsestraße gibt es heute noch einige handwerklich betriebene Sennereien, die Käse über den Ladentisch verkaufen.

Die Besiedelung des Gebietes um Scheidegg erfolgte vermutlich im 6. und 7. Jahrhundert durch die Alemannen. Das Land gehörte später dem Benediktinerkloster St. Gallen, das es 1296 an einen Bregenzer Grafen versetzte. 1571 erwarben die Habsburger das Gebiet und Scheidegg kam durch Napoleon Bonaparte 1806 zu Bayern. Im Scheidegger Wappen steht ein schwarzer Bär, der aus dem Emblem der Benediktinerabtei St. Gallen stammt. Der Stierkopf im Wappen symbolisiert den bäuerlichen Charakter des Gerichtes und der Turm versinnbildlicht die weltliche Macht. Der Name Scheidegg bezieht sich übrigens nicht auf den Viehscheid. »Egg« ist ein Geländevorsprung und »Scheid« weist darauf hin, dass dieses Egg zwei Täler scheidet.

Leckere Auswahl in der Dorfsennerei Böserscheidegg

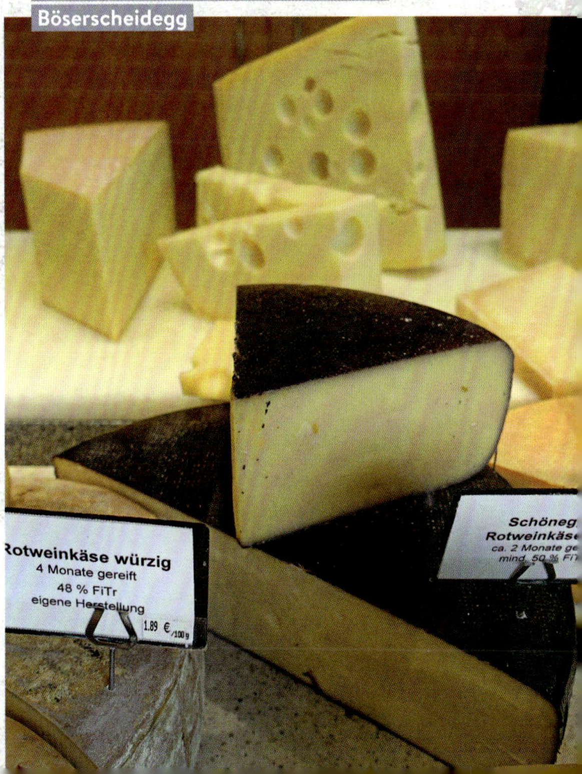

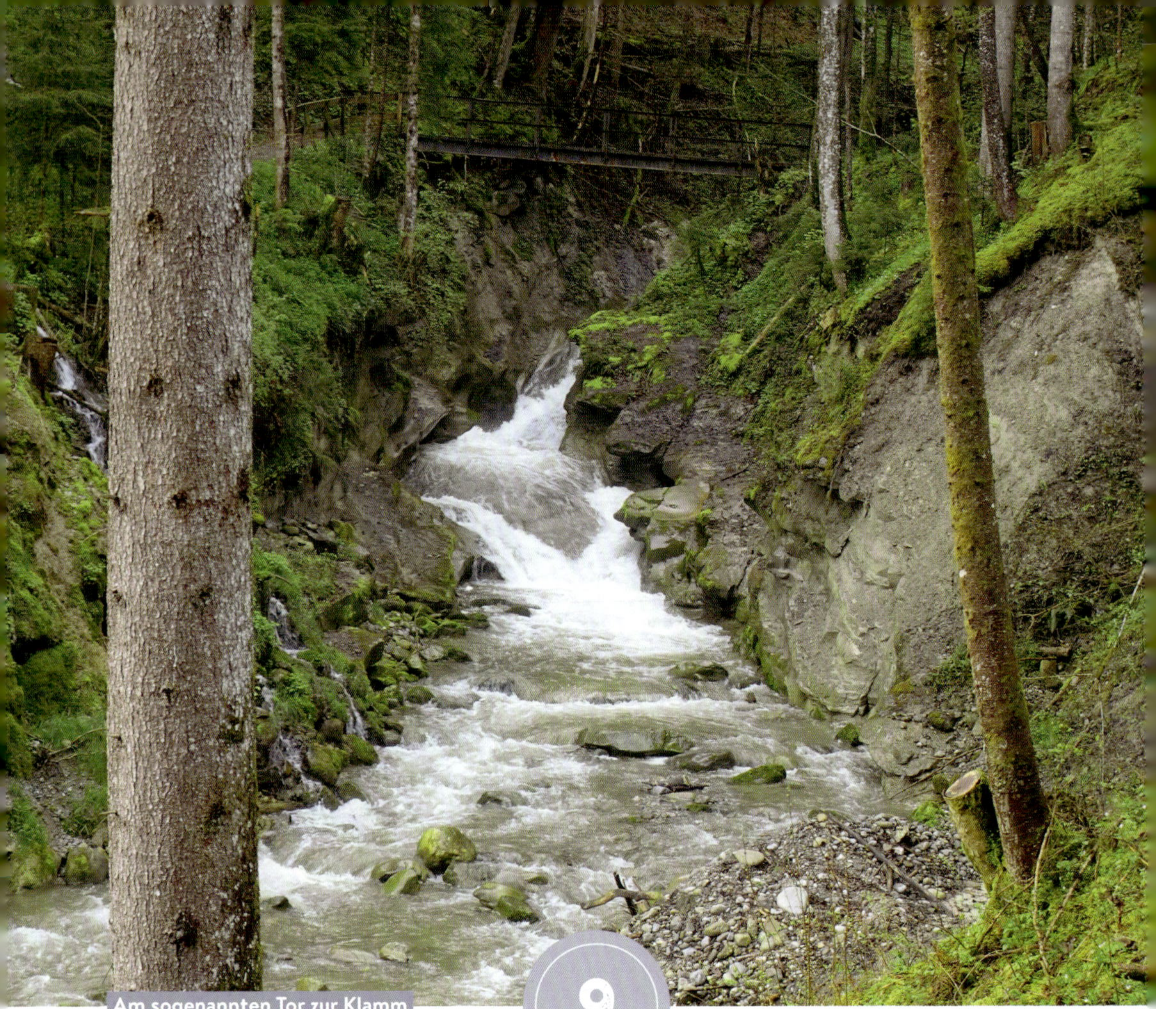

Am sogenannten Tor zur Klamm zwängt sich das Wasser durch Nagelfluhfelsen.

9

Von Weiler zum Enschenstein

Durch die wilde Hausbachklamm

Die reizvolle Wanderung durch die Hausbachklamm und über Stege unter Felswänden ist ein romantisches Naturerlebnis. Die Bilderbuchlandschaft um Weiler besteht aus Wiesen und Wäldern. Die herrlichen Aussichten schweifen in die Allgäuer und Vorarlberger Berge.

Weite Teile der Wanderung begleitet das Rauschen des Hausbaches, der sich durch verschiedene Sedimente durchgearbeitet hat und so ein Lehrstück der Geologie ist.

ZUM ENSCHENSTEIN Vom Parkplatz an der **A Tourist-Information** gehen wir über die Hauptstraße. Am Hausbach steht das Kornhaus aus dem 18. Jahrhundert, das heute ein wichtiges Museum ist. Die klassizistische Kirche auf dem Kirchplatz entstand 1797. Das sehenswerte Rathaus wurde 1681 als Amtshaus erbaut. Zwischen dem Gasthaus Engel aus dem Jahr 1650 und der Kirche gehen wir durch den Friedhof und überqueren nach links versetzt die Schulstraße in den Wanderweg zur Hausbachklamm. An der Lourdeskapelle vorbei kommen wir zum **1 Wunschbaum** mit den bunten Fahnen. Die Untere Hausbachklamm wird am sogenannten Tor zur Klamm dramatisch. Das Wasser zwängt sich durch steile ausgewaschene Felswände aus Nagelfluh. In der Mittleren Hausbachklamm rauscht das Wasser durch schroffe Sandsteinfelsen. Auf einer **2 Brücke** wechseln wir die Seite des Hausbaches. Die Obere Hausbachklamm durchschneidet die Molasseablagerungen der Eiszeit. In **3 Schnellers** gehen wir rechts auf der Brücke in Richtung Enschenstein. Nach dem letzten Haus geht es scharf links in Richtung Trogener Moore aufwärts und wir halten uns gleich an der Gabelung links. An einer Weggabelung im Wald müssen wir rechts. Die Wege durch die Trogener Moore wechseln oft die Richtung, aber die gelbweiße Markierung ist unfehlbar. Schließlich wandern wir in einem großen Weidegebiet an einem Abzweig scharf links in Richtung Enschenstein. Wir überqueren nach rechts einen Bach und gleich beginnt links der steile Aufstieg auf die Nagelfluhscholle Enschenstein. Am Ende des Steiges befindet sich auf dem **4 Enschenstein** am Aussichtspunkt

Tipp

IM KORNHAUSMUSEUM

Das Westallgäuer Heimatmuseum in Weiler ist eines der wichtigsten Museen dieser Art im Allgäu. In dem 350 Jahre alten Gebäude werden verschiedene möblierte Lebensräume wie Küche, Wohnzimmer, Schlaf- und Kinderzimmer von der Gotik bis zur Neuzeit gezeigt. Eine Sammlung ausdrucksvoller Hinterglasbilder aus verschiedenen Ländern und der komplette Kaufmannsladen aus dem 18. Jahrhundert begeistern die Besucher. Verschiedenste Hüte verweisen auf die einstige Hutfabrikation in Weiler (Hauptstraße 13, Tel. 08387/16 54, www.westallgaeuer-heimatmuseum.de).

Auf dem Enschenstein reicht der Blick bis nach Österreich.

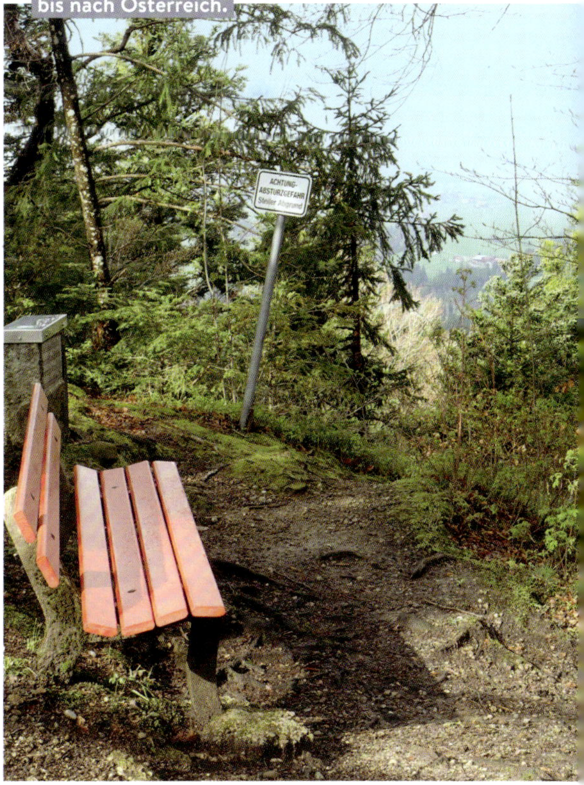

eine Inschrift über die Nutzung als Felsenburg. Die Aussicht von hier reicht bis nach Österreich.

RÜCKWEG ÜBER RIEGEN Nach dem Abstieg vom Enschenstein wandern wir am Wegweiser links hinab. Am steinernen Kreuz geht es rechts hinunter und auf einem Steg über den Mühlenbach. Es folgt ein äußerst steiler Treppenaufstieg auf die Weideflächen über Krähnberg. Am Liegestuhl schauen wir über die schöne Allgäuer Landschaft um die Hausbachklamm. Bei Krähnberg bleiben wir auf dem Sträßchen geradeaus und steigen vor dem ersten Haus in **5 Riegen** links in Richtung Weiler hinab über die Wiesen. In den Weideflächen wechselt unser Pfad oft die Richtung, doch die Pfosten mit der gelb-weißen Markierung weisen sicher den Weg. Wieder auf einer Straße geht es rechts, und an einem Bauernhof in einer Linkskurve laufen wir geradeaus über die Wiese in den Wald hinein. Nach dem Gehölz genießen wir den Panoramablick über die Dächer von Weiler. Im Ort laufen wir auf der Jakob-Huber-Straße ein und steigen nach dem Haus mit der Nummer 12 links auf der Treppe hinab. Nach dem Friedhof kommen wir rechts auf der Scheibener Straße über den Kirchplatz und über die Hauptstraße zurück zum Parkplatz vor der **E Tourist-Information**.

INFO

TOURENCHARAKTER

Nicht bei Nässe gehen. Trittsicherheit und festes Schuhwerk mit Profilsohle sind erforderlich.

AUSGANGS-/ENDPUNKT

Parkplatz Tourist-Information, Hauptstraße 14, 88171 Weiler-Simmerberg, GPS 47°34'55.8"N 09°54'57.1"E (630 m)

ANFAHRT

ÖPNV: Bahn bis Röthenbach, Bus 12 nach Weiler-Bahnhof

Auto: A96 Ausfahrt 6 Wangen-Nord und auf der L320 und B32 nach Weiler

GEHZEITEN

Tourist-Information – Wunschbaum 0:10 Std. – Brücke 0:40 Std. – Schnellers 0:50 Std. – Enschenstein 1:00 Std. – Riegen 0:35 Std. – Tourist-Information 0:35 Std.

EINKEHR

Gasthaus Engel, Kirchplatz 5, 88171 Weiler, Tel. 08387/2745

INFORMATION

Tourist-Information, Hauptstraße 14, 88171 Weiler, Tel. 08387/39150, www.weiler-simmerberg.de

Leicht	12,0 km	320 Hm	3.50 Std.

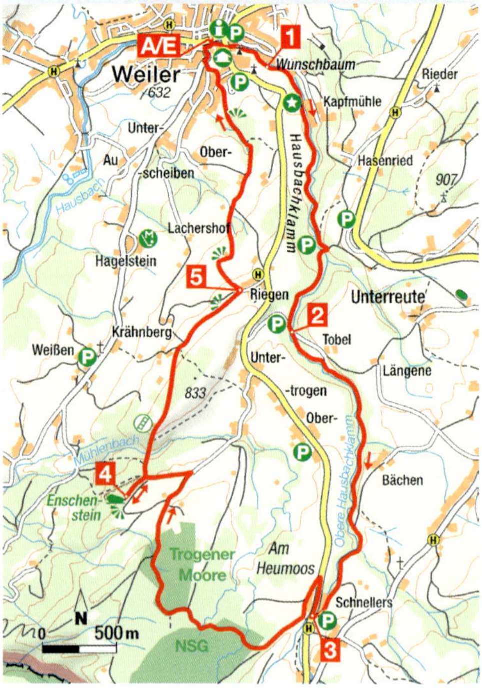

WEILER IM FOKUS DER GESCHICHTE

Muschelförmig gewölbte Goldmünzen, sogenannte »Regenbogenschüsselchen«, die in der Umgebung von Weiler gefunden wurden, verweisen auf die Jahre um 500 v. Chr. und damit auf keltische Stämme, die hier gesiedelt haben. Im 13. Jahrhundert machten Benediktinermönche des Klosters St. Gallen das Land urbar. Eine erste urkundliche Erwähnung der Orte fand im Jahr 1393 statt. 1571 ging der Besitz aus der Hand der St. Galler Mönche an die österreichischen Habsburger über. 1783 wurde Simmerberg als wichtiger Hauptstapelplatz für Salz erwähnt, denn durch den Ort führte die bedeutendste Verkehrs- und Handelsstraße des Allgäus. Auf der Salzstraße wurde Salz aus Salzburg und Hall über Immenstadt, Simmerberg und Weiler nach Bregenz und Lindau in die Schweiz und bis nach Baden befördert. Am Kreisverkehr zwischen Weiler und Simmerberg kreuzt die alte Salzstraße die heutige B 308. Dort ist aus Metall ein Salztransport auf der Salzstraße dargestellt. Aufgrund der wirtschaftlichen Bedeutung wurden durch Kaiser Josef II. von Österreich Marktrechte verliehen. Die Orte Weiler und Simmerberg hatten einst eine bedeutende Funktion im Westallgäu. Weiler war Verwaltungssitz mit Gerichtsbarkeit und späteres Zentrum der Allgäuer Emmentaler Käseproduktion, Simmerberg logistisches Zentrum des Salzhandels. Bis 1805 blieben Weiler und Simmerberg Teil des Kaiserreiches Österreich und gingen dann durch das Wort Napoleons an Bayern.

Die Bedeutung der Orte Weiler und Simmerberg spiegelt sich in den Gebäuden der historischen Ortsbilder wider. Der historische Hintergrund ist oft nur auf den zweiten Blick erkennbar. So steht zum Beispiel das heutige Café Mangold in Weiler anstelle des ersten Kellhofes des Klosters St. Gallen, der vor 894 erbaut wurde. Ein Kellhof war dem Kloster zinspflichtig und der in Weiler wurde von den Herren von Weiler bis 1392 bewirtschaftet. Unter dem Naturdenkmal der 400 Jahre alten Kellhof-Linde am Kellhofplatz erinnert eine Gedenktafel an diese Zeit. Heute führen die touristische Allgäuer Bierstraße und die Allgäuer Käsestraße durch Weiler und Simmerberg und sind Zeugnisse der historischen Wirtschaftszweige in Weiler-Simmerberg.

Am Ende der Wanderung genießen wir den Panoramablick über Weiler.

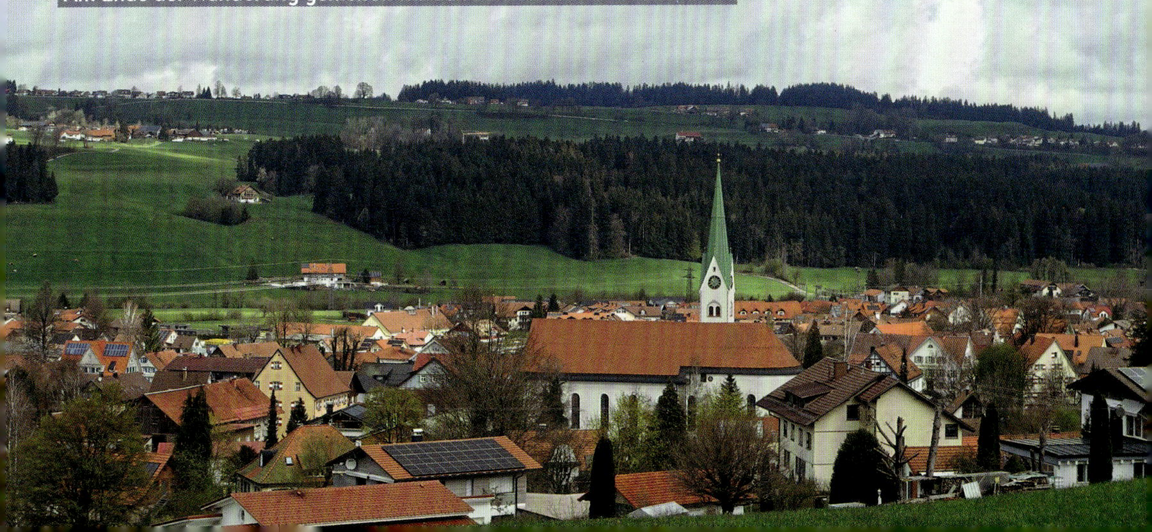

Von Simmerberg nach Röthenbach

Durch den Ellhofer Tobel

Die Tour durch den Ellhofer Tobel zwischen Simmerberg und Röthenbach gehört zu den bekanntesten und beeindruckendsten Schluchtenwanderungen im Allgäu. Vorbei an Felsen, plätscherndem Wasser, über Wiesen und historischen Orten ist der Weg sehr abwechslungsreich.

10

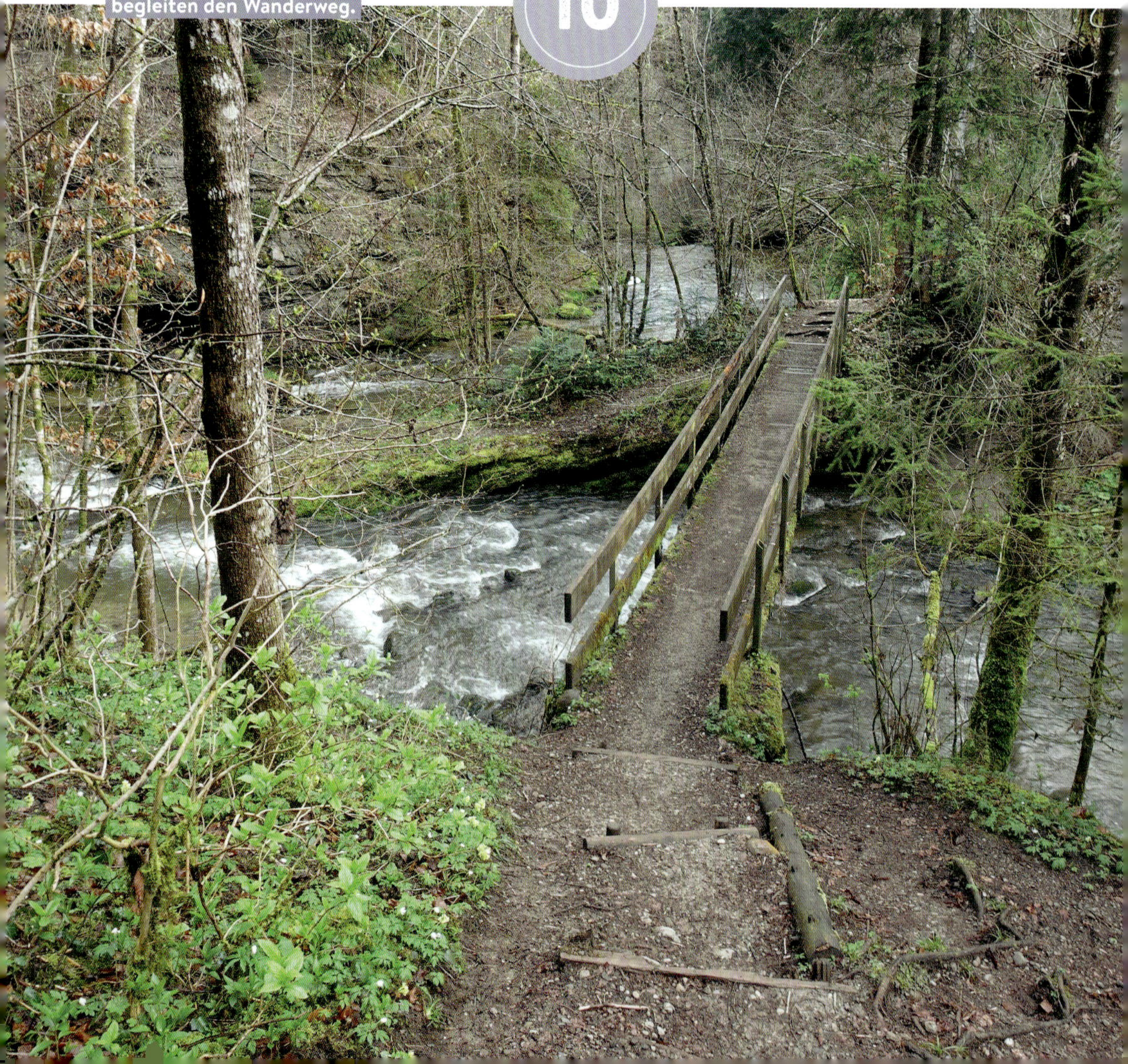

Die rauschenden Wasser begleiten den Wanderweg.

Der Weg durch den Tobel wechselt von einfachen Abschnitten auch mal zu fast alpinen Verhältnissen. Auf dieser Wanderung erleben wir in den freigespülten Schichten im Ellhofer Tobelbach geologische Besonderheiten.

NACH ELLHOFEN Vom Parkplatz am **A Rathaus** in Röthenbach gehen wir zu Beginn auf dem Kirchweg rechts um die Kirche und auf dem kleinen Osterholzweg aufwärts. Nach dem Wald überqueren wir auf einer Brücke die **1 Bahnlinie**. Das kleine Dorf Ellhofen grüßt schon von Weitem mit seinem Kirchturm herüber. In Ellhofen wandern wir links auf der Amtshausstraße am **2 Feuerwehrhaus** vorbei.

ZURÜCK DURCH DEN ELLHOFER TOBEL Nach dem Haus mit der Nummer 22 gehen wir links am Wassertretbecken vorbei in die Wiesen hinaus. Am Waldrand geht es auf dem Tobelrandweg rechts und stets geradeaus in Richtung Burghof. Nach den Garagen des Bauernhofes können wir links zur **3 Burgruine Ellhofen** hinaufsteigen. Erbaut wurde die Burg Ende des 13. Jahrhunderts. Im Dreißigjährigen Krieg verwüstet, verwendete man die übrig gebliebenen Steine, um die Kirche zu erweitern. Vor dem Bauernhof wandern wir links weiter Richtung Simmerberg. An der T-Kreuzung in den Wiesen mit Blick auf Simmerberg gehen wir links in Richtung Tobelmühle und am Feldkreuz rechts. Am Liegestuhl geht es links auf Treppen hinunter in den Tobel und auf dem **4 Steg** über den rauschenden Tobelbach. Gleich müssen wir auf Treppen wieder hinauf und an zwei Abzweigen in Richtung Tobelmühle. Zur Hammerschmiede geht es wieder hinab. Dort sorgen Hasen, Ziegen und Hühner für Abwechslung. An der Tobelmühle bleiben wir auf dieser Seite des Ellhofer Tobelbaches in Richtung Rutzhofen auf dem Sträßchen aufwärts. In der Rechtskurve steigen wir links auf dem Pfad mit der Markierung blauer Punkt in Richtung Burgturm Gedenkstein abwärts und durch den Bach. An der T-Kreuzung geht es links durch einen weiteren Bach und gleich danach links über die Wiese hinunter. Ein Pfosten mit abblätternder blauer Farbe markiert die Richtung. Zwischen großer Buche am Zaun und Hügel

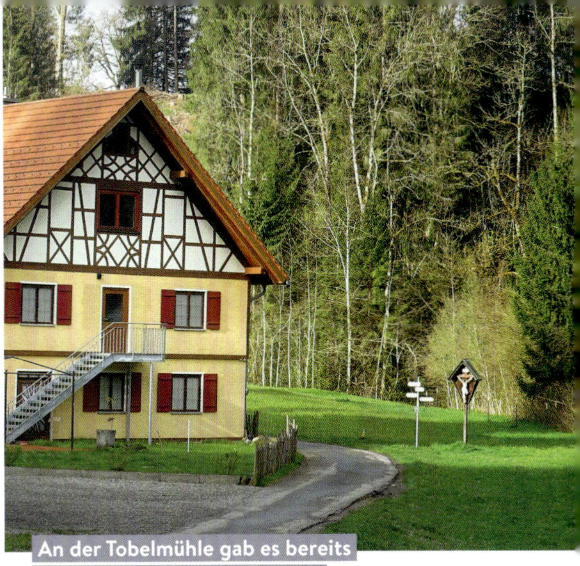

An der Tobelmühle gab es bereits im 9. Jahrhundert eine Mühle.

Tipp

IM ALLGÄUER KRÄUTERGARTEN ARTEMISIA

Fünf Kilometer südöstlich von Simmerberg werden im Allgäuer Kräutergarten in Stiefenhofen-Hopfen Wildpflanzen, Insektenpflanzen, Heil- und Gewürzkräuter und Bio-Gemüse angebaut und im Hofladen verkauft. Alles wird nach ökologischen Kriterien erzeugt und verarbeitet. Ein Spaziergang durch den 13 Hektar großen Kräutergarten wird zu einem Naturerlebnis. Zudem können Besucher in der Teestube Kaffee, Bier und eigene Tees neben süßen und herzhaften Speisen genießen (Hopfen 29, 88167 Stiefenhofen, Tel. 08386/960510, www.artemisia.de).

führt der Pfad um den Hügel, auf dem der Gedenkstein zur Turmburg Alt-Ellhofen steht. Auf undeutlichem Pfad überqueren wir eine große Wiesenmulde und müssen am Zaun entlang hinauf und durch ein Türchen im Zaun durch einen weiteren Bach. Weiter unten überqueren wir auf einem Steg wiederum den Tobelbach. Im Aufstieg zum Tobelrandweg kommen wir an offen liegendem Tonschiefer vorbei, den die Eiszeit aufgeschwemmt hat. Auf dem Tobelrandweg geht es in Richtung Rutzhofen rechts und auf einem Fahrweg wieder zum Tobelbach hinunter. Bald überquert die unter Denkmalschutz stehende **5 Eisenbahnbrücke** aus dem Jahr 1880 unseren Weg. Hier wechseln wir wieder die Bachseite und an dem Hochwasserbauwerk nochmals auf die Bachseite links. Vor Röthenbach gehen wir an der Weggabelung links und verlassen damit den Bach. Im malerischen Röthenbach stoßen wir auf den Kirchweg und in Verlängerung auf den Mühlenweg, wo am Parkplatz vor dem **E Rathaus** unser Ausgangspunkt ist.

INFO

TOURENCHARAKTER

Nicht bei Nässe gehen. Für die glitschigen Steige sind Trittsicherheit und festes Schuhwerk mit Profilsohle erforderlich.

AUSGANGS-/ENDPUNKT

Parkplatz Rathaus, Mühlenstraße 1, 88167 Röthenbach, GPS 47°37'20.5"N 09°58'27.1"E (660 m)

ANFAHRT

ÖPNV: Mit der Bahn nach Röthenbach
Auto: A 96 Ausfahrt 6 Wangen-Nord und auf der L 320 und St 2003 nach Röthenbach

GEHZEITEN

Rathaus – Bahnlinie 0:35 Std. – Feuerwehr 0:20 Std. – Burgruine Ellhofen 0:25 Std. – Steg 0:10 Std. – Eisenbahnbrücke 0:55 Std. – Röthenbach 0:35 Std.

EINKEHR

Bräustatt und Taferne, Ellhofer Straße 2, 88171 Simmerberg, Tel. 08387/38 06, www.braeustatt-taferne.de

INFORMATION

Verwaltungsgemeinschaft Argental, Mühlenstraße 1, 88167 Röthenbach, Tel. 08384/18 16, www.roethenbach-westallgaeu.de

Mittel | 9,7 km | 170 Hm | 3.00 Std.

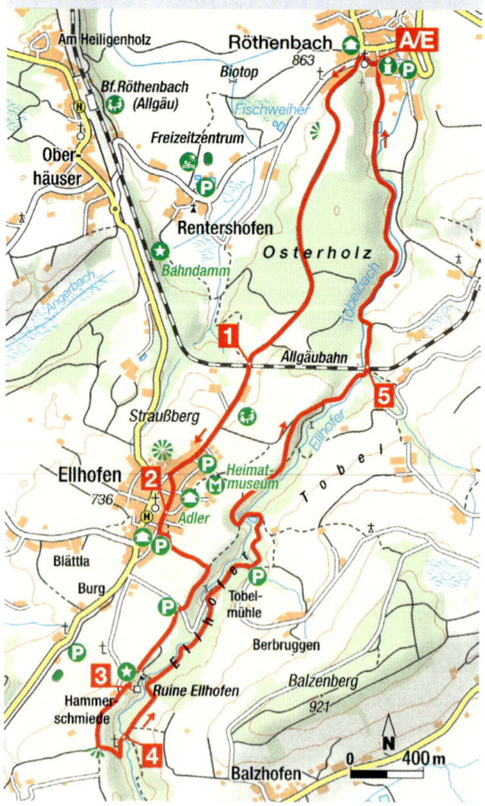

GESCHICHTEN VON RÖMERN, SALZ UND BIER

Im heutigen Landkreis Lindau waren schon während der Eisenzeit Menschen ansässig (ab ca. 1200 v. Chr). Bei Röthenbach wurden Reste römischer Burgi (Türme) gefunden, die zum Schutz der römischen Queralpenstraße dienten. Diese Römerstraße, heute Allgäustraße genannt, verlief von *Luvavum* (Salzburg) bei Epfach über den Lech und durch Kempten und eben durch Röthenbach und Simmerberg zur Garnisonsstadt *Brigantium* (Bregenz). Nach den Römern kamen die Alemannen, deren erste Siedlungen sich im 8. Jahrhundert urkundlich nachweisen lassen. Im heutigen Weiler sind sie im Jahr 894 aufgetaucht. Röthenbach wurde erstmals im Jahr 861 dokumentarisch erwähnt und gehörte damals zum Besitz des Klosters Mehrerau bei Bregenz. Später war dies das Hauskloster der Grafen von Montfort, die im 14. und 15. Jahrhundert die Herrschaft über Röthenbach und andere Orte ausübten. Sie hatten auch das Geleitrecht über die Salztransporte inne. Simmerberg wurde erst 1393 erstmals urkundlich erwähnt. Bis 1570 gehörte Simmerberg zum Besitz des Klosters St. Gallen. Die Simmerberger Brauerei wurde zu Beginn des 18. Jahrhunderts gegründet und löschte den Durst der Knechte der Salzfuhrwerke. 1804 wurde Simmerberg zum Markt erhoben und übte seit Langem das Salzstapelrecht aus. Das Simmerberger Haus in der Alten Salzstraße Nummer 42 ist als Fachwerkbau im Alpenraum eine Seltenheit. Es wurde im Jahr 1639 als Salzfaktorei erbaut. Hier wurde der Salztransport koordiniert und kontrolliert. Simmerberg und Röthenbach fielen, wie der größte Teil des heutigen Landkreises Lindau, 1806 durch das Wort Napoleons anlässlich des Preßburger Friedens an Bayern.

Im Biergarten oder in urigem Ambiente an den Braukesseln sitzen heute die Gäste in der Bräustatt und Taferne der Aktienbrauerei Simmerberg. Die Geschichte des Simmerberger Bieres lässt sich bis ins Jahr 1706 zurückverfolgen. Heute brauen die Simmerberger Brauer nach dem Bayerischen Reinheitsgebot aus dem Jahr 1516 und frei von Pestiziden Biobier. Simmerberg liegt ja schließlich an der Allgäuer Bierstraße.

Röthenbach liegt idyllisch in der Allgäuer Landschaft.

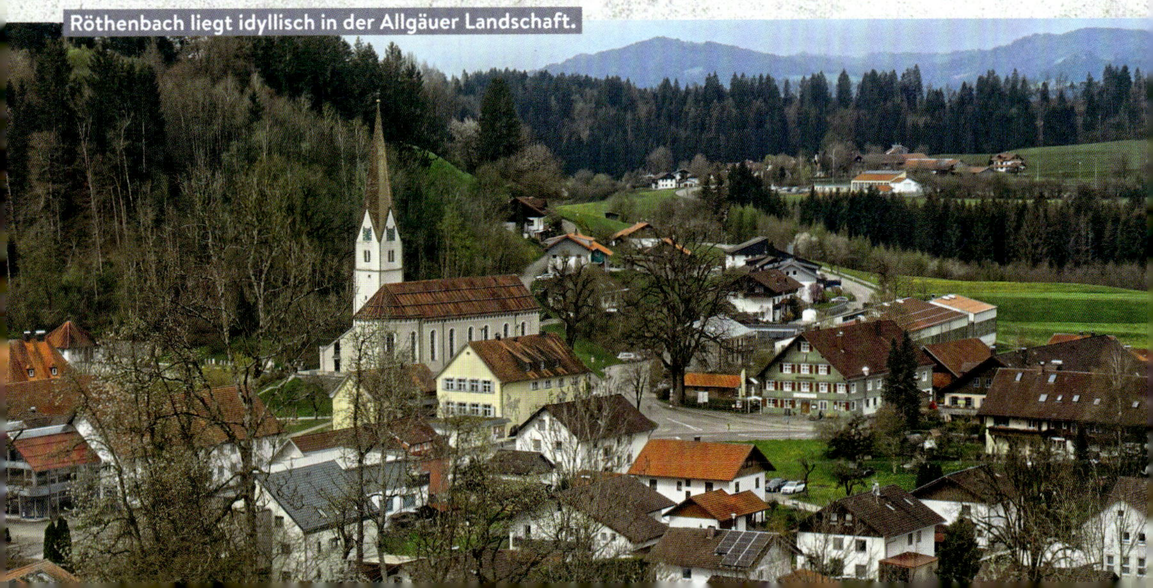

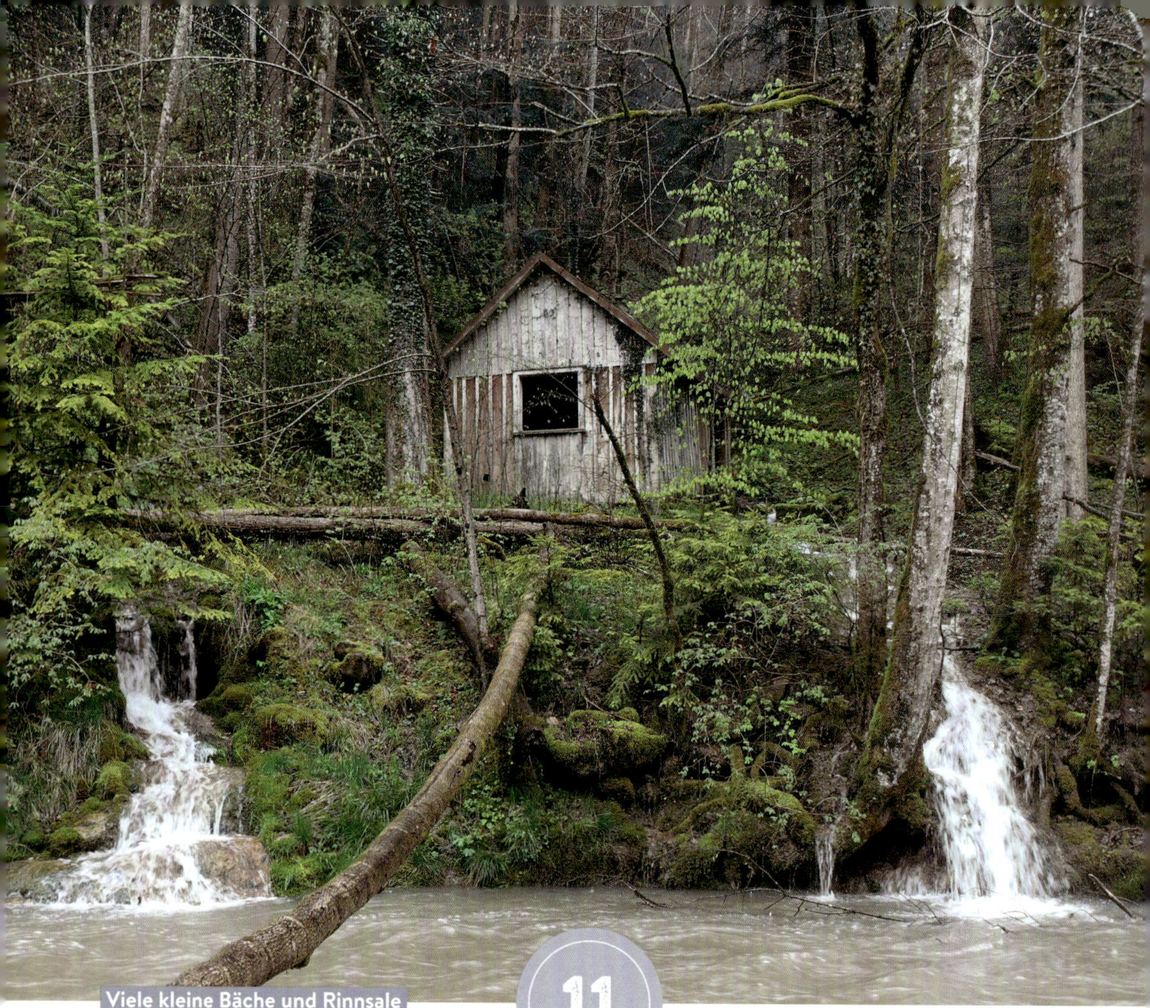

Viele kleine Bäche und Rinnsale fließen der Oberen Argen zu.

11

Durch das Naturschutzgebiet Eistobel

Geologische Entdeckungen

Der Klammweg durch den Eistobel, über gewagte Stege, vorbei an hohen Felswänden und rauschenden Wasserfällen, bietet ein einmaliges Naturschauspiel. Das aufmerksame Auge entdeckt Spezialisten aus der Tier- und Pflanzenwelt und kann wirklich Felsen wachsen sehen.

Der Eistobel begeistert durch die Kraft des Wassers, das riesige Gesteinsblöcke ausgegraben, tiefe Strudellöcher ausgehöhlt und gewaltige Molasseablagerungen durchschnitten hat. In der Schlucht liegt in den freigelegten Horizonten der Sedimentschichten die Erdgeschichte offen.

DURCH DEN EISTOBEL Vom Parkplatz **A Eistobel P1** gehen wir zum Infopavillon und lösen die Eintrittskarte für den Eistobel. Auf Treppen steigen wir hinunter zur Oberen Argen, über uns die 54 Meter hohe Argentobelbrücke. Flussaufwärts zeigt sich zu Beginn das Wasser noch recht brav. Zunächst beeindruckt auf der rechten Seite eine große **1 Halbhöhle**. In der Nähe ist die Struktur des Nagelfluhfelsens gut zu erkennen. Der Fels ist ein Konglomerat aus gerundeten Steinen, die durch Bewegung abgeschliffen wurden. Entstanden sind die Formationen meist aus Molasse-Schuttkegeln, die sich vor 23 Millionen Jahren in die Meere ergossen haben. Die Steine im Felsen werden durch eine Kalkmasse verbunden, ähnlich wie das im Beton der Fall ist. Im Allgäu wird Nagelfluh daher als »Herrgottsbeton« bezeichnet. Der Eistobel entstand vor etwa 15 000 Jahren beim Durchbruch eines Schmelzwassersees und vertiefte sich fortlaufend.

Aus den Hängen der Schlucht fließen Bäche und Rinnsale der Oberen Argen zu. Wer genau hinschaut, sieht den hellen, porösen Kalktuff zu Felsen heranwachsen. Diese Ablagerungen bilden sich durch die Ausfällung von Kalk aus dem Wasser durch das freigesetzte Kohlendioxid (CO_2). Ein Fels, der ständig wächst und als Bausteine an den Häusern wiederzufinden ist. Schließlich erreichen wir den Großen Wasserfall, der 18 Meter in ein tiefes Strudelloch fällt. Die Luft ist erfüllt von feiner Gischt, und Moose, Farne, Pilze und Flechten wachsen im Schluchtwald üppig. Kurz nach dem Großen Wasserfall erlaubt ein eiserner Steg, über den **2 »Zwinger«** zu gehen. Dies ist die engste Stelle des Eistobels. Das Wasser tobt zwischen Felsblöcken eindrucksvoll zu Tal. Danach geht es auf gewagten Stegen an 50 Meter hohen Felswänden aus Sandstein entlang und wir fühlen uns ganz klein. Waren es zu Beginn der Schlucht noch Gesteine aus der Süßwassermolasse, stammt der Sandstein an den hohen Wänden aus den Sedimenten eines Millionen Jahre alten Meeres.

Tipp

VIEHSCHEID IN MAIERHÖFEN

Mitte September findet alljährlich in Maierhöfen der traditionelle Alpabtrieb mit Viehscheid statt. 250 Stück Allgäuer Braunvieh werden über 20 Kilometer von den Hochweiden am Hochgrat nach Maierhöfen getrieben. Das festlich geschmückte Kranzrind schreitet als Leittier voran. Am Scheidplatz werden die Rinder dann auseinandersortiert und an ihre Besitzer zurückgegeben. Die Weidegenossenschaft Maierhöfen organisiert zu diesem Ereignis ein Festzelt mit Musikkapellen, Alphornbläsern, Speis und Trank (Am Sportplatz, 88167 Maierhöfen, www.viehscheid-maierhöfen.de).

Auf einem Eisensteg kann man über den engen »Zwinger« im Eistobel gehen.

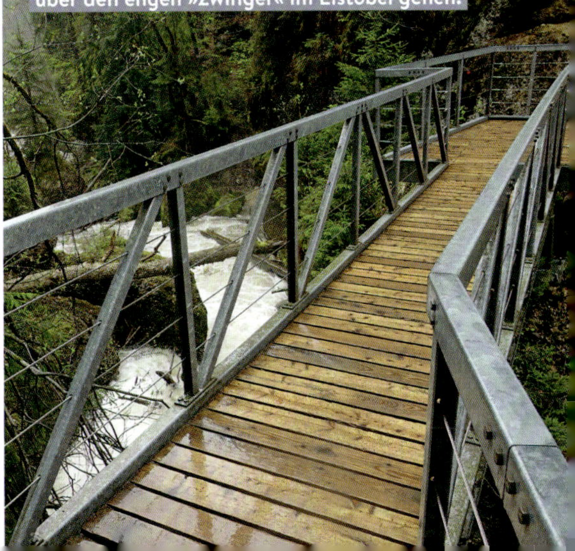

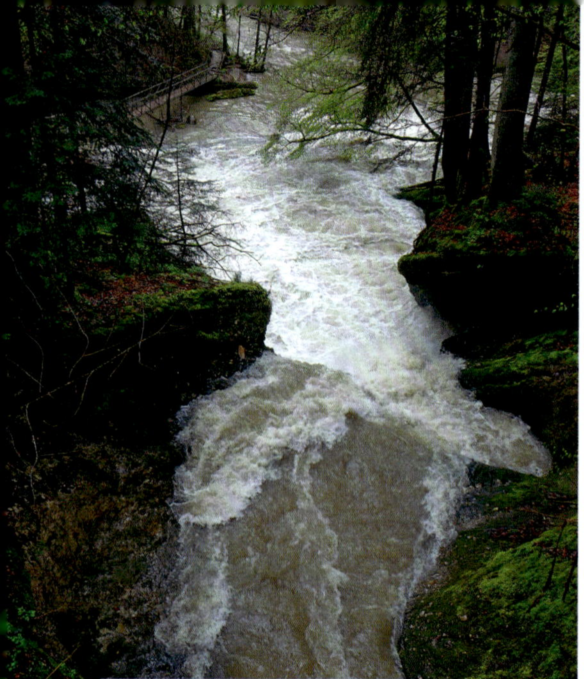

Blick vom Eissteg in die tosenden Fluten der Oberen Argen

RÜCKWEG ÜBER RIEDHOLZ Am nächsten mehrstufigen Wasserfall wandern wir oberhalb in schwindelnder Höhe auf dem **3 Eistobelsteg** über die wütenden Wasser mit der Markierung der Tour 19 in Richtung Riedholz. Sogar nach dem langen Aufstieg ist oben in den Wiesen noch das stetige Rauschen und Getöse der rasenden Wasser zu hören.

Auf dem Feldweg wandern wir über Weideflächen nach Riedholz und dort an der **4 Bushaltestelle** vorbei. Nach dem Dorf gehen wir draußen an der Staatsstraße auf dem Geh- und Radweg links. Schließlich gelangen wir mit schauderndem Tiefblick auf der Argentobelbrücke über die Schlucht. Nach der Brücke ist rechts schon der Parkplatz **E Eistobel P1** zu sehen.

INFO

TOURENCHARAKTER

Trittsicherheit und festes Schuhwerk mit Profilsohle erforderlich.
Die Holzstege können rutschig sein.
Im Winter sind die Wege geschlossen.

AUSGANGS-/ENDPUNKT

Parkplatz P1 Eistobel, Tobelbrücke an der St 1318, 88167 Grünenbach,
GPS 47°38'28.0"N 10°01'29.9"E (710 m)

ANFAHRT

ÖPNV: Bahn bis Röthenbach, Bus 731 nach Maierhöfen-Argentobelbrücke
Auto: A 96 Ausfahrt 7 Kißlegg und auf der L 265 und St 1318 zur Tobelbrücke

GEHZEITEN

Eistobel P1 – Halbhöhle 0:15 Std. – Zwinger 0:20 Std. – Eissteg 0:20 Std. – Bushaltestelle 0:35 Std. – Eistobel P1 0:20 Std.

EINKEHR

Gasthof Argentobelbrücke,
Hauptstraße 3, 88167 Maierhöfen,
Tel. 08383 289

Leicht	5,3 km	120 Hm	1.50 Std.

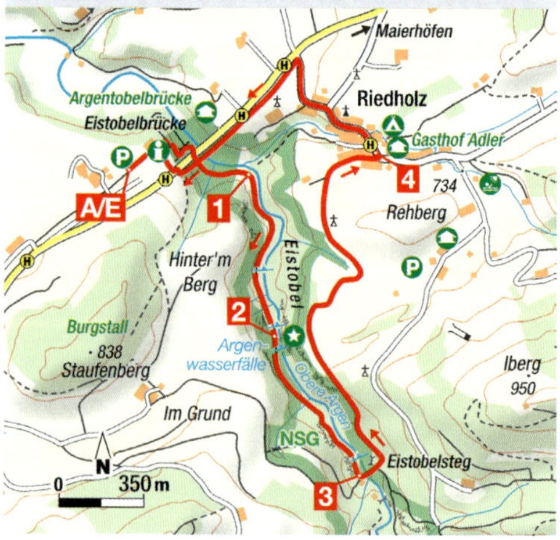

INFORMATION

Verwaltungsgemeinschaft Argental,
Mühlenstraße 1, 88167 Röthenbach,
Tel. 08384/1816, www.vg-argental.de

OFFENE ERDGESCHICHTE IM EISTOBEL

Der Einschnitt des Eistobels zeigt ein vielgestaltiges Profil des Alpenvorlandes auf. Diese Molassesedimente wurden etwa vor 34 Millionen Jahren und 9 Millionen Jahren abgelagert. Die ursprünglich waagerecht liegenden Schichtungen der Sedimente wurden durch die Auffaltung der Alpen schräg gestellt. Die Wirkung der Auffaltung wird durch die unterschiedlichen Neigungen anschaulich. Während im Norden des Eistobels die Neigung der Schichten etwa 15° beträgt, zeigt am Südausgang des Eistobels, also näher an den Bergen, die Neigung der Schichten etwa 40° auf. Im Süden der Schlucht finden sich Sandstein- und Mergelsedimente der Unteren Süßwassermolasse aus der Zeit vor etwa 23 Millionen Jahren (am Ende des Oligozäns), die aus der Ostschweiz in das Allgäu befördert wurden. Im weiteren Verlauf der Klamm zeigen sich grünliche Sandsteine, Mergel und Konglomerate, die sich vor etwa 9 Millionen Jahren (Unteres Miozän) ablagerten. Die grüne Farbe ist auf den Bestandteil Glaukonit zurückzuführen, der in flachen Meeren entstanden ist und der Oberen Meeresmolasse zugerechnet wird. In diesem Bereich sind Konglomeratbänke mit eingelagerten Austernschalen zu sehen, die sich in Steilstufen ausgebildet haben. Im Nordteil des Eistobels stammen die Konglomerat-Mergel-Ablagerungen aus der Oberen Süßwassermolasse, die sich etwa bis vor 9 Millionen Jahren gebildet hat. Die harten Konglomerat-Nagelfluh-Bänke in diesem Bereich bilden die Absturzkanten der Wasserfälle. Hangrutschungen kennzeichnen Stellen von Mergelsteinschichten. Formationen aus porösem Kalktuff sind junge Ablagerungen, die sich durch die Ausfällung von Kalk durch das freigesetzte Kohlendioxid (CO_2) aus dem Wasser gebildet haben und ständig bilden. Der Eistobel, der diese anschauliche Erdgeschichte freilegte, entstand erst vor spätestens 15 000 Jahren am Ende der letzten Eiszeit durch die Abflussrinne eines Schmelzwassersees. Das Molasseprofil im Eistobel zählt zu den 100 schönsten Geotopen Bayerns. Übrigens überquerte die teilweise sichtbare Römerstraße von Salzburg über Kempten nach Bregenz nördlich nahe der Argentobelbrücke den Eistobel.

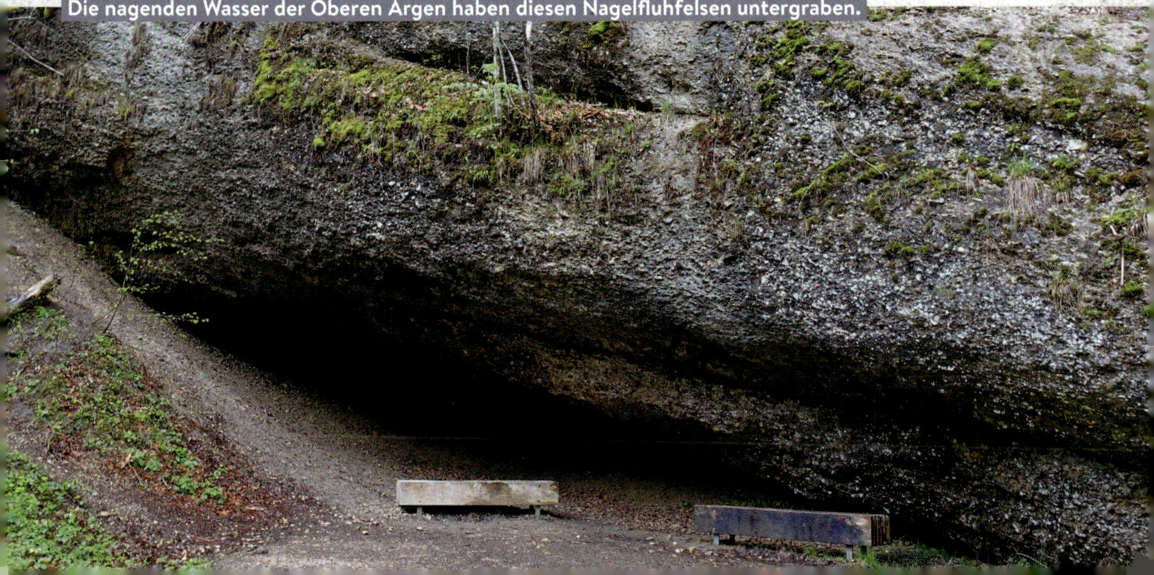

Die nagenden Wasser der Oberen Argen haben diesen Nagelfluhfelsen untergraben.

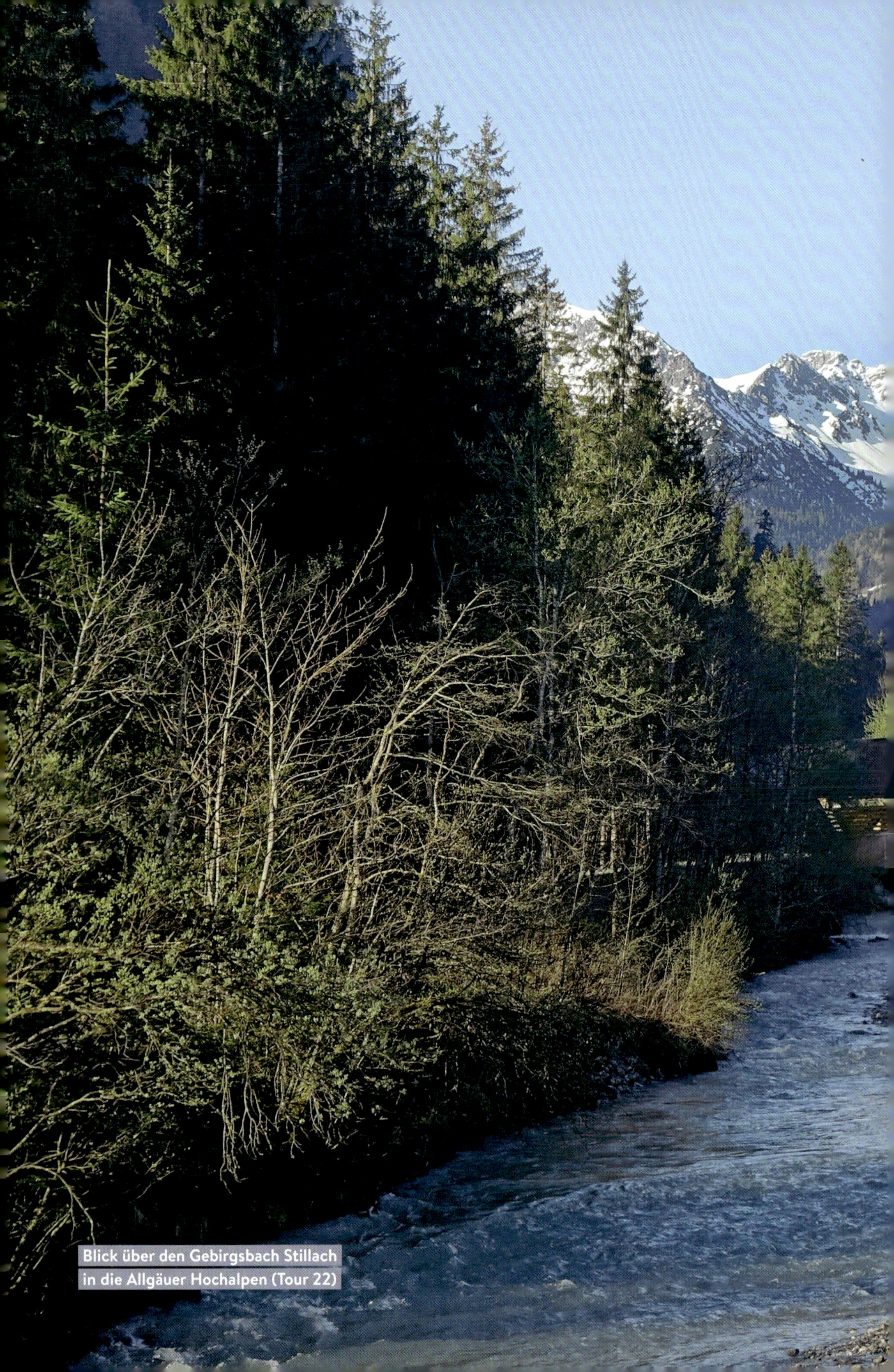

Blick über den Gebirgsbach Stillach in die Allgäuer Hochalpen (Tour 22)

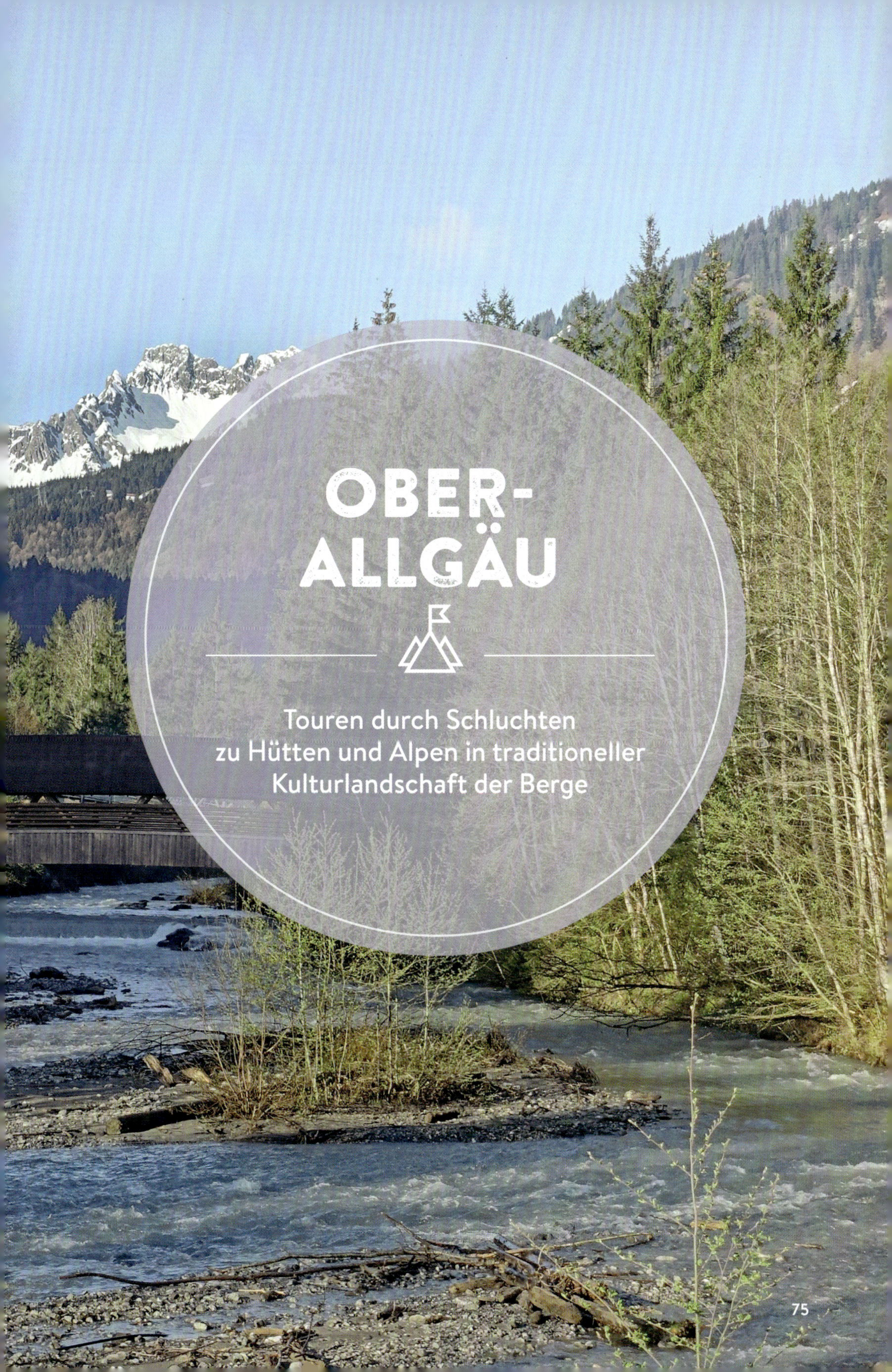

OBER-ALLGÄU

Touren durch Schluchten
zu Hütten und Alpen in traditioneller
Kulturlandschaft der Berge

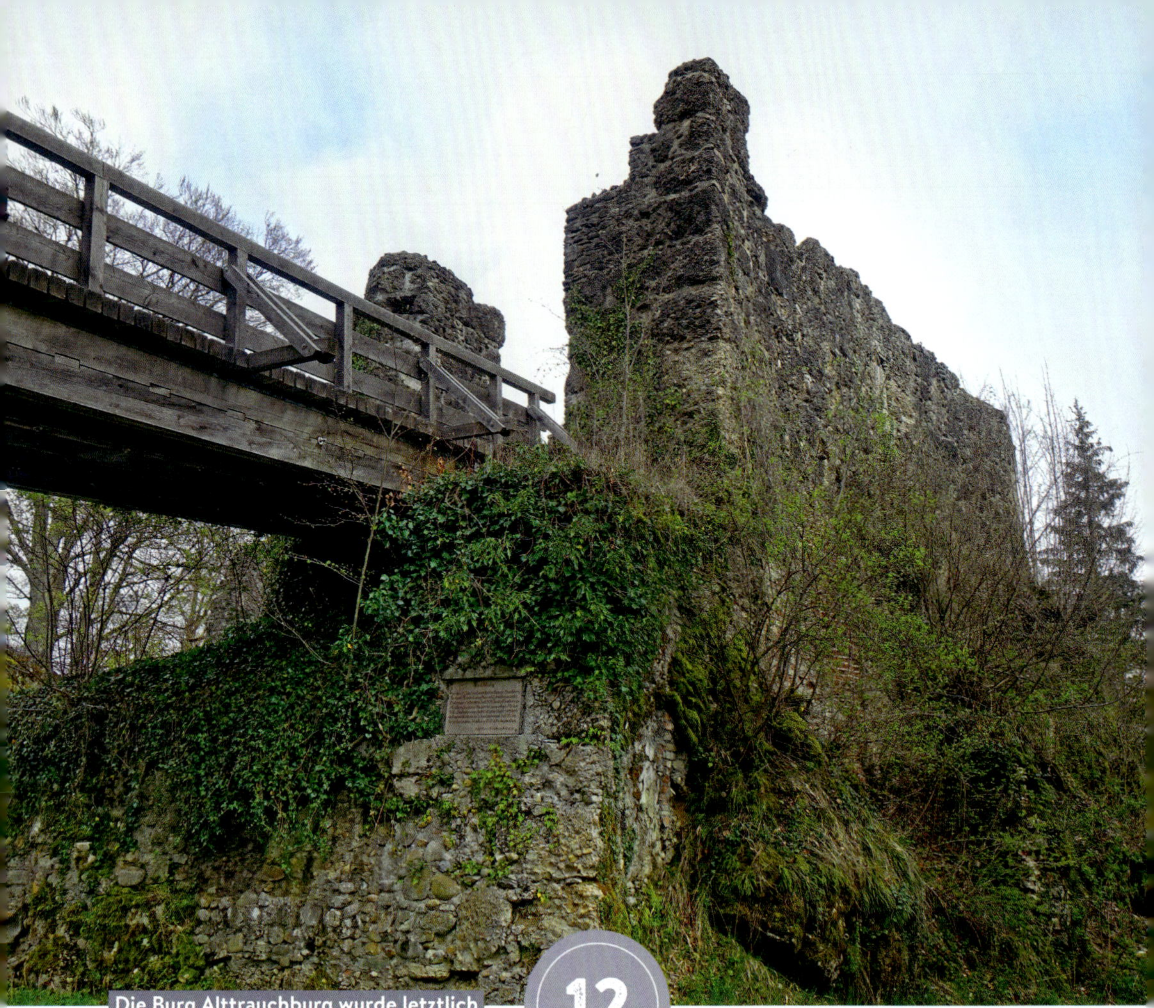

Die Burg Alttrauchburg wurde letztlich als Steinbruch benutzt.

12

Zur Ruine Alttrauchburg

Bezaubernde Blicke zum Hochgrat

Um die gut erhaltene Ruine Alttrauchburg aus Nagelfluhsteinen ranken sich Sagen. Den langen Bergzug Sonneck bedecken idyllische Wälder und unten im Tal liegen die bunten Wiesen im Weitnauer Tal im Allgäuer Seenland. Im Süden stehen die Berge der Allgäuer Alpen am Horizont.

Weitnau war im 13. Jahrhundert Verwaltungssitz der Herrschaft Hohenegg und im 15. Jahrhundert unter den Habsburgern kaiserlich-königlicher Amtssitz mit Marktrecht. Daher findet sich in Weitnau der historische Bau des prächtigen Gasthauses Zum Goldenen Adler, einstiges Amtshaus der Herrschaft Hohenegg.

ZUR ALTTRAUCHBURG Vom Parkplatz im **A Widmannweg** beginnen wir die Wanderung aufwärts nach Norden und unter der B 12 durch die **1 Unterführung**. Danach geht es links und am zweiten Abzweig rechts über die Wiesen an zwei Bauernhäusern vorbei in Richtung Ruine Alttrauchburg. Weiter steigen wir durch Wald hinauf und kommen an einen Wegweiser zu einer Bank auf dem **2 Sonneckgrat**. Wir gehen auf der Forststraße links hinab und gleich auf der unteren Forststraße links abwärts. An einer Kreuzung bleiben wir an einer Bank vorbei geradeaus auf dem ausgewaschenen Pfad steil hinunter. Glücklich endet er an dem kleinen Parkplatz unterhalb der Burg. Geradeaus steigen wir an der Schranke vorbei auf den Nagelfluhfelsen, auf dem die Ruine der Alttrauchburg steht. An der Burggaststätte vorbei gehen wir zuerst rechts hinab und auf die Nordseite der Burg zur Kapelle. An den hohen Nordmauern ist die Burg nicht zu er-

Tipp

BURGFEST AUF DER ALTTRAUCHBURG

Die Ruine der Alttrauchburg bildet eine stimmige und faszinierende Kulisse für das große Burgfest, das jährlich im August viele Besucher anlockt. Bei mittelalterlichem Lagerleben mit historischer Musik, Scheinkämpfen, Gauklern, Wahrsagerin, Artisten und großem Kinderprogramm ist das Fest zu einem Höhepunkt des Jahres geworden und weitbekannt und beliebt. Bei dieser Gelegenheit gibt es mehrmals täglich kompetente Führungen über die Burg. Verhungern oder verdursten müssen die Gäste auch nicht (www.weitnau.de).

Über prächtige Alpwiesen geht es auf den Sonneckgrat.

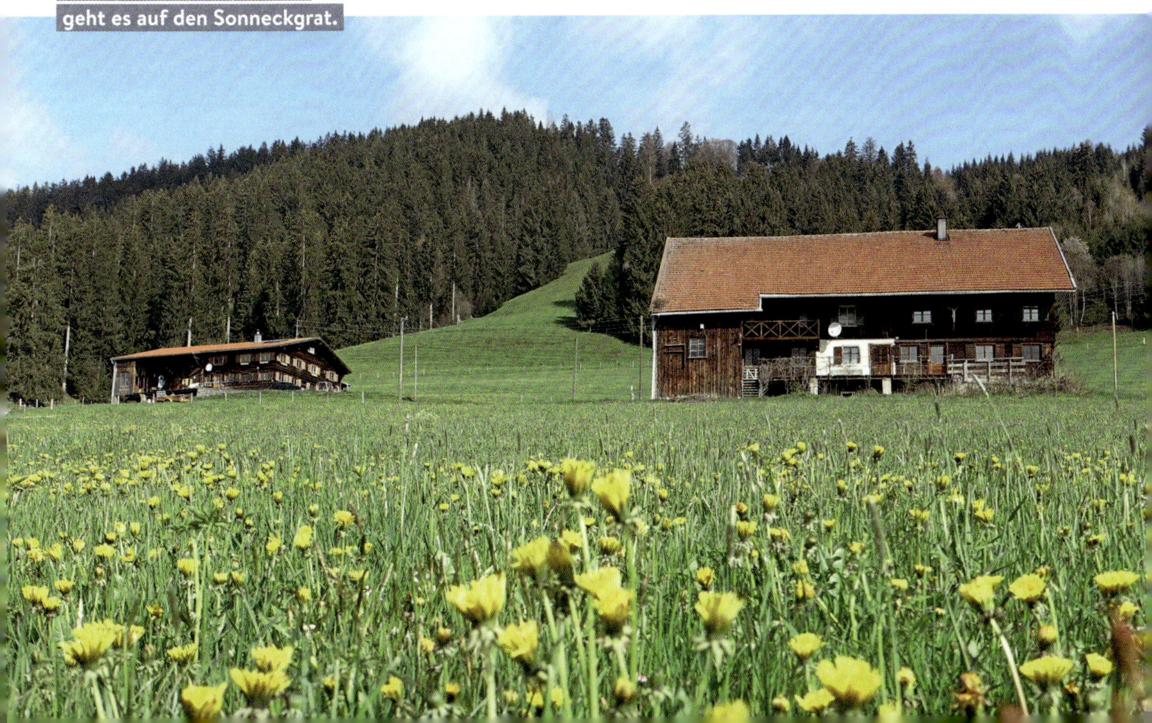

obern. An der Burggaststätte können wir auf der Holzbrücke in die **3 Alttrauchburg** eindringen und ohne Gegenwehr alles genau besichtigen.

Die Sage erzählt, die Burg sei von einer tyrannischen Frau erbaut worden, die Bauern im Tal böse unterdrückte. Ihr Sohn soll noch viel schlimmer gewesen sein. In Notwehr fällte ein Femegericht das Todesurteil über den grausamen Sohn. Er wurde geköpft und sein Haupt soll bis ins Tal gerollt sein. Die Bauern spießten den Kopf auf und trugen ihn durchs Land. Noch am gleichen Tag soll die Burg samt der herrischen Mutter abgebrannt sein. Die Aussicht über das schöne Land hellt unsere Stimmung wieder auf und wir gehen frohgemut in den Biergarten der Burggaststätte. Unsere Fröhlichkeit bleibt aber nur bestehen zwischen Ostern und Allerheiligen und dann auch nur von Mittwoch bis Sonntag, denn nur dann gibt es hier Brotzeit und Bier.

RÜCKWEG ÜBER DIE SONNECKHÜTTE

Wir müssen wieder auf dem gleichen Weg zurück und den steilen ausgewaschenen Pfad aufwärts wieder bis zum Sonneckgrat. Der Wegweiser zeigt uns die Richtung Sonneckgratweg genau nach Osten.

Am **4 Sonneckkreuz** besteht Aussicht über das Weitnauer Tal in die Allgäuer Alpen, aus denen der Hochgrat hervorsticht. Immer auf dem Sonneckgratweg durch den Wald nehmen wir an einer kleinen Lichtung den Pfad halb links ein wenig aufwärts, der besser zu gehen ist als die schlechte Fahrspur. An einer Kreuzung ist an der **5 Sonneckhütte** ein guter Platz, um auszuruhen. Auf der Forststraße geht es in Richtung Weitnau in lang gezogenen Serpentinen durch den Wald und über die Wiesen wieder zur Unterführung an der B 12, von der wir leicht zum Parkplatz am **E Widmannweg** zurückfinden.

INFO

TOURENCHARAKTER

Alpwege und Pfade mit steilen Abschnitten. Trittsicherheit und festes Schuhwerk mit Profilsohle erforderlich

AUSGANGS-/ENDPUNKT

Parkplatz Widmannweg 1, 87480 Weitnau, GPS 47°38'29.2"N 10°07'30.6"E (790 m)

ANFAHRT

ÖPNV: Bahn bis Kempten, Bus 50 nach Weitnau
Auto: Auf der A 7 Ausfahrt 136 Dreieck Allgäu und auf der B 12 nach Weitnau

GEHZEITEN

Widmannweg – Unterführung 0:15 Std. – Sonneckgrat 0:35 Std. – Alttrauchburg 0:20 Std. – Sonneckkreuz 0:35 Std. – Sonneckhütte 0:20 Std. – Widmannweg 0:55 Std.

EINKEHR

Burggaststätte, Alttrauchburg 1, 87480 Weitnau, Tel. 08375/80 46, www.burggaststätte-alttrauchburg.de

Mittel	8,2 km	400 Hm	3.00 Std.

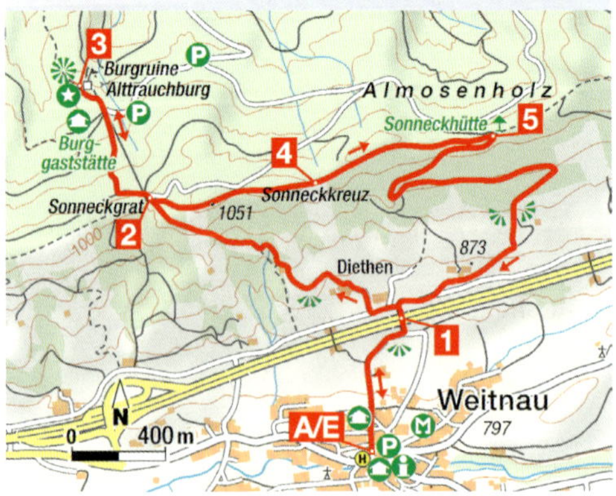

INFORMATION

Tourismusbüro Weitnau, Hoheneggstraße 25, 87480 Weitnau, Tel. 08375/92 02 41, www.weitnau.de

GLANZ UND NIEDERGANG DER ALTTRAUCHBURG

Die Sanierung der Ruine der Alttrauchburg geschah wohl in der verbreiteten romantischen Vorstellung der heutigen Zeit. Das ist denn auch Inhalt von immer wieder auftauchenden Kritiken. Dennoch ist das Erscheinungsbild imposant und durch die modernen Einbauten wie Treppen, eine Brücke und Laufstege für Besucher erst zugänglich. So ist auch die Größe und Machtstellung der Burg erkennbar. Sie war ja auch ein blendendes Macht- und Herrschaftssymbol ihrer Zeit.

Die Alttrauchburg war nicht nur höfischer Mittelpunkt, sondern auch politisches, rechtliches und wirtschaftliches Zentrum der wechselnden Herrschaften. Das Mauerwerk aus großen Nagelfluhsteinen ist hochmittelalterlich. Das Konglomerat Nagelfluh hat die Struktur von Beton und ist nicht spaltbar. Die Quader mussten aus den Felsen herausgeschlagen werden. Bauteile aus Ziegelmauerwerk stammen aus späteren Zeiten.

Es muss schon vor dieser Anlage der Alttrauchburg ein befestigtes Haus an anderer Stelle gegeben haben, denn schon im Jahr 1041 wird auf dem Sonneck eine Veste schriftlich erwähnt. Um das Jahr 1150 erlangte eine Linie der Herren von Rettenberg das Lehen. Sie nannten sich ab dieser Zeit »von Trauchburg«. Der Platz der heutigen Ruine wurde erst im 13. Jahrhundert besiedelt. 1258 kauften die Grafen von Veringen die Herrschaft. In dieser Zeit wurde die Burg erweitert und neu befestigt. 1306 verkauften Veringer die Herrschaft an den Truchsess von Waldburg. 1772 ging die Burg durch Erbschaft an die Linie Waldburg-Zeil, deren Nachkommen die Anlage bis heute gehört.

Die Alttrauchburg wurde im Mittelalter nicht belagert und auch nicht kriegerisch zerstört. Doch während des Bauernkrieges wurde die Trauchburg 1525 ausgeraubt und beschädigt. In der zweiten Hälfte des 16. Jahrhunderts verstärkte man die Kernburg durch eine Zwingeranlage mit Artillerie-Rondellen. 1628 hatten die Waldburger den Reichsgrafentitel erhalten und zogen 1690 in ihr Schloss in Kißlegg. Im 18. Jahrhundert benutzte man die nicht mehr bewohnte Festung als Steinbruch zum Bau des Schlosses Neu-Trauchburg bei Isny. Für Wanderer heutiger Zeit ist der wichtigste Teil der Burg der Westen der Vorburg, denn dort befindet sich der Biergarten der Burggaststätte.

Die Burg Alttrauchburg war einst eine mächtige Anlage.

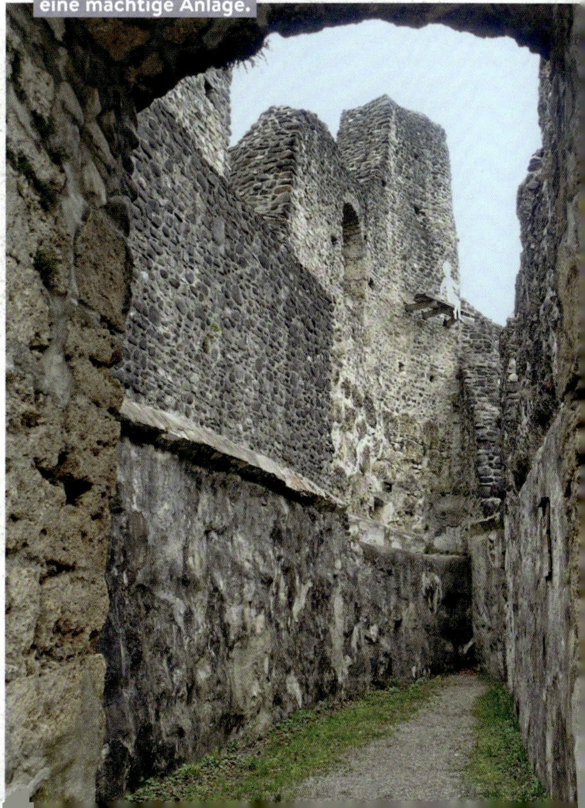

Zum Eschacher Badeweiher

Geschichte rund ums Moorauge

Der moorige Eschacher Weiher liegt idyllisch in einem Natur- und Landschaftsschutzgebiet im Allgäuer Seenland. Aus der voralpinen Hügellandschaft schauen Wanderer in die Kulisse der Allgäuer Alpen. Geschichtlichen Angelpunkt bietet das Bodendenkmal der Römerstraße bei Buchenberg.

Mystische Stimmung am Eschacher Weiher

13

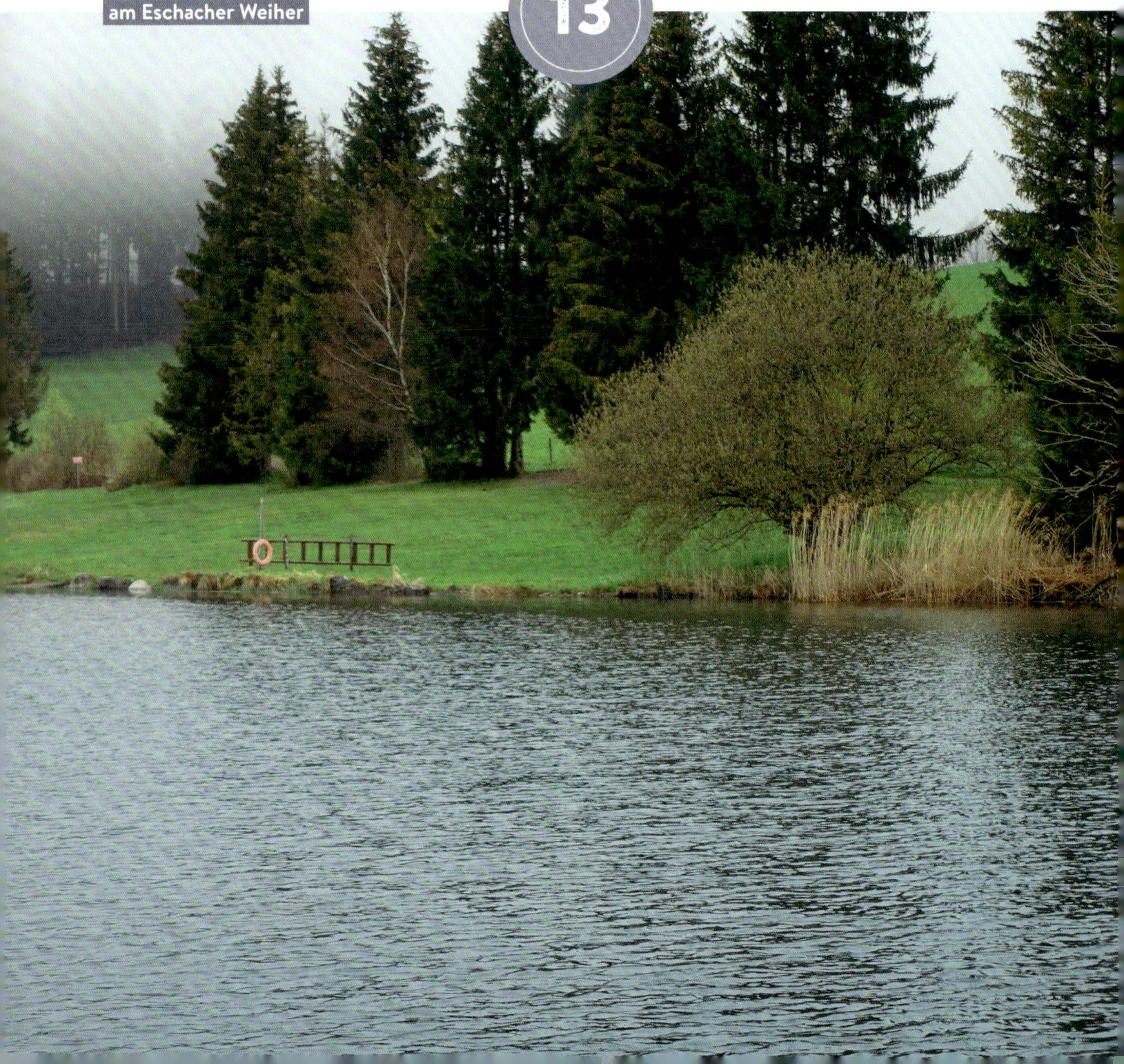

Für Familien noch interessanter ist der Moorweiher in Buchenberg. Der bietet höhere Badetemperaturen, ein Moorauge zum Untertauchen im Moor und einen Moorlehrpfad.

ZUM ESCHACHER WEIHER Von den Parkplätzen an der **A Eschacher Straße** wandern wir weiter aus dem Ort hinaus und biegen links in die Straße Sommerau. Vor dem Parkplatz gehen wir beim Waldkindergarten in den Wunderwald der Kinder. Unser Pfad schwenkt später nach links in eine Forststraße. Nach dem Hof Einöde gehen wir vor dem **1 Bach** auf dem Pfad links. An einer Kreuzung nehmen wir geradeaus das Sträßchen. Kurz nach einer Hauskapelle geht es an der T-Kreuzung links zur Kreuzung vor dem **2 Eschacher Weiher**, an dem wir wieder links müssen. Oder wir nehmen zuerst ein erfrischendes Bad.

ZUR RÖMERSTRASSE Auf jeden Fall wandern wir auf dem Damm nach Süden in Richtung Brotzeitstube. Der Kemptener Fürstabt legte im 17. Jahrhundert den Weiher als Mühlwasserteich und als Fischweiher für die Hofküche an. Weiter oben in den Weideflächen schlüpfen wir 50 Meter vor einer Scheune rechts durch den Zaun. Nach dem zweiten Durchlass gehen wir rechts auf dem Wirtschaftsweg abwärts. Im Weiler mit dem einprägsamen Namen Freitags ist die ersehnte **3 Brotzeitstube** erreicht. Nach der Einkehr wandern wir in Richtung Schwarzerd auf der Straße weiter. An der Kreuzung in Hochberg dürfen wir nur links hinab. Nach einer Rechtskurve gehen wir an der Garage vom Haus mit der Nummer 75 ½ halb links auf einem Pfad über die Wiese und durch einen Wald in Richtung Schwarzerd. In einer zweiten Linkskurve nach einem Haus steht rechts in der Wiese das Denkmal für den römischen Burgus Kenels. Dort ist ein doppelter Graben zu erkennen. Auf dem Sträßchen kommen wir hinunter an die Lindauer Straße (St 2055) in **4 Schwarzerd**. Gut 200 Meter müssen wir nach links in Richtung Buchenberg alternativlos am Rand der Staatsstraße laufen, bis ein Gehweg beginnt. Nach einem Parkplatz schwenken wir links auf den Weg auf dem alten Bahndamm. An einer Kreuzung geht es rechts in Richtung Römerstraße und an einer T-Kreuzung am Waldrand rechts über die Weideflächen hinauf. Am Ende des Feldweges ist vor der Staatsstraße rechts das Denkmal für den Galgen, der hier seit 1485 stand. Wir überqueren die Straße und gehen halb rechts an der Infotafel vorbei auf der Fahrspur und dann auf einem schmalen Steig zur **5 Römerstraße**. Die Radreifen der römischen Fuhrwerke haben sich tief in den Felsen eingearbeitet.

Wir wandern zurück über die Straße, am Waldrand links und auf dem alten Bahndamm rechts. Nach 150 Metern geht es links zum Moorrundweg. An einem zweiten Abzweig gehen wir links auf den Moorrundweg. Am Spielplatz laufen wir links zum Moorauge, in dem untergetaucht werden kann. Etwas weiter kann man sich im Moorweiher wieder säubern. Am Weiher nach links am Wassertretbecken vorbei und vor dem Hotel Sommerau rechts, kommen wir zum Parkplatz an der **E Eschacher Straße** zurück.

Tipp

DIE BUCHENBERGER KIRCHE

1792 wurde der Grundstein zu einer neuen Kirche in Buchenberg gelegt. Die Ausstattung führte man im Louisseize-Stil des Frühklassizismus aus. Diese Stilrichtung, benannt nach dem französischen König Ludwig XVI., war durch die französisch beeinflusste Kunst und Architektur in dieser Zeit in Mode.

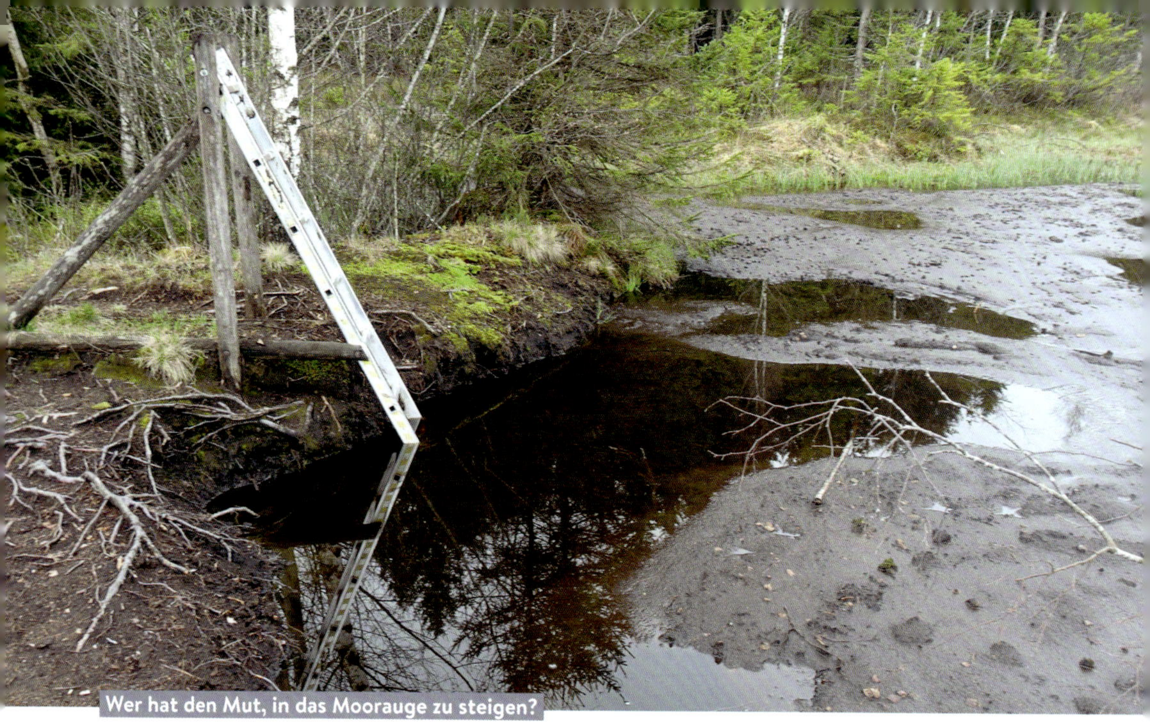

Wer hat den Mut, in das Moorauge zu steigen?

INFO

TOURENCHARAKTER

Leichte, sonnige Wege durch Wiesen und Wälder.
Feste Schuhe mit griffigen Sohlen sind richtig.

AUSGANGS-/ENDPUNKT

Parkplatz, Eschacher Straße, nahe Hotel Sommerau, 87474 Buchenberg, GPS 47°41'55.7"N 10°13'49.3"E (890 m)

ANFAHRT

ÖPNV: Bahn bis Kempten, Bus 50 nach Buchenberg-Bahnhof
Auto: Auf der A 7 Ausfahrt 134 Kempten und auf der Lindauer Straße nach Buchenberg

GEHZEITEN

Eschacher Straße – Bach 0:35 Std. – Eschacher Weiher 0:25 Std. – Brotzeitstube 0:20 Std. – Schwarzerd 0:40 Std. – Römerstraße 0:50 Std. – Eschacher Straße 0:30 Std.

Leicht	11,3 km	190 Hm	3.20 Std.

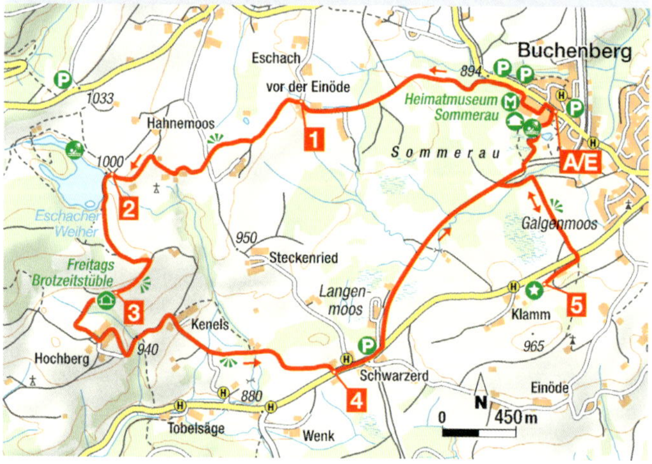

EINKEHR

Schneiders Brotzeitstube, Freitags 77, 87474 Buchenberg, Tel. 08378/78 74

INFORMATION

Markt Buchenberg, Rathaussteige 2, 87474 Buchenberg, Tel. 08378/920 20, www.buchenberg.de

BUCHENBERGER GESCHICHTE

Im Gemeindegebiet Buchenbergs gibt es viele Zeugnisse aus der Römerzeit nach Christi Geburt. Funde, Burgi (Turm-Kastelle), offen liegende Straßenabschnitte der Römerstraße von *Luvavum* (Salzburg) über *Cambodunum* (Kempten) nach *Brigantium* (Bregenz) belegen diesen Teil der Geschichte. Zur Zeit Karls des Großen gehörte Buchenberg zur Kemptener Fürstabtei. Königin Hildegard, die Frau Karls des Großen, und ihr Sohn Ludwig der Fromme traten als Stifter auf. In diesem Zusammenhang wurde Buchenberg erstmals im Jahr 804 urkundlich erwähnt. Ab dem Jahr 900 übte das Geschlecht der Rizner von Thingau die Herrschaft über Buchenberg aus. Heinrich der Kempter aus der Familie der Rizner soll im Jahr 963 dem Kaiser Otto I. bei einem Kriegszug nach Italien das Leben gerettet haben. Das Geschichtsereignis mit nachhaltigster Wirkung war die Schlacht am Buchenberg östlich des Ortes im Jahr 1460. Der Fürstabt von Kempten, Gerwig von Sulmentingen, hatte von seinem Verwalter Jörg Beck einige Fuder Wein aus dem Elsass kommen lassen (mit einem Fuder war wahrscheinlich das Flüssigkeitsmaß gemeint, das je nach Region 800 bis 1800 Liter betrug). Der Fürstabt beschuldigte den Beck der Unterschlagung. Der Verwalter kämpfte für sein Recht, und ihm wurde von geistlichen und weltlichen Gerichten und auch vom obersten Hofgericht in Rottweil Unschuld bescheinigt. Aber der Kemptener Fürstabt erkannte die Urteile nicht an. Zur Rückgewinnung seiner Ehre sah sich Jörg Beck zum Waffengang gezwungen. Er heuerte über 300 kriegserfahrene Söldner aus der Schweiz an und sie besetzten Buchenberg. Demgegenüber standen bis zu 1400 Bauern aus dem Herrschaftsgebiet des Abtes und es kam am 17. März 1460 zur Schlacht. Die Hellebarden der Schweizer schlugen die Truppen des Fürstabtes nieder, wobei nur zwei Söldner, aber 183 Bauern zu Tode kamen. Der Fürstabt floh nach Memmingen und wurde vom Klosterkonvent abgesetzt. Jörg Beck erhielt Schadenersatz, Schmerzensgeld und eine Ehrenerklärung des Klosters Kempten. Zum Gedenken an die Gefallenen des Stiftes Kempten wurde 1461 in Buchenberg an der Lindauer Straße die St.-Georg-Kapelle errichtet.

Blick auf Buchenberg

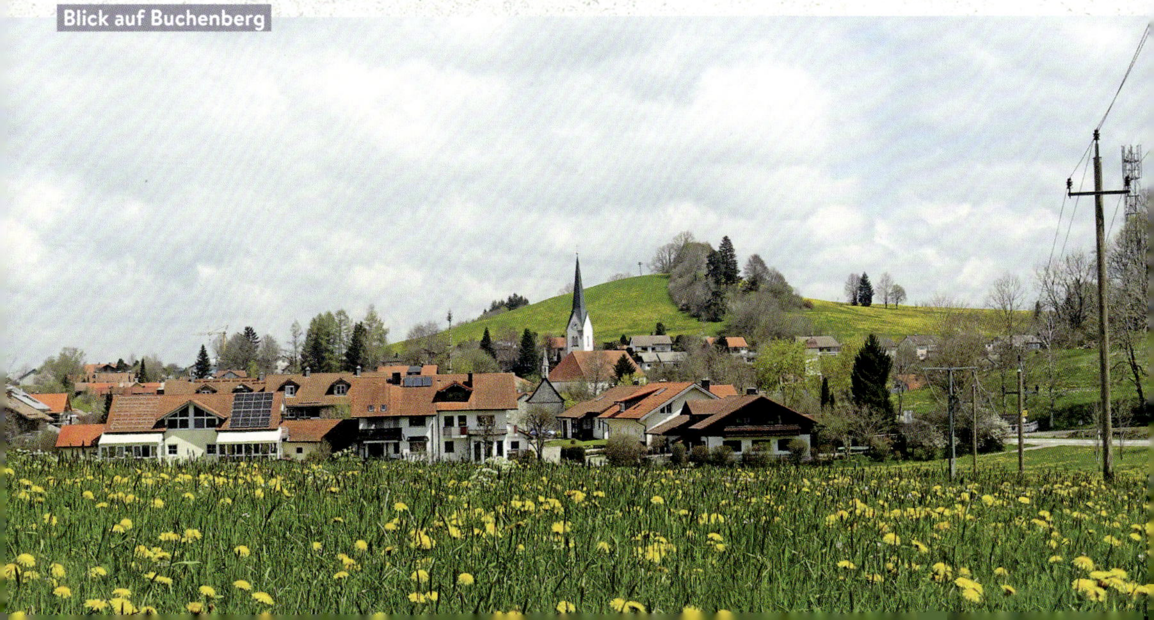

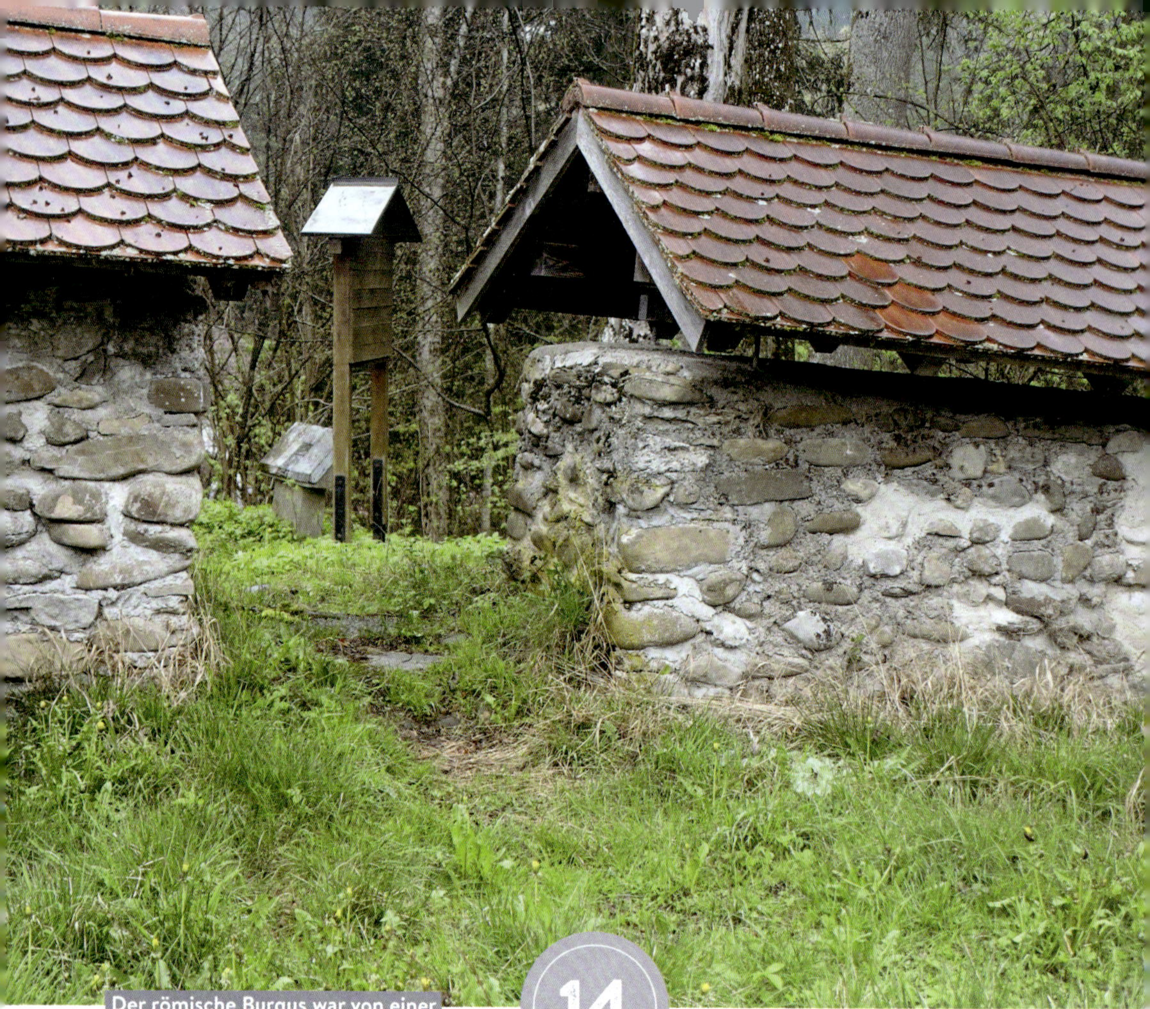

Der römische Burgus war von einer mittelalterlichen Burg überbaut.

14

Zum römischen Burgus Ahegg

Römische Geschichte und Badesee

Im Aspekt der Geschichte ist das 2000-jährige Kempten eine ganz besondere Stadt. Die Römerstraße von Salzburg durch *Cambodunum* nach Bregenz war durch kleine Festungen gesichert. Der Burgus Ahegg ist die einzige in Süddeutschland teilweise oberirdisch erhaltene Anlage dieser Art.

Auf halber Strecke der Wanderung können wir am Badeplatz am Herrenwieser Weiher eine erfrischende Pause einlegen. Dann streben wir auf dem Panoramaweg über Mariaberg, vorbei am Naturdenkmal Ritter-Mulzer-Föhre zum Ausgangspunkt zurück.

ZUM BURGUS AHEGG Vom Parkplatz **A Mariaberg** besuchen wir zuerst die Kapelle Mariä Heimsuchung aus dem Jahr 1783. An gleicher Stelle stand schon eine frühere Kapelle. Der Gasthof Mariaberg existierte schon im 19. Jahrhundert, da gab es aber noch keine Straße hierher. Vom Biergarten steigen wir auf der Treppe und dann auf dem Pfad durch den Wald entlang der Kreuzwegstationen abwärts. An einer Weggabelung müssen wir rechts in Richtung Pulvermühle. Unten an der Brücke über die **1 Große Rottach** laufen wir auf der Pulvermühlstraße rechts. An einer T-Kreuzung geht es links und dann rechts auf der Straße Im Rothkreuz weiter. Kurz vor der Einmündung in die Kürnacher Straße (St 2376) benutzen wir den Weg auf dem alten Bahndamm der ehemaligen Linie von Isny nach Kempten. Vor Ahegg geht es auf einer Brücke über die Große Rottach. Beim Holzstandbild eines Römers am Haus Nummer 3 wechseln wir links auf die Straße am Burggraben. Am letzten Haus gehen wir knapp rechts vorbei und über die Wiese. Vor dem romantischen Wasserfall, der über eine Halbhöhle in einem Nagelfluhfelsen stürzt, steigen wir auf den Treppen links hinauf zum **2 Burgus Ahegg**. Zu sehen sind die unteren Mauern eines quadratischen römischen Turmes. Es sind die einzigen oberirdisch erhaltenen Reste eines Burgus in Süddeutschland.

RÜCKWEG ÜBER DEN PANORAMAWEG Wir gehen zurück bis zum Haus Nummer 3, wechseln wieder auf den alten Bahndamm scharf links auf die zweite Brücke über die Große Rottach. Doch hier sehen wir nun zwei Wasserfälle. Mit dem rechten Wasserfall ergießt sich die Kleine Rottach in die Große Rottach. Entlang der kleinen Rottach verlief, von der Brücke aus gesehen, zu römischer Zeit die Grenze zwischen der Provinz *Raetia secunda* links und rechts *Barbaricum*. Auf dem Bahndamm kommen wir zum Herrenwieser Weiher und wandern an der Kreuzung vor dem **3 Badeplatz** nach einer Pause auf dem zweiten Weg rechts hinauf in den Wald in Richtung Mariaberg. An einer Gabelung geht es links hinauf und an einer T-Kreuzung links hinab. Nach dem ersten Haus in Hinteregg steigen wir rechts über die Wiesen zum Wald hinauf. Am ersten Abzweig im Wald wandern wir rechts zum Aussichtspunkt **4 Hohegg**. Über Ortsteile von Kempten schauen wir nach Süden zum Grünten und in die Allgäuer Hochalpen. Wir bleiben auf der Geländekante und kommen zum Naturdenkmal Mulzer-Föhre. Die imposante Kiefer wurde nach dem Jagdflieger Max Ritter von Mulzer benannt, der ein Fliegeroffizier der Bayerischen Armee im Ersten Weltkrieg war. An der Kiefer geht es rechts auf dem Hang durch ein Wäldchen hinunter zurück nach **E Mariaberg**.

Tipp

IM ARCHÄOLOGISCHEN PARK CAMBODUNUM

Im Tempelbezirk, in den Thermen und im Forum mit Basilika ist bis heute das Zentrum der einstigen römischen Provinzhauptstadt Cambodunum erkennbar. Ein Besuch im Archäologischen Park Cambodunum in Kempten ist eine Entdeckertour in die Zeit, als die Römer durch das Allgäu zogen. Nach dem spannenden Museumsbesuch entspannen die Gäste in der römischen Taberna (Cambodunumweg 3, 87437 Kempten, Tel. 0831/25 25 17 16, www.apc-kempten.de).

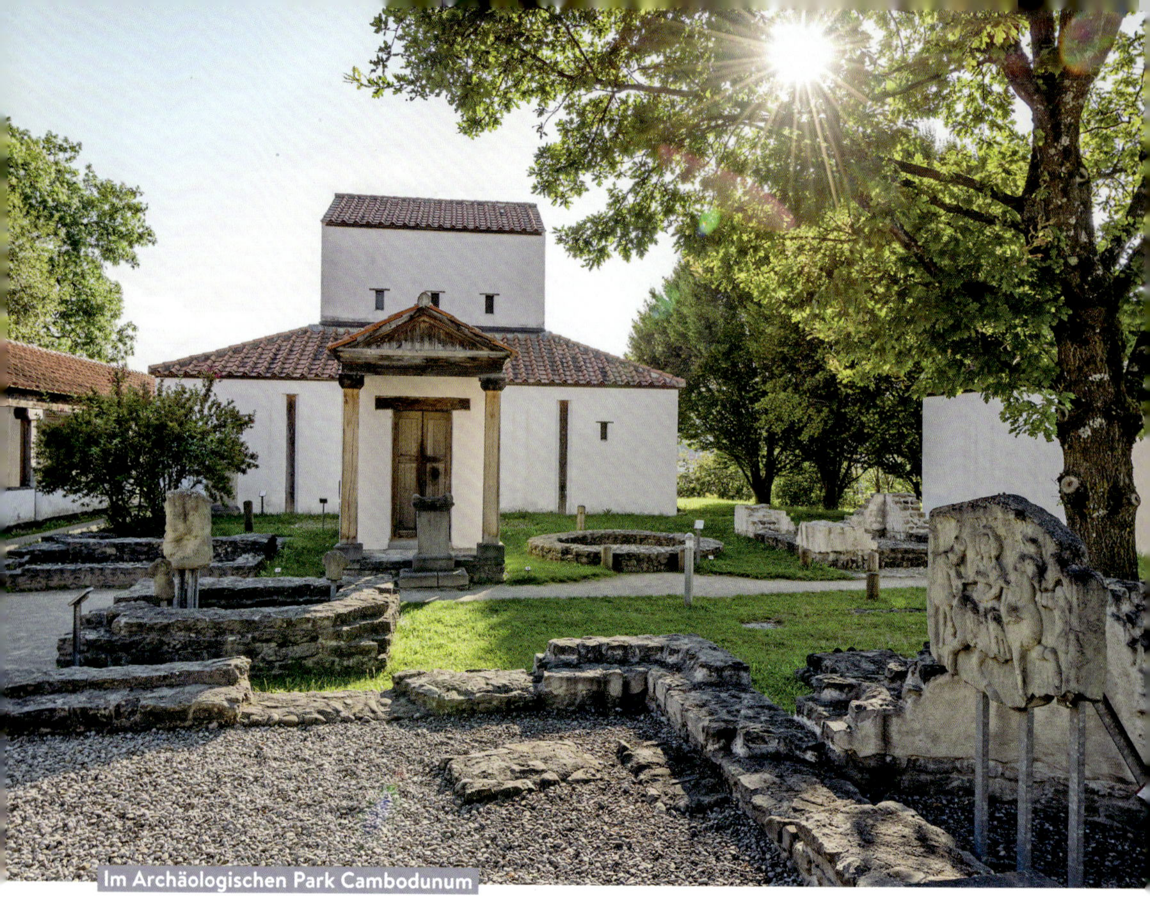

Im Archäologischen Park Cambodunum

INFO

TOURENCHARAKTER

Leichte, sonnige Wege durch Wiesen und Wälder. Feste Schuhe mit griffigen Sohlen sind richtig.

AUSGANGS-/ENDPUNKT

Mariaberg, Mariaberger Straße 218, 87439 Kempten, GPS 47°43'15.6"N 10°16'26.8"E (844 m)

ANFAHRT

ÖPNV: Bahn bis Kempten, Bus 50 nach Ahegg
Auto: Auf der A 7 Ausfahrt 134 Kreuz Kempten und auf der Mariaberger Straße nach Mariaberg

GEHZEITEN

Mariaberg – Große Rottach 0:20 Std. – Burgus Ahegg 0:55 Std. – Badeplatz 0:15 Std. – Hoheck 0:40 Std. – Mariaberg 0:20 Std.

EINKEHR

Landgasthof Mariaberg, Mariaberger Straße 218, 87439 Kempten, Tel. 0831/68 75 27 44, www.landgasthof-mariaberg.de

Leicht	8,1 km	210 Hm	2.30 Std.

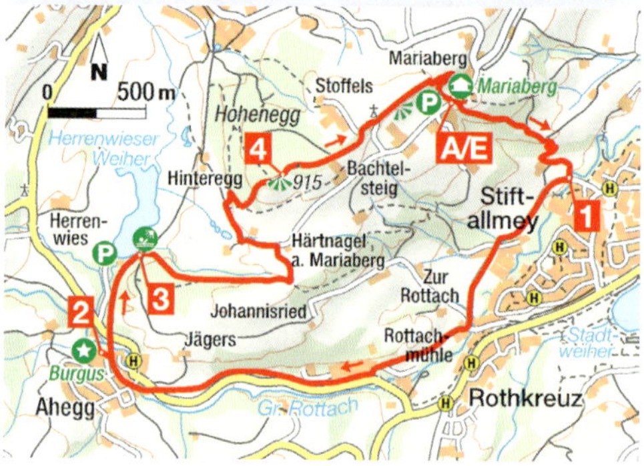

INFORMATION

Kempten Tourismus, Rathausplatz 24, 87435 Kempten, Tel. 0831/960 95 50, www.kempten-tourismus.de

DER BURGUS AHEGG IM LAUF DER GESCHICHTE

Der Burgus Ahegg diente Ende des 3. Jahrhunderts n. Chr. der Sicherung und Überwachung der Römerstraße von Salzburg über Kempten nach Bregenz und der römischen Grenze. Auch wenn der Standort nicht direkt an der historischen Straße lag, ermöglichte der erhöhte Platz eine weite Sicht über die Umgebung. Funde von Gefäßkeramiken mit Innenglasur belegen, dass diese Festung in der spätrömischen Zeit (3. bis 5. Jahrhundert n. Chr.) von einer Wachmannschaft besetzt war. Anfang des 3. Jahrhunderts n. Chr. hatten die Alemanneneinfälle, Wirtschaftskrisen und eine Reichskrise zum Zusammenbruch des obergermanisch-raetischen Limes zwischen Rhein und Donau geführt. An der Donau-Iller-Rhein-Linie stabilisierte sich Ende des 3. Jahrhunderts n. Chr. die neue Grenzlinie. Zwischen Kempten und Bregenz war dies nun ein sogenannter »trockener Limes«, der nicht durch einen Flusslauf bestimmt war. An der nun eine neue Bedeutung bekommende Römerstraße wurden römische Standorte wie Bregenz *(Brigantium)* und Kempten *(Cambodunum)* ausgebaut. Dazwischen entstanden kleine Burgi als Wohn- und Wachturm für die Kontrolle eines Grenzabschnittes und der Römerstraße. Der damalige Grenzverlauf kann heute nicht genau festgestellt werden, aber das Flüsschen Rottach unterhalb des Burgus Ahegg könnte die Richtung vorgegeben haben.

Der Befund der archäologischen Ausgrabungen am Burgus Ahegg brachte mehr als die römische Zeit zutage. Während andere Burgi im Laufe der Zeit als Steinbruch genutzt wurden, ist der Burgus Ahegg als einziger in Süddeutschland in den über einen Meter hohen Mauern oberirdisch erhalten. Doch diese Mauern aus Rollsteinen aus der Rottach waren von einem Steinschutthügel überdeckt. Es gibt Anzeichen dafür, dass dem Steinbau eine hölzerne Befestigung vorausging. Die Brandschichten im Burgus deuten auf das späte 4. oder frühe 5. Jahrhundert n. Chr. und damit auf das Ende der römischen Herrschaft im Allgäu. Im Mittelalter nutzte man die römischen Mauern als Grundlage für eine kleine Burg. Der mittelalterliche Schutt überlagerte die römischen Bruchstücke. 1525 wurde eine Burg Ahegg schriftlich erwähnt, diese stand aber möglicherweise östlich der Rottach.

Im Archäologischen Park erwacht römisches Leben.

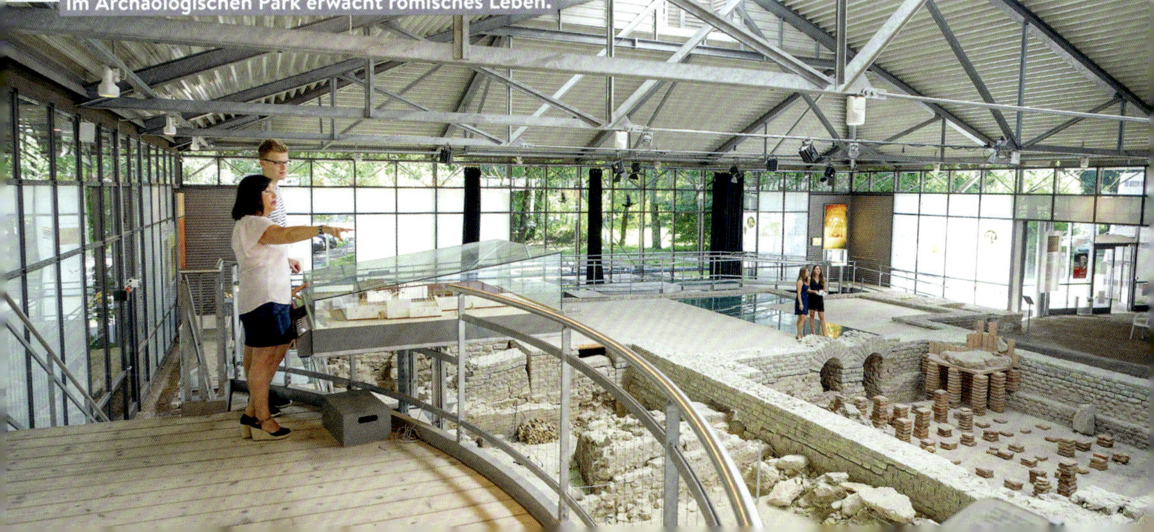

Auf der Hängebrücke über die Iller

Am Illerdurchbruch bei Altusried

Der schwach besiedelte Bereich an der Iller ist ein schönes Wandergebiet mit guten Aussichtsplätzen. Der malerische Illerdurchbruch ist ein 60 Meter hoher bayerischer Canyon, über dem die Ruine der Burg Kalden steht. Die Hangrutschungen bieten einen Einblick in die Geologie der Eiszeit.

Der Blick auf den Illerdurchbruch ist beeindruckend.

15

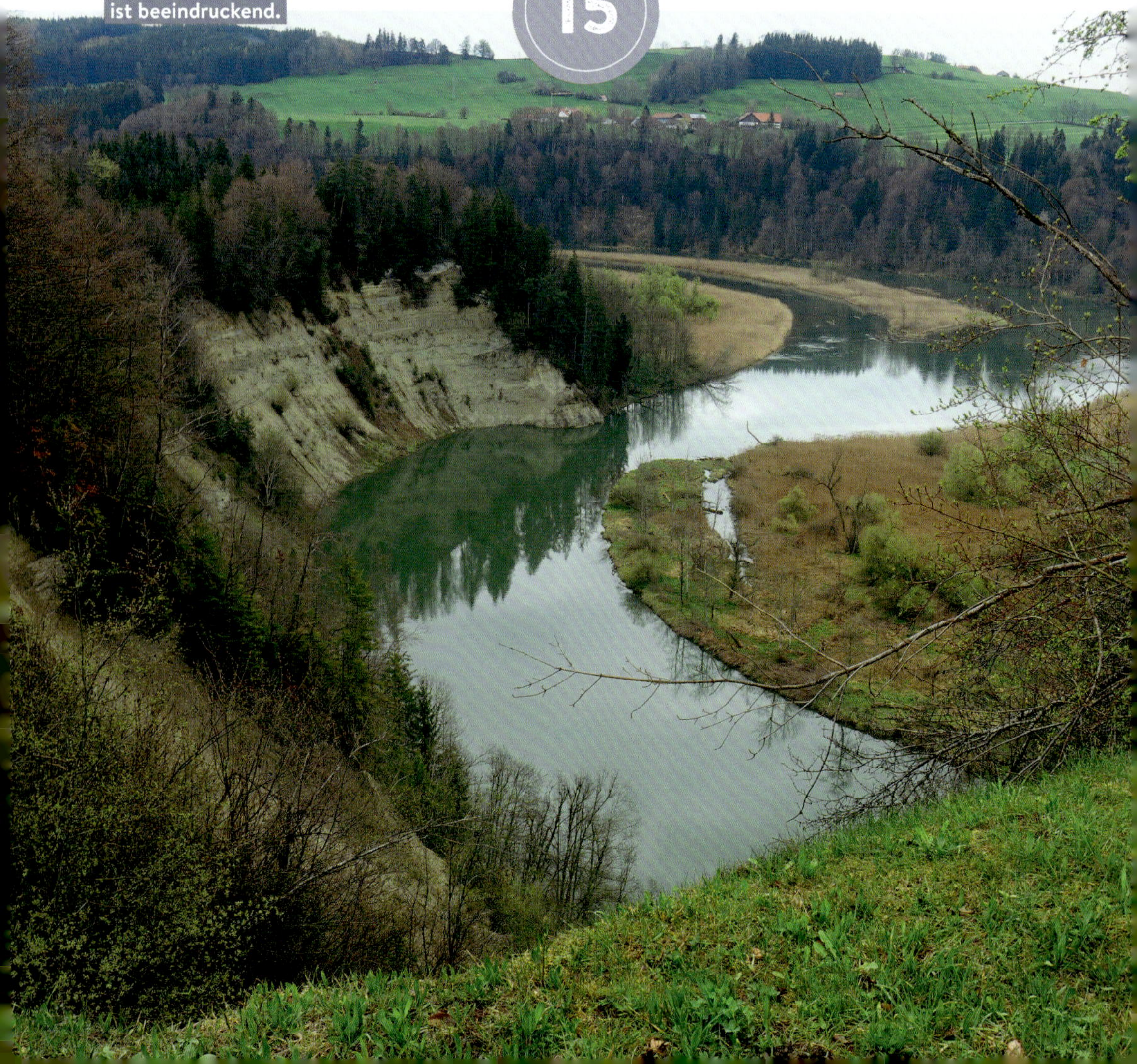

An der Iller können Enten, Blässhühner, Graugänse, Graureiher, Kormorane und Haubentaucher beobachtet werden. Am Ufer finden Flussregenpfeifer und Flussuferläufer Nahrung. Ab dem E-Werk Fluhmühle betreten wir nach Norden auf einem Teil der Wanderung Unterallgäuer Gebiet.

ZUR RUINE KALDEN Vom Parkplatz an der **A Hängebrücke** in Fischers gehen wir an dem Haus vorbei zurück und vor dem Fischersbach auf dem Wiesenweg rechts. Wir steigen auf den Hügelrücken und haben links von uns den Hörgerstobel und rechts den Hang zur Iller hinab mit guter Aussicht auf die Hängebrücke. Oben laufen wir am Waldrand weiter nach Westen und kommen nach rechts hinauf zur **1 Ruine Kalden**, die 90 Meter über der Iller steht. Vermeintlich war dies eine gute Stelle für eine Burg, denn im Westen schützte der tiefe Kaldener Tobel den Burgplatz und im Nordosten der steile Hang zur Iller hinab. Doch die Hangrutschungen führten schon früh zur Zerstörung der Burg Alt-Kalden und Neu-Kalden. Der verbliebene Rundturm aus Geröllsteinen und Nagelfluhsteinen stammt von der Burg Neu-Kalden. An der Stelle der Abbruchkante verbleibt uns heute ein Blick in den Illerdurchbruch, dessen Geologie aus Kiesen, Sanden und Mergeln der Molasseablagerungen der Eiszeit besteht. Es ist einer der letzten noch unverbauten Abschnitte der Iller. In den Hangwäldern gibt es Kalktuffquellen, und in den Auwaldstreifen finden noch regelmäßige Überschwemmungen statt, was einen echten Auwald ausmacht. Diese seltenen Weichholzauen sind besonders gefährdete Biotope.

ZUR BRÜCKE IN UNTERAU Durch den wilden Kaldener Tobel steigen wir auf fast alpinen Wegen abwärts und überqueren unten den Kaldener Tobelbach. Vorbei an der Ruine einer ehemaligen Knochenstampfe, in der aus Knochen Dünger produziert wurde, kommen wir an stille Gewässer der Iller mit einer bunten Vogelvielfalt mit Enten, Graugänsen und Kormoranen. In **2 Betzers** müssen wir rechts nach Wurms, wo es am Hof links vorbeigeht, und nach den Garagen rechts. Am Kraftwerk **3 Fluhmühle** ist die

Tipp

KOMMISSAR KLUFTINGER

Die eigenwillige Hauptfigur der Kluftinger-Krimis soll ja den Allgäuer Menschenschlag treffend widerspiegeln. Obwohl nur Romanfigur, ist er auf jeden Fall der berühmteste Bürger von Altusried. Auf »Krimiführungen« können sich Gäste auf den Spuren des Altusrieder Kommissars an die Schauplätze begeben, die in den Romanen beschrieben sind (Touristinformation Altusried, Tel. 08373/299 51, www.kommissar-kluftinger.de).

Auf der Hängebrücke überquert auch der Jakobsweg die Iller.

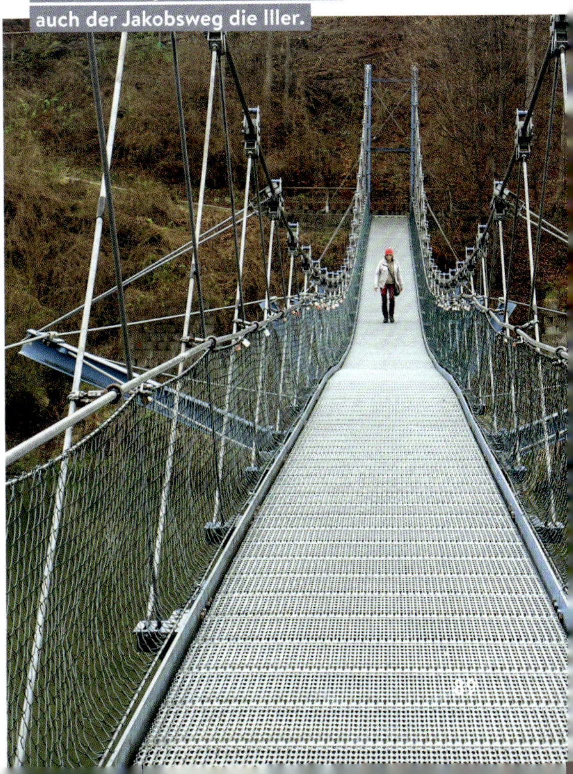

Tipp

DER ALTERNATIVE MARKT

Ökologische Produkte, kulturelle Leckerbissen und echte Gaumenfreuden locken seit 30 Jahren jedes Jahr immer mehr Gäste zum Alternativen Markt nach Altusried. Heute zeigen und verkaufen 170 Aussteller rund um das Rathaus ihre alternativen Produkte (immer am 3. Oktober; www.alternativer-markt-altusried.de).

Fischtreppe rechts vor der Brücke interessant, denn durch ein tief liegendes Fenster kann man die Fische im Wasser vorbeiflitzen sehen. Vom Kraftwerk geht es auf der Straße aufwärts und nach einer offenen Scheune rechts in Richtung Illerbrücke Unterau. In Unterau schlendern wir rechts auf der **4 Brücke** über die Iller.

RÜCKWEG AUF DEM HOCHUFER Am Parkplatz nach der Brücke wandern wir rechts in Richtung Fischers und Hängebrücke. Es beginnt ein Aufstieg in den Wald und wir halten uns stets in Richtung Maierhof. Nach dem Weiler **5 Maierhof** wandern wir an der Weggabelung rechts auf dem Feldweg in den Wald hinunter. Im Pfosner Tobel überqueren wir den Kalter Bach und steigen vor dem Hof Pfosen links hinab und gehen mit der Markierung des Jakobsweges auf der **E Hängebrücke** über die Iller zum Parkplatz zurück.

INFO

TOURENCHARAKTER

Nicht bei Nässe gehen. Fast alpine Pfade im Tobel erfordern Trittsicherheit, Schwindelfreiheit und Bergschuhe mit Profilsohle.

AUSGANGS-/ENDPUNKT

Hängebrücke, Fischers, 87452 Altusried, GPS 47°49'38.5"N 10°12'35.3"E (630 m)

ANFAHRT

ÖPNV: Bahn bis Kempten, Bus 66 nur bis Altusried
Auto: Auf der A7 Ausfahrt 132 Dietmannsried und auf der St 2377 und St 2009 nach Fischers

GEHZEITEN

Hängebrücke – Ruine Kalden 0:30 Std. – Betzers 0:25 Std. – Fluhmühle 0:25 Std. – Brücke Unterau 0:35 Std. – Maierhof 0:55 Std. – Hängebrücke 0:20 Std.

EINKEHR

Landgasthof Zum Bären, Hauptstraße 20, 87452 Altusried, Tel. 08373/333, www.zumbären-altusried.de

INFORMATION

Touristinformation Altusried, Hauptstraße 18, 87452 Altusried, Tel. 08373/299 51, www.altusried.de

Mittel	11,0 km	250 Hm	3.10 Std.

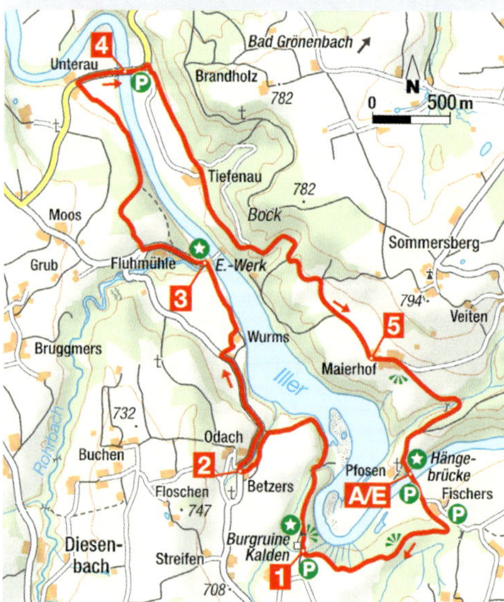

ALTUSRIED UND DIE BURG KALDEN

Auf dem Wappen von Altusried ist auf blauem Grund eine romantische Darstellung einer Burgruine zu sehen, die auf die sagenhafte Burg Kalden über der Iller verweist. Die blaue Farbe ist dem Stammwappen der Marschälle von Pappenheim entnommen, die von 1482 bis 1692 die Lehnsherrschaft für das Stift Kempten ausübten. Wenn auch die Landschaft um Altusried bereits seit der Bronzezeit (um 1000 v. Chr.) besiedelt war, wurde der Ort Altusried etwa im 8. Jahrhundert gegründet.

Im Jahr 1180 wurde ein Bertholdus de Altungisried schriftlich erwähnt. Die Namensendungen »ing« und »ried« verweisen auf eine Rodung. Ebenfalls im 12. Jahrhundert war die Burg Alt-Kalden der Stammsitz des Ministerialengeschlechtes der Herren von Kalden. Die Herrschaft über die Burg, über den Ort Kalden und das Dorfgericht über Altusried erlangten schließlich die Herren von Rothenstein. 1409 kauften sie die regionale Autorität und verkauften sie bald wieder an die Rothensteiner. Durch Erbschaft kam die Macht 1482 wieder an die Marschälle von Pappenheim.

Die Burg Alt-Kalden fiel bereits im ausgehenden Mittelalter den Hangrutschungen am steilen Hang der Iller zum Opfer. Joachim von Pappenheim baute 1515 die Burg Neu-Kalden, von der heute nur noch ein Rundturm eines Tores mit Doppeltürmen und wenig Mauerreste vorhanden sind. Die Burg Neu-Kalden wurde Ende des 17. Jahrhunderts wegen erneuter Hangrutschungen verlassen und an das Fürststift Kempten abgegeben. Der augenscheinlich durch den Tobel im Westen und den steilen Hang zur Iller sicher angelegte Burgplatz erwies sich schließlich als unbrauchbar. Um das Jahr 1840 brach man die Burg weitgehend ab und baute mit den Steinen andere Gebäude. Die Ruine gehört heute der Gemeinde Altusried. Bis zum Jahr 1800 gehörte Altusried dem Fürststift Kempten und war bis dahin Sitz eines Gerichtes. Altusried besitzt seit 1586 das Marktrecht. Seit der Säkularisation von 1803 gehört Altusried zu Bayern. Die Altusrieder zeigen mit Stolz das blaue Wappen mit der Abbildung der Burgruine Kalden, das König Ludwig I. 1838 dem Markt Altusried verliehen hatte.

Von der Burg Kalden ist nur noch ein Rundturm übrig.

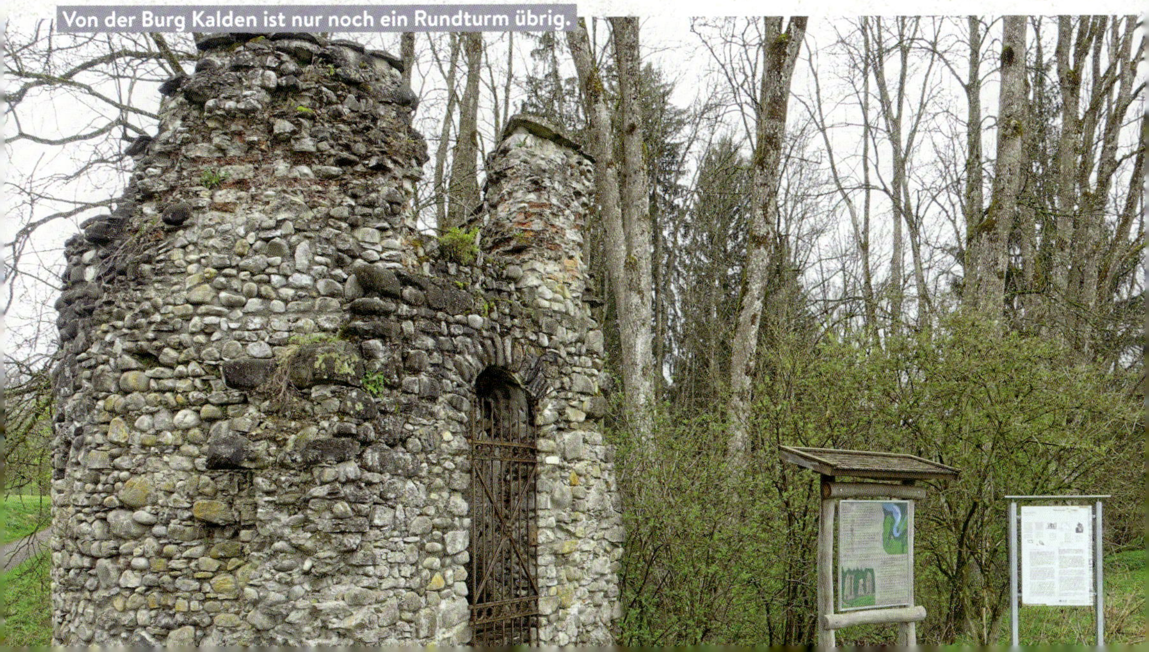

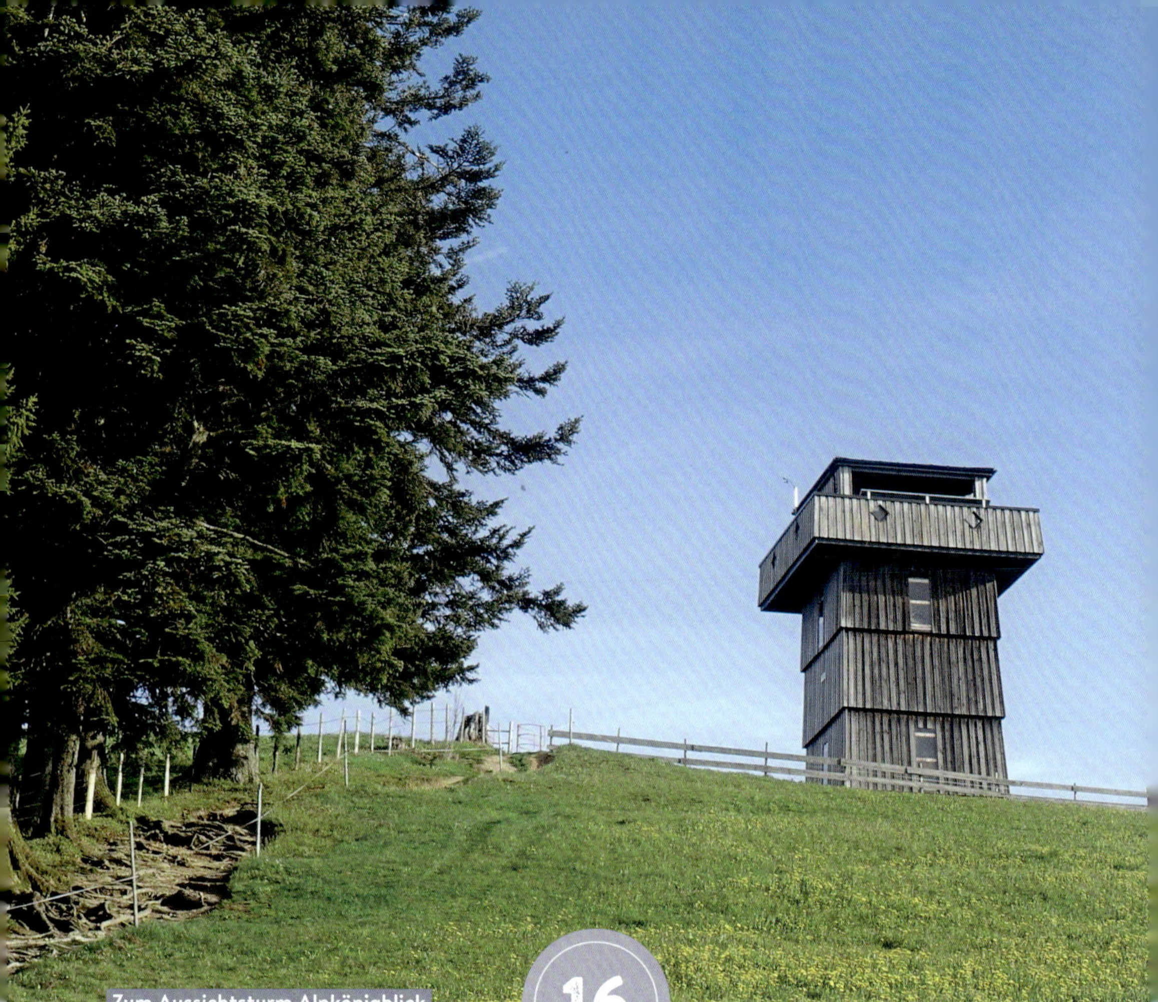

Zum Aussichtsturm Alpkönigblick ist es nicht mehr weit.

16

Zum Aussichtsturm Alpkönigblick

Historisches im Bergbauernmuseum

Der Aussichtsturm Alpkönigblick und der Pfad auf dem Rücken des Hauchenberges bieten hervorragende Aussichten vom Säntis in der Schweiz über die Allgäuer Alpen bis zur Zugspitze. In Kling's Hütte, in der Höfle-Alpe oder unten im Tal gibt es urige Einkehrmöglichkeiten.

Das Allgäuer Bergbauernmuseum in Diepolz ist einen Besuch wert und bleibt bestimmt in guter Erinnerung. Alles im Museum lebt in historischen Rahmen der alten Allgäuer Häuser und Gebäude. Die Bergler Kässpatzen in der Pfanne oder die Spinatkäsknödel mit altem Bergkäse und Butter im Sennereistüble DreiKäseHoch bleiben ebenfalls in guter Erinnerung.

ZUM AUSSICHTSTURM ALPKÖNIGBLICK

Um vorzeitiger Ermüdung vorzubeugen, besichtigen wir das Museum besser nach der Wanderung. Vom **A Parkplatz P1** geht es auf dem Gehweg neben der Straße direkt nach Norden und im Dorf Diepolz rechts am Jugendtagungshaus vorbei zur **1 Kirche St. Blasius** hinauf. An der Höfle-Alpe vorbei, die zum Bergbauernmuseum gehört, steigen wir in den weiten Weideflächen aufwärts.
Am **2 Feldkreuz** am Waldrand haben wir bereits eine schöne Aussicht über Diepolz hinüber zum Grünten. Hier müssen wir auf der Forststraße links am Waldrand entlang und bleiben an Abzweigen immer unten in einem großen Bogen durch das Kirchholz. Am Ende des Waldes geht es links über die Wiese hinab und dann auf dem steilen Alpweg rechts hinauf in Richtung Alpkönigblick. Bald sind Kling's Hütte und der Aus

Tipp

ZUM NIEDERSONTHOFENER WASSERFALL

Fünf Kilometer östlich des Bergbauernmuseums ist vom Parkplatz am Ende der Mühlenbergstraße in Niedersonthofen auf abenteuerlichem Pfad durch Wald der Niedersonthofener Wasserfall zu erreichen. Mit festen Wanderschuhen und gutem Profil ist der Weg in 40 Minuten durch den wildromantischen Falltobel zu schaffen. Der Weg ist mit Kräuter-Informationstafeln ausgestattet. Auch ein Rundweg mit fünf Kilometern Länge ist möglich (Gästebüro, Sonnenstraße 9, 87448 Niedersonthofen, Tel. 08379/72 81 46, www.niedersonthofen-see.de).

Aussicht vom Alpkönigblick in das Weitnauer Tal

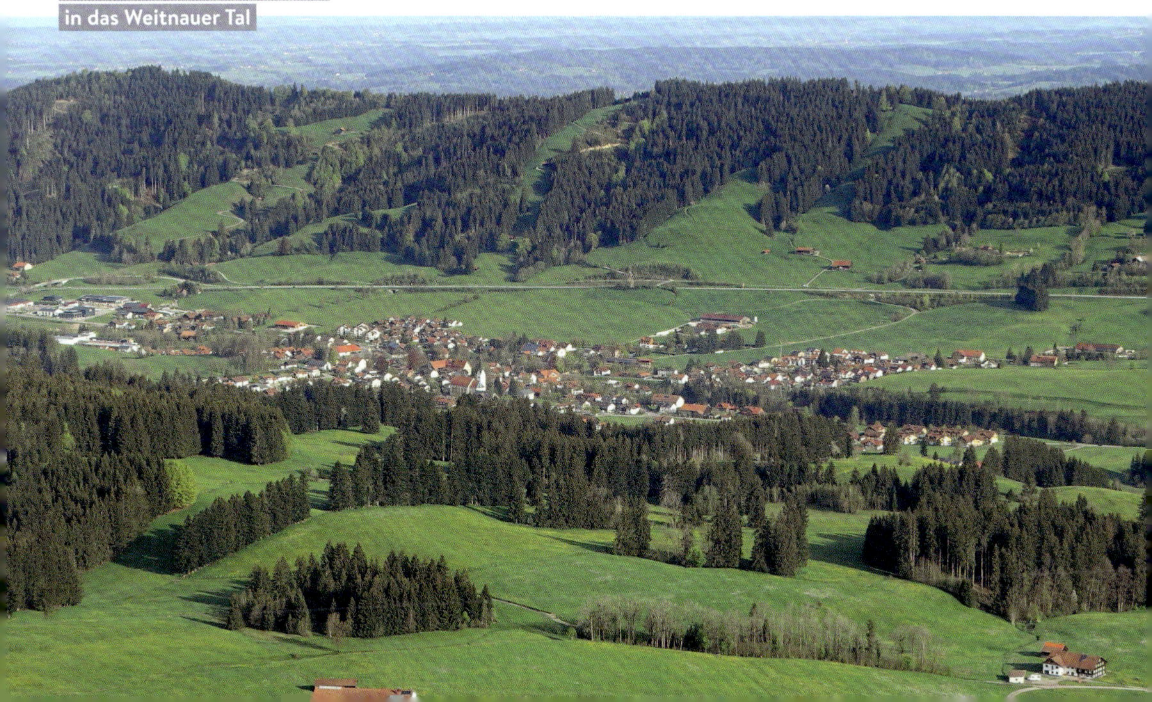

sichtsturm zu sehen. Kling's Hütte besitzt eine Terrasse, wie sie im Bilderbuch nicht schöner sein könnte. Der Panoramablick schweift über eine seltene Breite der Alpen. Nur noch 30 Höhenmeter aufwärts und wir sind am **3 Aussichtsturm Alpkönigblick**. Das prächtige Alpenpanorama vom Aussichtsturm reicht von der Zugspitze über die Allgäuer Alpen, über die Nagelfluhkette bis hin zum Säntis in der Schweiz. Eine Panoramatafel auf dem Turm erklärt alle Berge. Außerdem sehen wir auf der anderen Seite fast das komplette Westallgäu, die Riedholzer Kugel, den Adelegg bei Isny, das Weitnauer Tal mit Sonneck, Blender und das Illertal.

ZUM ALLGÄUER BERGBAUERNMUSEUM

Auf dem meist flachen Kamm des Hauchenberges wandern wir durch Wald nach Osten in Richtung Diepolz und Höfle-Alpe. An einem **4 Picknickplatz** vor einem Feldkreuz können wir im Schatten vor dem Abstieg noch etwas rasten. Nun geht es durch Wald und über Weiden nach Südosten abwärts in Richtung Diepolz. An den großen Weideflächen, die bis Diepolz hinunterreichen, wandern wir auf der Forststraße links und am **2 Feldkreuz** am Waldrand rechts hinab. Vorbei an der Höfle-Alpe und an der **1 Kirche St. Blasius** erreichen wir das Dorf Diepolz. Auf der Hauptstraße geht es rechts zum Eingang des **5 Allgäuer Bergbauernmuseums**. Der Rundweg im Museumsgelände zu allen Gebäuden umfasst noch mal mehr als einen Kilometer Wegstrecke. Neben dem Museum ist die Bergkäserei Diepolz. Mit einem Stück Käse im Rucksack sind wir dann gleich unten am **E Parkplatz P1** zurück.

INFO

TOURENCHARAKTER

Alpwege mit starken Steigungen.
Feste Schuhe mit Profilsohle sind richtig.

AUSGANGS-/ENDPUNKT

Parkplatz P1, Diepolz, 87509 Immenstadt-Diepolz,
GPS 47°36‘32.8“N 10°10‘47.0“E (985 m)

ANFAHRT

ÖPNV: Bahn bis Immenstadt,
Bus 82 nach Diepolz
Auto: Auf der A 7 Ausfahrt 136 Dreieck Allgäu
und auf der B 12 und B 19 nach Diepolz

GEHZEITEN

Parkplatz P1 – Kirche St. Blasius 0:15 Std. – Feldkreuz 0:20 Std. – Alpkönigblick 0:55 Std. – Picknickplatz 0:20 Std. – Museum 0:30 Std. – Parkplatz P1 0:10 Std.

EINKEHR

Sennereistüble DreiKäseHoch,
Diepolz 1, 87509 Immenstadt-Diepolz,
Tel. 08320/925 63 00,
www.sennereistueble-dreikaesehoch.de

Mittel	6,3 km	300 Hm	2.30 Std.

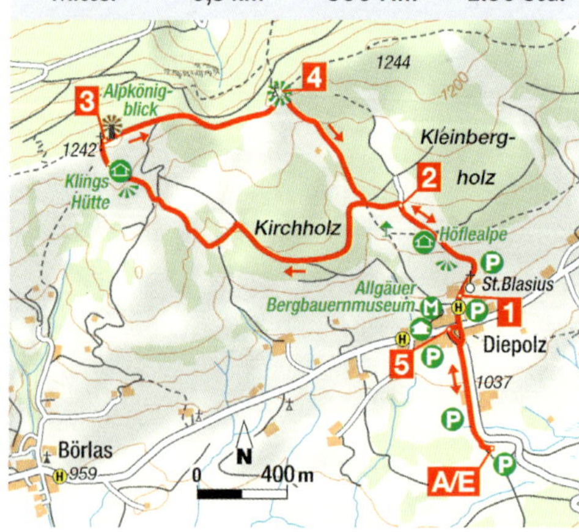

INFORMATION

Alpsee Immenstadt Tourismus,
Seestraße 10, 87509 Immenstadt, Tel. 08323/99 88 77,
www.alpsee-gruenten.de

HISTORISCHES IM ALLGÄUER BERGBAUERNMUSEUM

Das Allgäuer Bergbauernmuseum in Diepolz nennt sich Juwel unter den Ausflugszielen im Allgäu. Das kann bestätigt werden, denn es handelt sich nicht um ein Museum mit verstaubten Ausstellungsstücken, sondern um eine lebendige Einrichtung mit Weiden, Alpe und Bergbauernhof. Das Terroir ist vor allem für Familien mit Kindern eine Freude. Doch die Themen des Museums sind vor allem die Welt der Allgäuer Bergbauern und Holzknechte vor 200 Jahren, deren hartes Leben und die Entwicklung der Sennerei im Allgäu. Zu diesem Zweck wurden historische Gebäude aus anderen Gegenden des Allgäus im Gelände wiederaufgebaut und mit Leben gefüllt.

Die Geschichte des Wiedemannhofes lässt sich bis ins Jahr 1787 zurückverfolgen. Hier können Kinder und Erwachsene Federvieh, Schafe, Schweine und Kühe kennenlernen. Auf den Weiden grasen alte Tierrassen wie das traditionelle Allgäuer Braunvieh. Der 300 Jahre alte Sattler-Hof stand ursprünglich bei Oberstdorf und erwachte hier zu neuem Leben. Eine Haushälterin führt hier Arbeiten aus, wie sie früher erledigt wurden. Im Sattler-Hof werden auch Kurse angeboten, wie Buttern, Käsen oder Brotbacken. Die Rosshütte befand sich ursprünglich im Wald bei Immenstadt. In solchen Hütten oder sogar in Rindenkobeln (Hütte aus Stangen mit Rindendach) lebten vor Zeiten die Holzknechte mit ihren Pferden in den Bergen eine ganze Arbeitswoche in Abgeschiedenheit. Zu essen gab es Holzknecht-Sterz, ein einfaches Pfannengericht meist aus Roggen- oder Buchweizenmehl. In der Rosshütte können Besucher auch in die Kammer eines Wilderers schauen. In den schweren Zeiten des 19. Jahrhunderts hatten Wilderer oft keine andere Möglichkeit, sich und die Familie zu ernähren. Das Wildern in den Bergen erforderte gute Ortskenntnisse und Kühnheit. Nicht selten wurden die Wilderer durch die Forstbeamten der Landesherren gejagt und getötet. Die Höfle-Alpe wurde Ende des 19. Jahrhunderts vom Bayerischen Prinzregenten Luitpold als Jagdhütte benutzt. Hier wird der Alltag der Senner und Sennerinnen gezeigt. Auf der Terrasse der Höfle-Alpe können Besucher bei großartigem Panoramablick von den Ammergauer Bergen bis zu den Appenzeller Gipfeln eine Bayerische Brotzeit genießen. In der Bergkäserei außerhalb des Museums werden Käsespezialitäten und frische Butter aus Heumilch produziert (Ende Mai bis Anfang November 10–18 Uhr, Diepolz 44, 87509 Immenstadt-Diepolz, Tel. 08320/925 92 90, www.bergbauernmuseum.de).

In der Guten Stube im Sattlerhof im Allgäuer Bergbauernmuseum

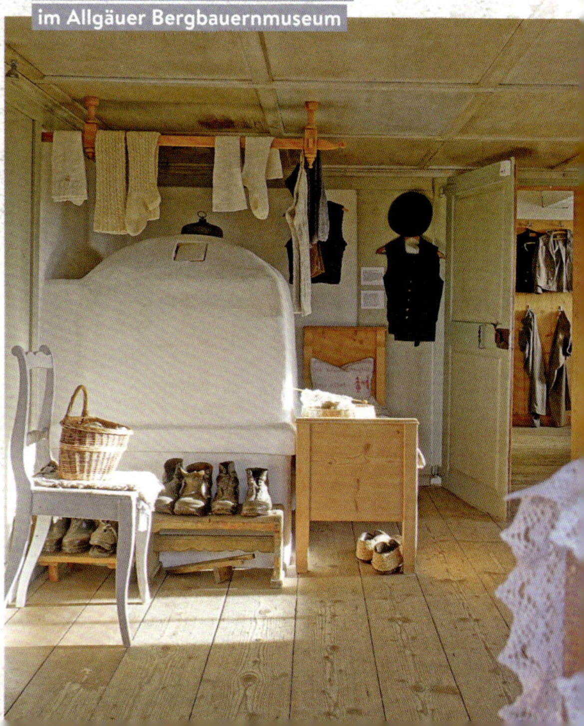

Zur Burgruine Sulzberg

Größte Burgruine im Allgäu

Die Burgruine Sulzberg ist eine imposante Erscheinung, historisch interessant und ein vortrefflicher Ausguck. Der größte der sechs Badeseen des Allgäuer Seenlandes ist der Rottachsee. Der Stausee entstand erst in den 1990er-Jahren und ist zu einem beliebten Badesee gereift.

Die Burgruine Sulzberg ist schon von Weitem eine imposante Erscheinung.

17

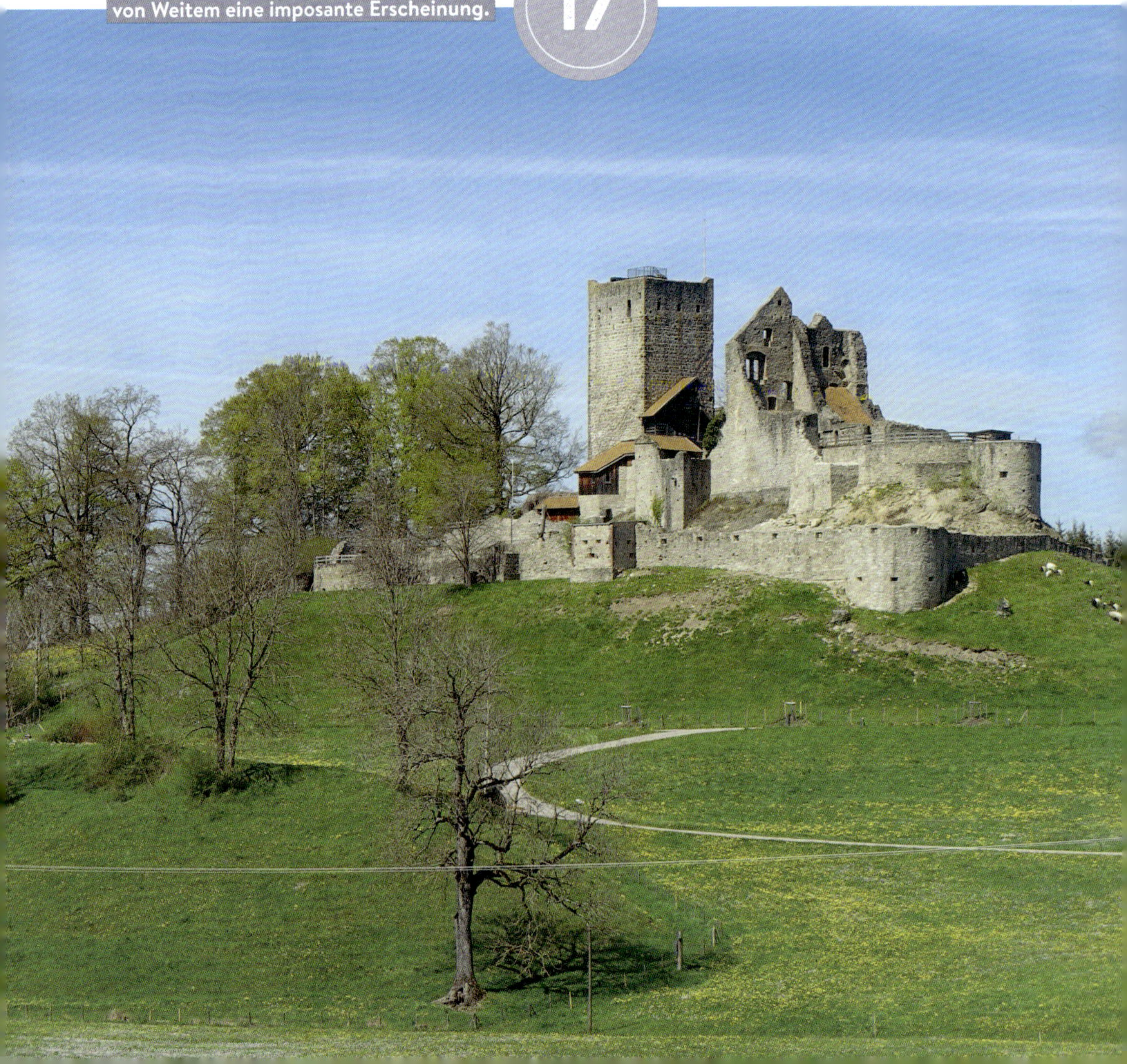

Der Rottachspeicher liegt harmonisch im Voralpenland, als sei er wie die anderen Seen aus den abschmelzenden Gletschern entstanden. Krönung einer Wanderung in diesem Gebiet ist der Blick über das Allgäuer Voralpenland und über den Grünten in die Allgäuer Hochalpen.

ZUR BURGRUINE SULZBERG Vom Parkplatz am **A Friedhof** beginnen wir die Wanderung auf der Sonthofener Straße, am Gasthof Zum Hirsch vorbei in Richtung Burgruine. An der Straßengabelung wandern wir rechts in die Martinszeller Straße und dann links auf dem Burgweg hinauf. In der Fortsetzung auf der Schellenbergstraße bleiben wir in der Linkskurve geradeaus und gehen über die Wiese und den Auffahrtsweg der Burgruine hinauf. Die Treppe im Halsgraben auf der rechten Seite führt zur Vorburg. Ursprünglich erfolgte der Zugang zur Hauptburg über eine Zugbrücke. Wir können heute durch den Halsgraben und auf einer Rampe in die Burg gelangen. Ein Treppenweg führt hinauf zum eigentlichen Torhaus der **1 Burgruine Sulzberg**.

NACH MOOSBACH Auf dem Auffahrtsweg zur Burg müssen wir wieder hinunter und 70 Meter vor dem Bauernhof links hinab. Geradeaus überqueren wir am Feldkreuz das Sträßchen durch die Weidezaunwippe in den Wiesenweg in Richtung Unterschloß. Auf der Straße geht es rechts und nach 200 Metern rechts in Richtung Unterschloß. 200 Meter vor dem Hof Unterschloß laufen wir links über die Weiden in Richtung Kenels und überqueren auf einem **2 Steg** den Kendler Bach. Auf einer Treppe geht es den Hang hinauf und auf der Forststraße rechts abwärts. Auf einem Feldweg mit Blick auf Ottackers wandern wir links hinaus und in Kenels links über den **3 Burzatbach**. Gleich geht es rechts entlang des Baches in Richtung

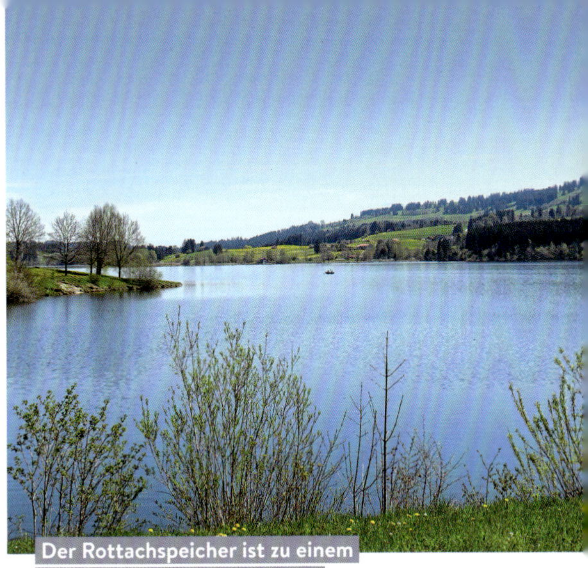

Der Rottachspeicher ist zu einem beliebten Badesee geworden.

Fliehburg hinauf. An der Kreuzung mit dem Hinweisschild zur Fliehburg gehen wir links in Richtung Albis. Nach 70 Metern leiten uns gelbe und weiße Streifen an den Bäumen auf den Pfad nach rechts und wir überqueren den Burzatbachtobel. Vor Albis schickt uns der Wegweiser nach rechts und an der Hauptstraße in **4 Albis** links in Richtung Moosbach. An der ehemaligen Sennerei geht

Tipp

DER ROTTACHSEE

Der künstlich angelegte Rottachspeicher ist 25 Jahre alt und wurde aus Gründen des Hochwasserschutzes, wegen der Erhöhung von Niedrigwasser in der Iller und zur Stromerzeugung gebaut. Inzwischen haben sich am See viele Pflanzen und Tiere etabliert und die Ufer gelten heute als wertvolle Biotope. Am See gibt es Schutzzonen für Wasservögel, aber auch Freizeitgelände mit Liegewiesen. Der Rottachsee ist als Badesee beliebt, da er im Sommer bis zu 23 °C warm wird (www.ausflugsziele-allgaeu.de/rottachsee).

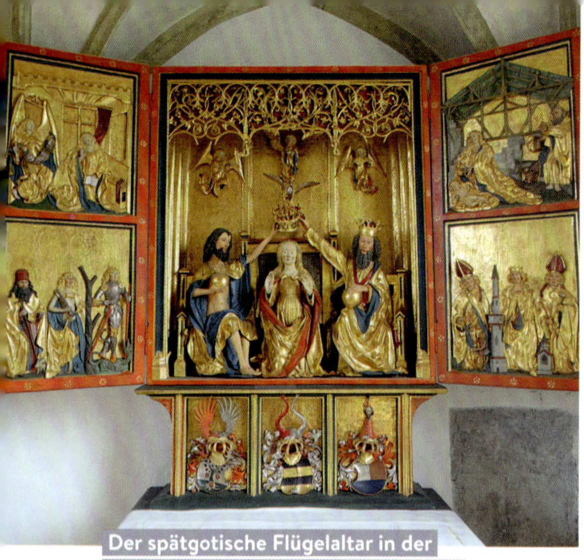

Der spätgotische Flügelaltar in der Sulzberger Kirche ist ein Kunstschatz.

es auf der Straße rechts und geradeaus nach Moosbach hinein. Von Moosbach ist es zum Rottachsee nur 500 Meter weit. Wie wäre es mit einer Erfrischung?

Am ehemaligen Gasthaus **5 Mader** in Moosbach müssen wir auf der Alten Dorfstraße links hinauf in Richtung Sulzberg. Vor der Sackgasse rechts und an der Gabelung links geht es über Weiden nach Winkel aufwärts und weiter nach Kohlenberg hinauf. Nach der Linkskurve vor dem Hof laufen wir rechts über die Wiesen hinab. An der Schwedenschanze führt die zweite Straße rechts nach Sulzberg.
Vor dem **6 Skilift** laufen wir links hinunter. Nach der Rechtskurve vor einem Hof führt uns links ein Pfad in Richtung Sulzberg. Vor einer Schießanlage rechts und an einer Gabelung noch mal rechts kommen wir entlang eines Baches zum **E Friedhof** zurück. Kunstliebhaber schauen noch in die Kirche, denn der spätgotische Flügelaltar ist sehenswert.

INFO

TOURENCHARAKTER

Wegen der vielen Wiesenwege nicht bei Nässe gehen. Feste Schuhe mit Profilsohle werden empfohlen.

AUSGANGS-/ENDPUNKT

Parkplatz Friedhof, Sonthofener Straße 1, 87477 Sulzberg, GPS 47°39'37.2"N 10°21'02.1"E (712 m)

ANFAHRT

ÖPNV: Bahn bis Kempten, Bus 30 nach Sulzberg
Auto: Auf der A980 Ausfahrt 2 Durach Richtung Süden nach Sulzberg

GEHZEITEN

Friedhof – Burgruine Sulzberg 0:20 Std. – Steg 0:25 Std. – Burzatbach 0:25 Std. – Albis 0:35 Std. – Gasthof Mader 0:20 Std. – Skilift 0:30 Std. – Friedhof 0:25 Std.

EINKEHR

Gasthof zum Hirsch, Sonthofener Straße 4, 87477 Sulzberg, Tel. 08376/92110, www.hirsch-sulzberg.com

Leicht	9,2 km	280 Hm	3.00 Std.

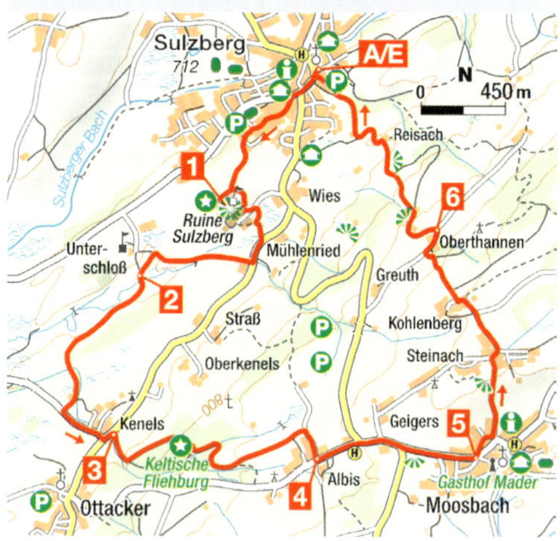

INFORMATION

Markt Sulzberg, Rathausplatz 4, 87477 Sulzberg, Tel. 08376/92010, www.sulzberg.de

GESCHICHTE DER BURG SULZBERG

Fährt man von Moosbach auf der Serpentinenstraße nach Sulzberg hinunter, fasziniert am Parkplatz nach der ersten Kehre die Silhouette der majestätischen Burgruine Sulzberg unten im Tal. Die Ruine zählt nicht nur zu den am besten erforschten mittelalterlichen Burganlagen der Region, sondern sie ist auch die größte Burgruine im Allgäu.

Zwischen dem 12. und 16. Jahrhundert wuchs die Burg in sechs Bauphasen zur heutigen Größe. Die Zwingeranlagen mit Geschützrondellen und das Vorwerk wurden zum Beispiel 1485 hinzugefügt. Im 17. Jahrhundert erzwangen die Zerstörungen des Dreißigjährigen Krieges schließlich die Aufgabe der Burg. Erbauer der ersten kleinen Festung war das Geschlecht der Ritter von Sulzberg, die im Jahre 1176 erstmals urkundlich erwähnt wurden. 1358 starben die Sulzberger Ritter aus. Die verwandten Schellenberger, eine der bedeutendsten Adelsfamilien Süddeutschlands, übernahmen die Burg, bauten sie zum Schloss aus und nannten sie fortan Sigmundsruh. Dies geschah zu Ehren des Erzherzogs Sigismund von Österreich. 1526 kaufte der Fürstabt von Kempten Schloss und Dorf Sulzberg. Bis zur Aufgabe der Anlage im 17. Jahrhundert residierten Vögte, die Vertreter des Fürstabtes, auf der Burg. Anschließend diente das verlassene Gemäuer als Steinbruch für andere Bauten.

Heute sind von der ursprünglichen Burg im Wesentlichen der Palas, ein romanischer Wohnturm, der 24 Meter hohe Bergfried, Wachturm, Vorratsspeicher und die Kemenate erhalten. In Resten sind noch die Ringmauer, vier runde Artillerietürme und ein rechteckiger Schalenturm in der südlichen Zwingermauer vorhanden. Die Umfassungsmauer der Vorburg im Westen ist weitgehend erneuert. Auch die Bekrönungen der Mauern sind Maßnahmen der Neuzeit. Auch alle Bauteile aus Holz wurden infolge der Sanierungsarbeiten eingebaut. Nur durch das Engagement Freiwilliger des Burgenvereines konnte die Ruine in ihrem heutigen Zustand erhalten werden. In den 1990er-Jahren konnten mithilfe beratender Fachleute archäologische Untersuchungen durchgeführt werden, deren Ergebnisse im Burgmuseum zu besichtigen sind (Öffnungszeiten nur bei guter Witterung von Mai bis Oktober jeden Sonn- und Feiertag 13.30–16.30 Uhr, www.burgfreunde-sulzberg.de).

Der Aufgang zum Torhaus der Burgruine Sulzberg

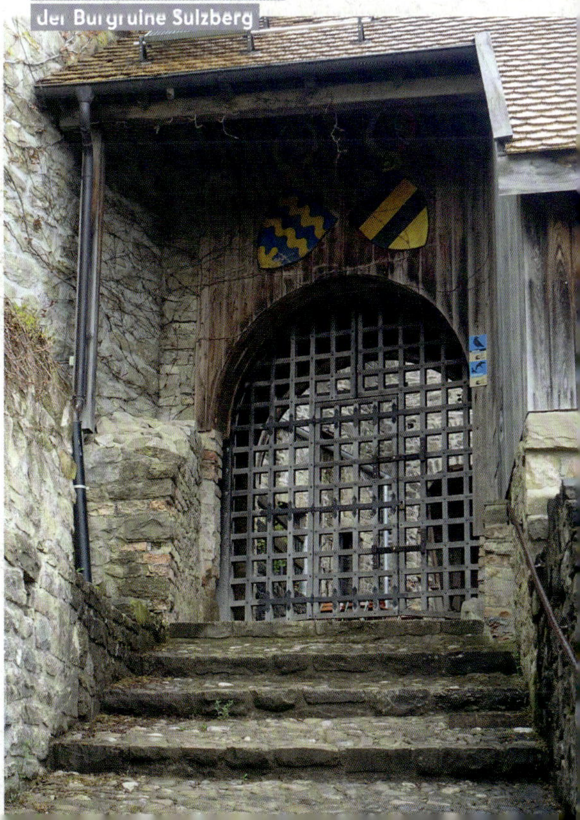

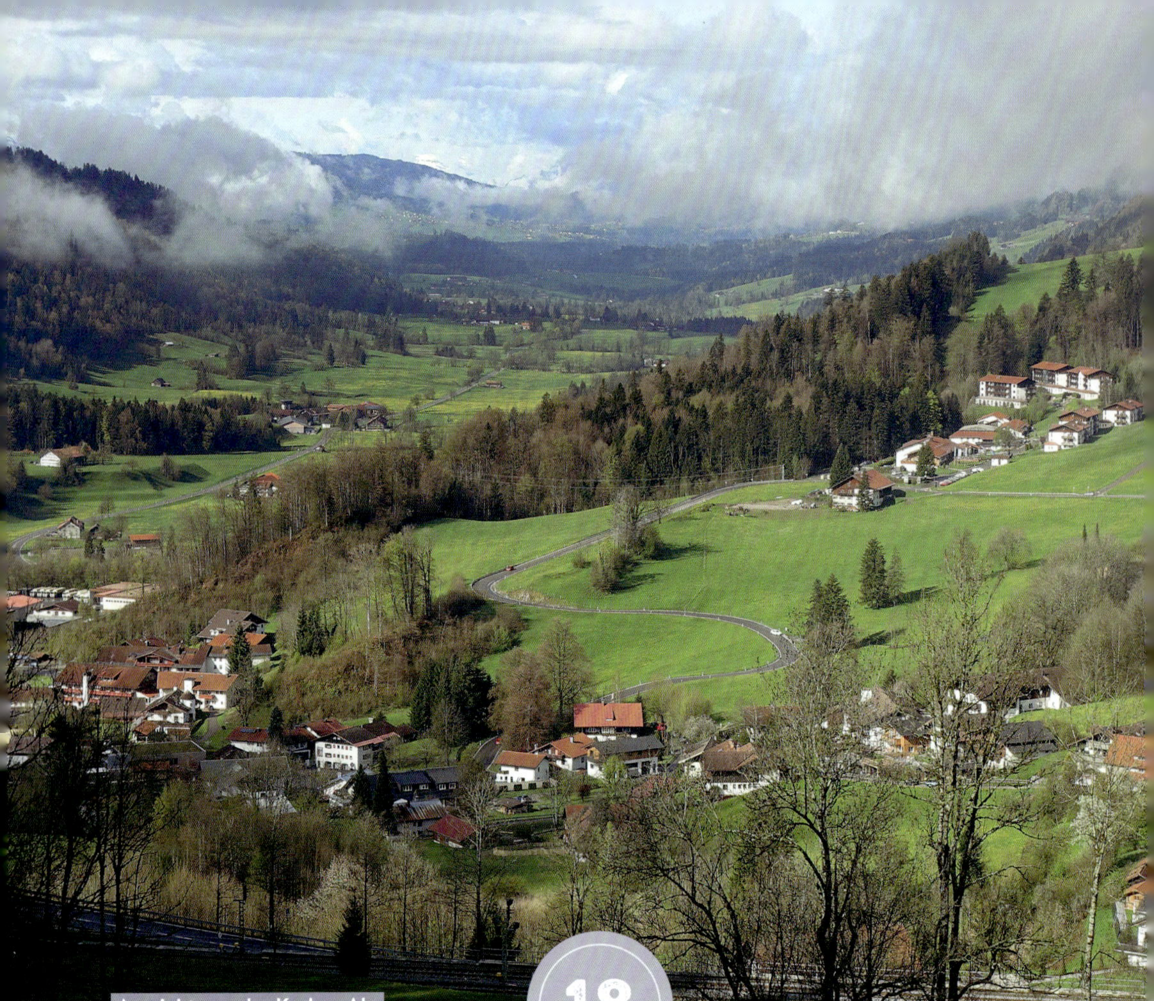

Aussicht von der Kerber-Alp über Oberstaufen

18

Mit Aussicht von Museum zu Museum

Oberstaufener Museen und Natur

Der Schroth- und Luftkurort Oberstaufen im Naturpark Nagelfluhkette hat sich als wichtiger Ort des Sommer- und Wintertourismus im Allgäu etabliert. Die rein bäuerliche Vergangenheit atmet in der ländlichen Kultur und wird in den zwei liebenswerten Bauernhausmuseen offenbar.

Oberstaufen hat seinen Namen vom Berg Staufen, von dem wir auf der Wanderung einen Blick über den Ort und über die herrliche Voralpenlandschaft haben. Seilbahnen auf das Hündle oder auf den Hochgrat eröffnen nach Belieben Panoramen über das ganze Oberallgäu und über die Allgäuer Hochalpen. Ein wenig Planung ist wegen der Öffnungszeiten schon nötig, um die zwei Museen in die Wanderung zu integrieren.

ZUM MUSEUM S'HUIMATLE Vom Kreisverkehr an der **A Hündle-Bahn** gehen wir zuerst auf dem Gehweg nach Osten und folgen der Konstanzer Ach durch die Wiesen flussabwärts. Vor dem zweiten Bauernhof bewegen wir uns links auf Knechtenhofen zu. Nach der Unterführung unter der Alpenstraße steht rechts das 300 Jahre alte Holzhaus **1 Museum s'Huimatle**. Besucher fühlen sich hier in das 17. Jahrhundert zurückversetzt.

ZUR KERBER-ALP Wir wandern auf der Salzstraße noch 100 Meter nach Osten und gehen links über die Bahnlinie und nochmals links auf dem Gehweg nach Westen. An einer Gabelung bleiben wir links an der Bahnlinie und überqueren mit den Schienen auf einer Brücke die Staatsstraße. An der Gabelung nach der Hochspannungsleitung halten wir uns rechts aufwärts, am nächsten Abzweig mit Bank im Wald links in Richtung »Um den Staufen«. Nach einem Haus geht es rechts, und nach dem **2 Fachwerkhaus** folgen wir dem Sträßchen rechts steil aufwärts in Richtung Staufner Berg. In einer engen Rechtskurve bleiben wir auf dem Pfad geradeaus abwärts in Richtung Oberstaufen. An einem Abzweig wandern wir auf dem Pfad rechts in Richtung Kerber-Alp. Mit Aussicht über Oberstaufen geht es scharf links an der **3 Kerber-Alp** vorbei.

ZUM MUSEUM STRUMPFAR Nun geht es über die Almwiesen abwärts und wir laufen in Oberstaufen auf der Straße Am Staufen ein. Bald geht es auf der Immenstädter Straße links in Richtung Bahnhof und auf dem Bahnübergang in die Bahnhofstraße und geradeaus in die Fußgängerzone. An der Kirche St. Peter und Paul gehen wir rechts vorbei und auf der Kalzhofer Straße rechts.

↓ Am Bauernhofmuseum s'Huimatle
↘ Das Heimatmuseum Strumpfar ist in dem Haus aus dem Jahr 1788.

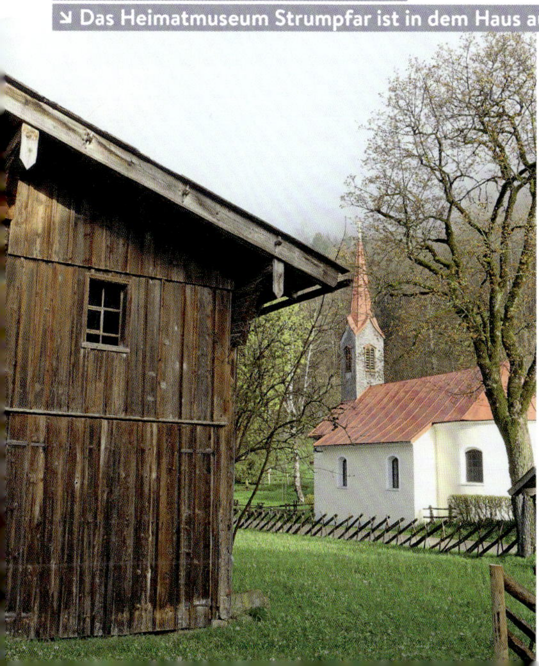

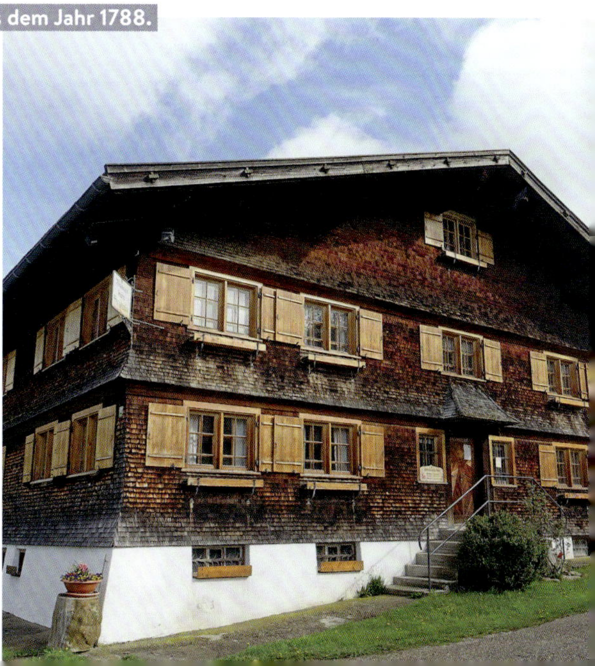

Tipp

ERLEBNIS HÜNDLE-BAHN

Die Oberstaufener Tourismusstrategen bezeichnen das Hündle als Erlebnisberg. Vorrangig denken sie dabei vielleicht an Urlaubsabenteuer wie Pistengaudi, Sommerrodeln und Hütteneinkehr. Sanftere Aktivitäten wie Höhenwanderung im Bergklima mit besten Aussichten mögen manchem Besucher genügen. Die Hündle-Bahn transportiert bergbegeisterte Menschen in Gondeln in kurzer Zeit von der Talstation in 769 Metern Meereshöhe auf 1053 Meter hinauf. Die Fahrt mit einer Bergbahn ist immer ein Erlebnis (www.huendle-imberg.de).

Nach der Bahnlinie steht rechts das **4 Heimatmuseum Strumpfar** in einem Haus aus dem Jahr 1788. Durch die ansprechenden Außenanlagen mit Alpe, Bienenhaus, Teich und Bach, Alpinum, Kräutergarten und Streuobstwiese folgen wir am Wirtshaus beim Strumpfar vorbei der Kalzhofer Straße nach Nordosten.

RÜCKWEG UM DEN STAUFEN Am kleinen Kreisverkehr laufen wir auf der Bürgermeister-Wucherer-Straße rechts und an der T-Kreuzung auf der Immenstädter Straße links. Nach 500 Metern wandern wir vor dem einzelnen Haus **5 Immenstädter Straße 20** rechts auf dem Gehweg durch Wiesen und Wald um die Nagelfluhscholle Berg Staufen. Am westlichen Ende sind wir wieder am Abzweig im Wald mit Bank und gehen jetzt rechts auf gleichem Weg wie zu Beginn. Aber nun müssen wir nach dem ersten Haus abwärts, über die Bahn und nach der Bahn links zum Kreisverkehr und zurück zum Parkplatz an der **E Hündle-Bahn**.

INFO

Leicht | **9,3 km** | **240 Hm** | **3.00 Std.**

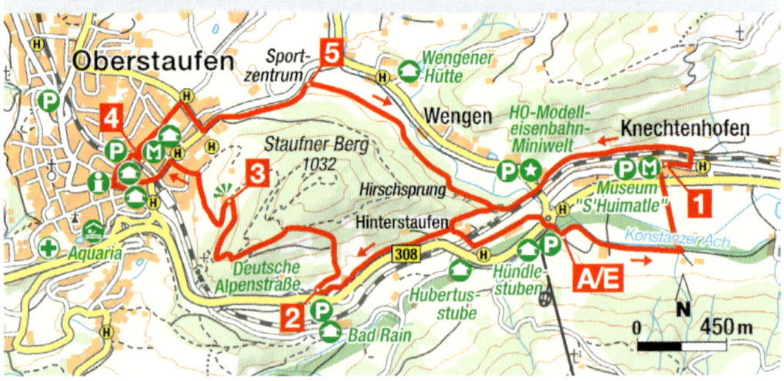

TOURENCHARAKTER
Einfache Wege und Pfade mit einigen Steigungen. Trittsicherheit und festes Schuhwerk sind empfehlenswert.

AUSGANGS-/ENDPUNKT
Parkplatz Hündle-Bahn, Hinterstaufen 10, 87534 Oberstaufen, GPS 47°33'09.0"N 10°03'06.7"E (755 m)

ANFAHRT
ÖPNV: Mit der Bahn nach Oberstaufen
Auto: Auf der A 980 Ausfahrt 3 Waltenhofen und auf der B 19 und B 308 zur Hündle-Bahn

GEHZEITEN
Hündle-Bahn – s'Huimatle 0:25 Std. – Fachwerkhaus 0:45 Std. – Kerber-Alp 0:35 Std. – Strumpfar 0:20 Std. – Immenstädter Straße 20 0:20 Std. – Hündle-Bahn 0:35 Std.

EINKEHR
Wirtshaus beim Kesslar, Lindauer Straße 1, 87534 Oberstaufen, Tel. 08386/326 20 95

INFORMATION
Oberstaufen Tourismus, Hugo-von-Königsegg-Straße 8, 87534 Oberstaufen, Tel. 08386/930 00, www.oberstaufen.de

OBERSTAUFENER GESCHICHTE

Das Dorf *Stoufun* wurde in einer Urkunde des Klosters St. Gallen im Jahr 868 erstmals erwähnt. Graf Hugo V. aus dem schwäbischen Adelsgeschlecht derer von Montfort gründete im Jahre 1328 in Staufen ein Kollegiatstift. Dies war ein weltliches Chorherrenstift aus einer Gemeinschaft von weltlichen Chorherren (Kanonikern), die keiner Ordensgemeinschaft angehörten. Das Stift wurde im Rahmen der Säkularisation im Jahr 1806 aufgehoben und die Güter fielen an Bayern. Schon 1805 war der Anschluss des Ortes Staufen zu Bayern erfolgt und Staufen wurde dem Landgerichtsbezirk Immenstadt zugeordnet. Das Marktrecht hatte Staufen bereits im Jahr 1453 erhalten, das die Gemeinde bis zum heutigen Tag mit dem Markttag freitags auf dem Marienplatz und mit dem jährlichen Marktfest im Juni hochhält. Mit der Eröffnung der Bahnlinie Immenstadt–Lindau im Jahr 1853 erlebte Staufen einen wirtschaftlichen Aufschwung und mit der Bahn kamen die ersten Sommerfrischler. Ende des 19. Jahrhunderts wurde Staufen zum Luftkurort und erhielt nach der Namensumbenennung im Jahr 1921 von Staufen zu Oberstaufen 1959 das Prädikat Schrothkurort und 1969 die Anerkennung als Heilklimatischer Kurort. Durch die Kurgäste wurde Oberstaufen zu einem prosperierenden und lebendigen Urlaubsort mit allen Sonnen- und Schattenseiten.

Die Zeit der Ahnen des einstigen Bauerndorfes kommt besonders in den zwei liebevoll gepflegten Heimatmuseen zum Ausdruck. Das Bauernhausmuseum »s'Huimatle« im Ortsteil Knechtenhofen zeigt im Rückblick bis ins 17. Jahrhundert eindrucksvoll das Leben und die Arbeit der Allgäuer in der damaligen Zeit. Das 300 Jahre alte Bauernhaus ist mit originalgetreuen Einrichtungen von Küche, Stube und Stall ausgestattet. Das Heimatmuseum beim »Strumpfar« in Oberstaufen ist ein Bauernhaus aus dem 18. Jahrhundert, in dem Strumpfwirker lebten, deren Gerätschaften noch vorhanden sind. Das Museum ist ein Spiegelbild der Oberstaufener Ortsgeschichte (Bauernhausmuseum s'Huimatle, Knechtenhofen 5, 87534 Oberstaufen, Mittwoch 14–16 Uhr und Sonntag 10–12 Uhr. Heimatmuseum beim Strumpfar, Jugetweg 10, 87534 Oberstaufen, Tel. 08386/1300, Mittwoch und Freitag 15–17 Uhr und Sonntag 10–12 Uhr, www.oberstaufen.de).

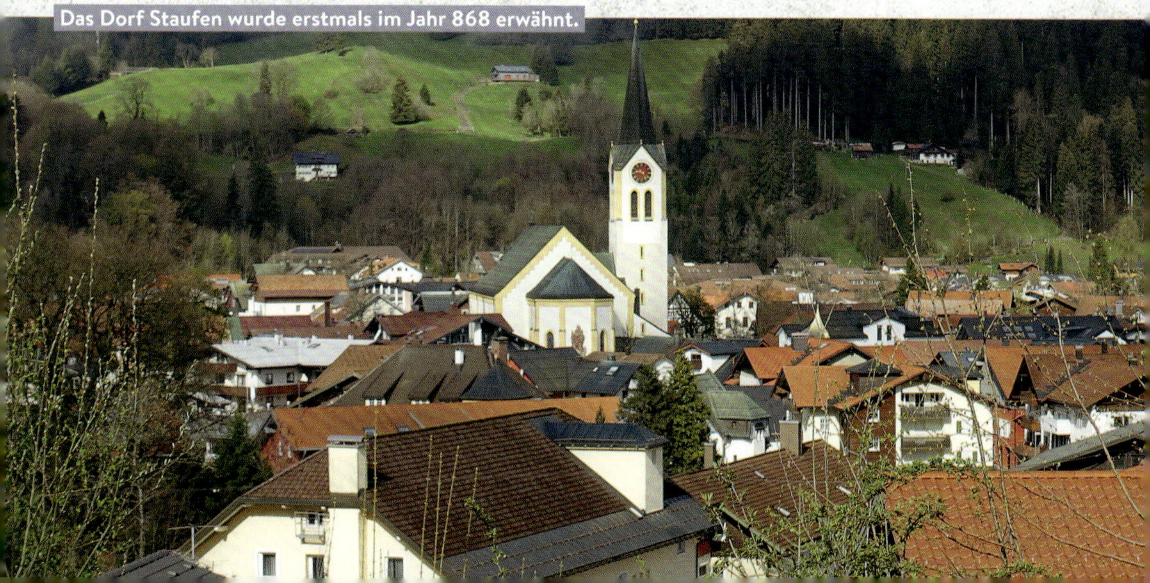
Das Dorf Staufen wurde erstmals im Jahr 868 erwähnt.

Durch die Starzlachklamm

Im Knappendorf Burgberg

Im Schatten des Aussichtsberges Grünten liegt ein einzigartiges Naturschauspiel. Die wildromantische Felsenschlucht der Starzlachklamm mit den Wasserfällen, Strudellöchern und Wassermühlen, die in Jahrtausenden entstanden sind, ist für Naturliebhaber ein besonderer Genuss.

19

Blick von der Aussichtsplattform über der Starzlachklamm

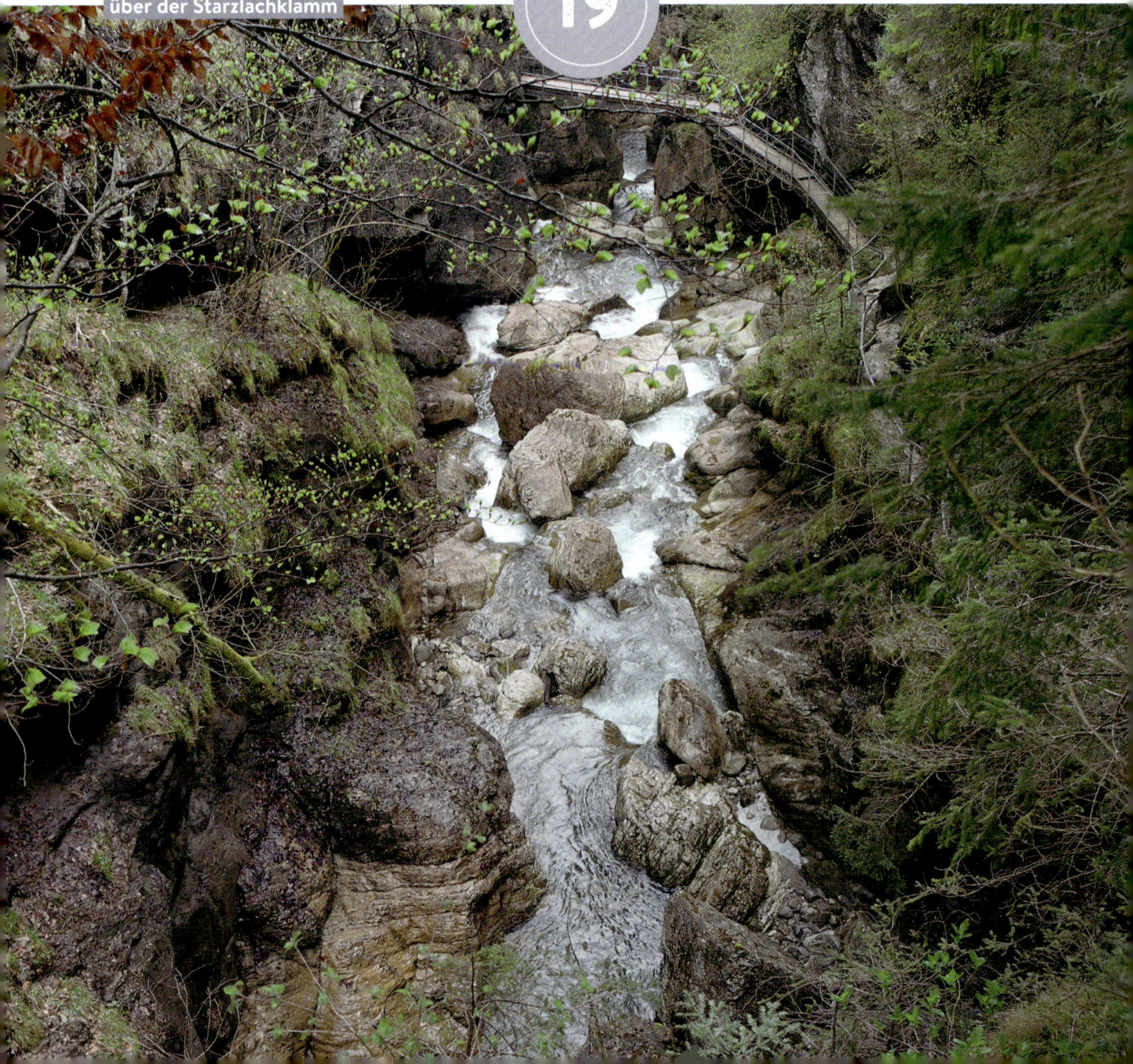

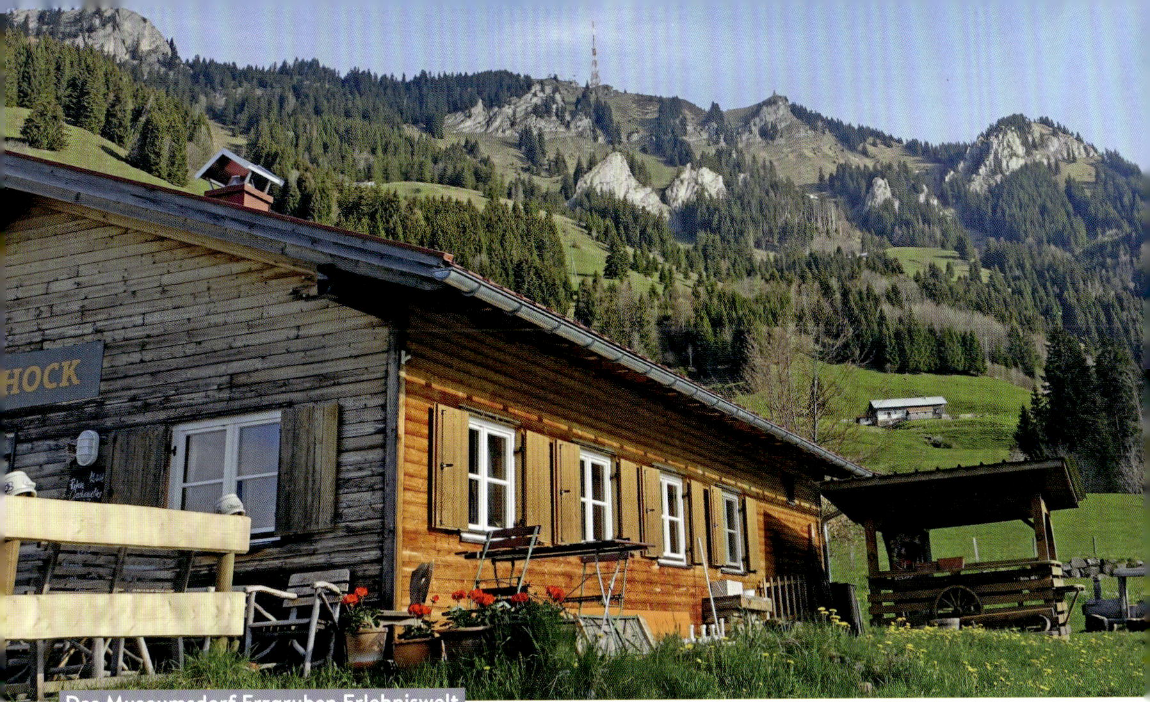

Das Museumsdorf Erzgruben Erlebniswelt liegt unter dem Gipfel des Grünten.

Stehen wir bei dieser spannenden Wanderung auch nicht ganz auf dem Gipfel des Grünten, nehmen wir doch unvergessliche Eindrücke aus den Alpenpanoramen mit nach Hause. Der Erzabbau am Grünten war bis ins 19. Jahrhundert wichtiger Wirtschaftsfaktor und Teil der Geschichte des Dorfes Burgberg. Im Museumsdorf Erzgruben Erlebniswelt können wir einiges aus dieser Zeit erfahren.

IN DIE STARZLACHKLAMM Vom hinteren westlichen Ende des Parkplatzes in **A Winkel** wandern wir zu Beginn auf der Brücke über die Starzlach. Weiter flussaufwärts kommen wir in die wildromantischen Bereiche des naturbelassenen Gebirgsbaches. Die Starzlach entspringt oben am Grünten auf über 1000 Metern Höhe. Am urigen **1 Klammwirt** am großen Wasserfall ist die Kasse für den weiteren Weg durch die Klamm. Der Sturzbach – dies bedeutet der Name Starzlach – hat mit seinen Wassern diese Schlucht in den felsigen Untergrund eingegraben. Wissenschaftler nennen dieses Engtal Nummulitenklamm. Die Bezeichnung ist dem lateinischen Wort *nummus* entnommen, was Münze bedeutet. Damit sind die münzenförmigen Kalkschalen gemeint, die vor 30 Millionen Jahren im

Tipp

MAGISCHE MOMENTE IM AGATHAZELLER MOOS

Bei einem Spaziergang auf dem Bohlenweg durch das Naturschutzgebiet Agathazeller Moos im Norden von Burgberg können Besucher magische Momente erleben. Dafür sorgt das Moor mit seinen zauberhaften Stimmungen durch Licht und Farben. Zwischen den Torfmoosen sind der winzige Sonnentau und das Fettkraut zu entdecken, beide »fleischfressende Pflanzen«, die ihren Nährstoffbedarf über gefangene Insekten ergänzen. Der Zutritt ist möglich vom Wanderparkplatz Steinbruch an der Burgberger Straße oder von Agathazell aus.

Sediment eingelagert wurden. In der Klamm wurden 15 verschiedene Arten dieser Nummuliten gefunden und auch eine versteinerte seltene Krabbe. Ein gesicherter Weg und Stege führen durch die unbändige Wildheit der rauschenden Wasser in der Klamm. Viele Wasserfälle, Strudellöcher und Wassermühlen faszinieren die Besucher. Fast am Ende der Schlucht können wir in einem Abstecher auf eine **2 Plattform** gehen und fühlen uns über den schäumenden Wassern fast schwebend.

ZUM MUSEUMSDORF ERZGRUBEN Aus der Klamm ist ein steiler und felsiger Aufstieg unter den senkrechten Felswänden der Starzlachwände zu bewältigen. Schließlich kommen wir oben auf Alpwiesen zu einer Weggabelung an einem Feldkreuz mit herrlicher Aussicht in die Allgäuer Alpen. Der rechte Weg führt an der gemütlichen **3 Sennalpe Topfen** vorbei, in der noch Käse hergestellt wird. Auf dem Pfad kommen wir von der Alpe aufwärts zum Königssträßle, dem wir mit großartiger Aussicht rechts und an einer Gabelung wieder rechts zum **4 Museumsdorf** Erzgruben Erlebniswelt folgen. Hier können wir unter dem Gipfel des Grünten eine historische Erzgrube besichtigen und Einblick in die Geologie nehmen.

STEILER ABSTIEG Mit unvergesslichen Ausblicken gehen wir auf dem Königssträßle zurück am Berggasthof **5 Alpenblick** vorbei und finden am Ende der Parkplätze geradeaus den geschotterten Weg vorerst aufwärts in Richtung Parkplatz Winkel. Nach einem Drehkreuz mit Ausblick über Sonthofen geht es rechts nochmals aufwärts. An einem Abzweig müssen wir scharf links hinab und an der nächsten Kreuzung links auf dem steilen Pfad und auf Treppen abwärts in Richtung Winkel. Unten überqueren wir an den Häusern links auf der Brücke die Starzlach und gehen links zum Parkplatz in **E Winkel** zurück.

INFO

TOURENCHARAKTER
Für die felsigen Steige sind Trittsicherheit und Bergschuhe mit Profilsohle erforderlich.

AUSGANGS-/ENDPUNKT
Parkplatz Winkel, 87545 Burgberg im Allgäu, GPS 47°31‘49.8“N 10°17‘55.8“E (770 m)

ANFAHRT
ÖPNV: Bahn bis Sonthofen, Bus 11 nach Burgberg
Auto: Auf der A980 Ausfahrt 3 Waltenhofen und auf der B19 nach Burgberg

GEHZEITEN
Winkel – Klammwirt 0:20 Std. – Plattform 0:15 Std. – Sennalpe Topfen 0:20 Std. – Museumsdorf 0:20 Std. – Alpenblick 0:20 Std. – Winkel 0:45 Std.

EINKEHR
Tante Paula, Sonthofener Straße 13d, 87545 Burgberg im Allgäu, Tel. 08321/80 02 61, www.tantepaula-burgberg.de

Mittel	6,4 km	330 Hm	2.20 Std.

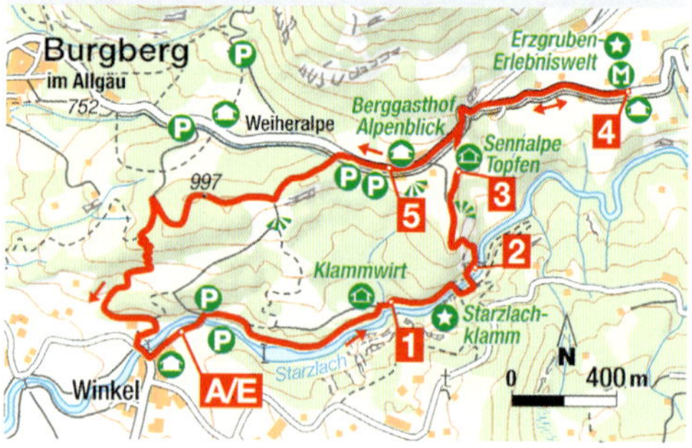

INFORMATION
Tourist-Info Sonthofen, Rathausplatz 1, 87527 Sonthofen, Tel. 08321/61 52 91, www.tourismus-sonthofen.de

BURGEN-, INDUSTRIE- UND ERDGESCHICHTE AM GRÜNTEN

Die Burg Burgberg wurde wohl im frühen 12. Jahrhundert erbaut. Das Dorf Burgberg bekam seinen Namen schließlich von der Burg. Die Festung war schon 1140 Sitz von Burkart von Burcperg, der Dienstmann des Hochstiftes Augsburg war. Er trat als Stifter zugunsten der Klöster Ottobeuren und St. Ulrich und Afra zu Augsburg auf. Mit dem Aussterben der Burgberger Herren kam die Herrschaft um 1327 an die Herren von Rettenberg. Der letzte Rettenberger starb 1350 und seine Töchter erbten den Besitz. Sie verkauften die Burg 1351 an die Brüder Marquard und Oswald von Heimenhofen. Die Festung blieb bei Marquard, während sein Bruder Oswald die Burg Fluhenstein bei Sonthofen erbaute. Insgesamt wohnten die Herren von Heimenhofen zwischen 1351 bis 1536 auf Burg Burgberg. Daher wird die Burg auch Burg Heimenhofen genannt. 1440 aber kam ein Teil der Herrschaft durch Verkauf an das Hochstift Augsburg. Der Augsburger Bischof Otto Truchsess von Waldburg nutzte die Burg ab dem Jahr 1564 als neuen Pflegsitz, denn sein bisheriger Amtssitz Burg Rettenberg war abgebrannt (Tour 17). Während des Dreißigjährigen Krieges brannte die Burg im Jahr 1635 ab und wurde nie mehr aufgebaut. Die Ruine diente nur noch als Steinbruch. Daher ist heute nur noch die Nordwand erhalten. Oberhalb der Burg ist der ehemalige Steinbruch der Burg zu erkennen. Im Zuge der Säkularisation fiel der Besitz des Hochstiftes Augsburg und damit auch die Ruine Burgberg Anfang des 19. Jahrhunderts an Bayern.

Im ausgehenden Mittelalter (15. Jahrhundert) erblühte am Grünten der Eisenerzabbau und die Verhüttung wurde für das Dorf ein Wirtschaftsfaktor. Damit war Mitte des 19. Jahrhunderts Schluss, da mit der Eisenbahn billigeres Eisen eingeführt wurde. Heute wird im Freilichtmuseum Erzgruben Erlebniswelt am Grünten die Industriegeschichte erlebbar (www.erzgruben.de). In der Starzlachklamm am Fuß des Grünten wurden in Jahrmillionen Schrattenkalk, Nummulitenkalk und der darüberliegende Stadschiefer herausgeschnitten. Die Schlucht bietet einen besonders eindrucksvollen Einblick in die Erdgeschichte (www.starzlachklamm.de).

Die Vielfalt des ungestümen »Wassertheaters« in der Klamm ist unbeschreiblich.

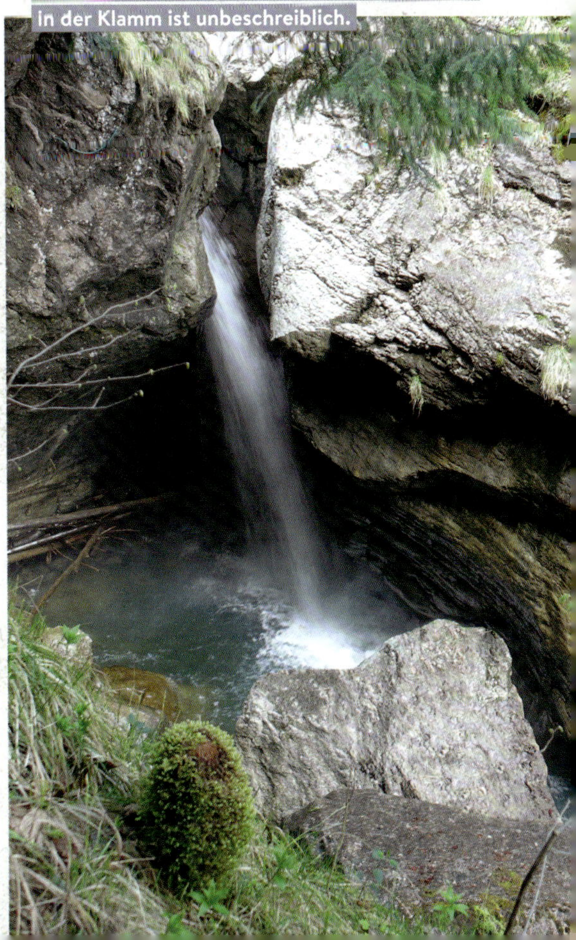

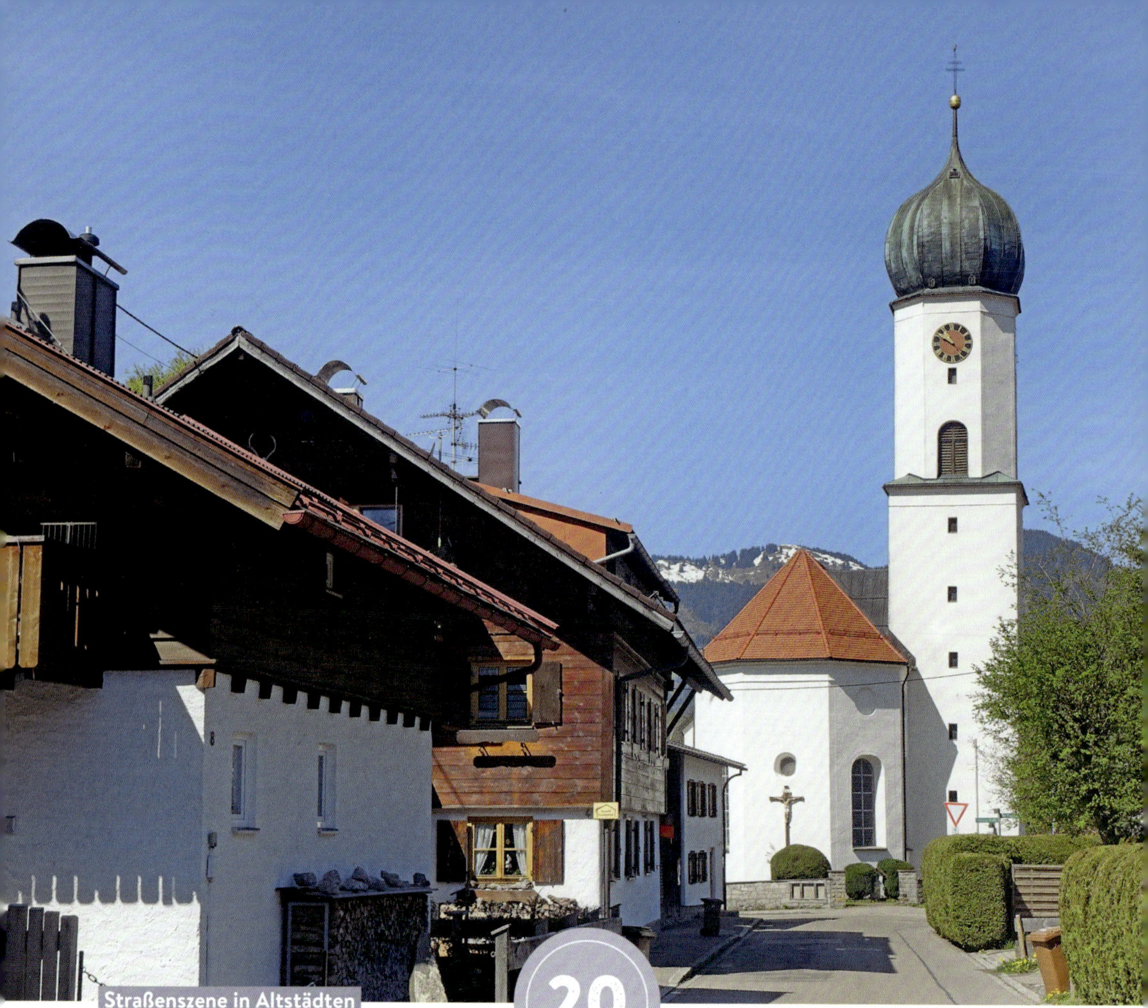

Straßenszene in Altstädten
mit der Kirche Sankt Peter und Paul

20

Wilde Natur vor Sonthofens Haustür

Gute Aussichten und Wasserfälle

Der Malerwinkel ist ein brillanter Aussichtspunkt bei Altstädten, den nicht nur Maler und Fotografen ansteuern. Die unscheinbare Kapelle St. Martin im Dorf Hinang erweist sich bei Betrachtung des Innenraumes als barocker Kunstschatz mit stilvoller Kassettendecke.

Mit der Kulisse der Allgäuer Hochalpen vor Augen sind wir auf dieser Wanderung der Natur nahe. Der Hinanger Wasserfall ist dabei eine wilde Perle in der Landschaft. Wer mag, trifft in der Flaniermeile der gemütlichen Fußgängerzone Sonthofens wieder auf urbanes Leben.

ZUM MALERWINKEL Vom Parkplatz am A **Wassertretbecken** am südlichen Rand von Altstädten gehen wir zu Beginn zur Hinanger Straße zurück und überqueren sie. Auf dem Gehweg laufen wir rechts bergab und in die Straße Am Burgwald links und nochmals links. Auf dem steilen Hang auf der linken Seite führt eine lange Treppe nach oben. Im Wald müssen wir einmal scharf rechts in Richtung Malerwinkel. Ein kurzer Abstecher nach rechts bringt uns zu einem Aussichtsplatz mit Blick über das Illertal. An mehreren Richtungswechseln achten wir immer auf den Wegweiser Malerwinkel. Schließlich geht es an einer T-Kreuzung in einem Abstecher rechts hinauf zum 1 **Malerwinkel** mit traumhaft schöner Aussicht in die Oberstdorfer Alpen. Eine Panoramatafel erklärt die Bergwelt.

ZUM HINANGER WASSERFALL Wir gehen zurück zur T-Kreuzung und müssen jetzt rechts hinauf auf den Burgberg. Im Abstieg ist der Burgstall der verschwundenen Burg Hugnang. In Hinang kommen wir an der Kreuzung an die 2 **Kapelle St. Martin**. Sie wurde 1688 anstelle einer Vorgängerkapelle erbaut. Der einfache Bau birgt eine überraschend reiche Barockausstattung mit drei Altären. Die Kassettendecke aus Zirbelholz und die Türe zur Sakristei sollen aus der abgegangenen Burg Hugnang stammen.
An der Kapelle wandern wir links vorbei in Richtung Hinanger Wasserfall. Nach dem Dorf geht es unter der Kreisstraße durch und am Wanderparkplatz rechts in den Wald hinein. Über Treppen und auf einem steilen Weg erreichen wir in einem Tobel den zwölf Meter hohen 3 **Hinanger Wasserfall**. Er wird zu den schönsten Wasserfällen im Allgäu gezählt. In der Eiszeit luden die Gletscherströme die Gesteinsmassen hier ab, die sich

Tipp

IM HEIMATHAUS SONTHOFEN

Das Museum selbst ist ein denkmalgeschütztes Bauernhaus aus dem 18. Jahrhundert. Aus dem Haus ist mit dem Erweiterungsbau ein Heimatmuseum geworden, in dem Exponate zur Geschichte gezeigt werden. Aus der frühgeschichtlichen Besiedelung sind zahlreiche fossile Fundstücke zu sehen. Die einst wichtige Flachsproduktion wird anschaulich dargestellt. Wie die Käseherstellung die Armut beendete, wird ebenfalls gezeigt (Sonnenstraße 1, 87527 Sonthofen, Tel. 08321/33 00, www.stadt-sonthofen.de).

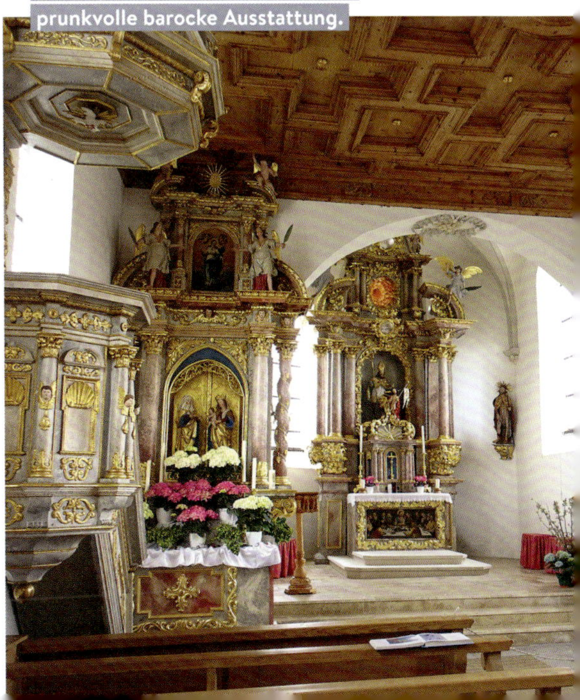

Die Kapelle in Hinang besitzt eine prunkvolle barocke Ausstattung.

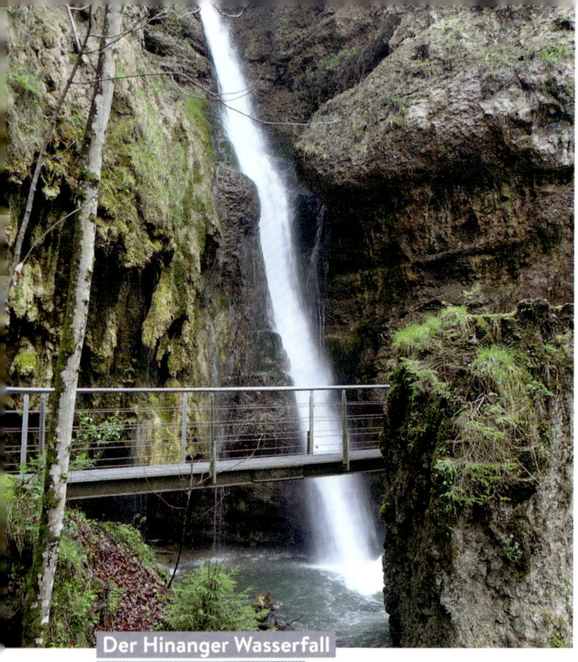

Der Hinanger Wasserfall ist zwölf Meter hoch.

zu Nagelfluhfelsen verfestigt haben. Die Oberflächenstruktur der Nagelfluhfelsen ist oft nicht erkennbar, weil der Kalktuff die Felsen wie Zuckerguss überzogen hat. Aus dem ständig triefenden Wasser hat sich der Kalk zu dicken Schichten abgelagert.

RÜCKWEG ÜBER HOCHWEILER Unter hohen Felswänden führt der Weg aus dem Tobel aufwärts heraus. Nach dem Drehkreuz gehen wir links hinauf und am Wegweiser links entlang der Geländekante in Richtung Hochweiler. Direkt unter uns rauscht der Wasserfall und wir bleiben an der Absturzkante des Wasserfalles weiterhin am Hinanger Bach. In diesem Bereich lässt sich die Wasseramsel in ihrem idealen Lebensraum beobachten. Schließlich wandern wir an einer Forststraße links über die Weideflächen nach Hochweiler und kommen dort an der **4 Kapelle** vorbei. Nach dem Dorf am Feldkreuz benutzen wir am Wendeplatz den Weg rechts abwärts in Richtung Altstädten. An der Marienstatue blicken wir über Altstädten. Immer abwärts kommen wir zum Parkplatz am **E Wassertretbecken** zurück.

INFO

TOURENCHARAKTER

Die felsigen und durchwurzelten Steige verlangen Trittsicherheit und Bergschuhe mit Profilsohle.

AUSGANGS-/ENDPUNKT

Parkplatz Wassertretbecken Sonnenkopfweg, 87527 Sonthofen-Altstädten, GPS 47°29‘00.4“N 10°17‘17.2“E (780 m)

ANFAHRT

ÖPNV: Bahn bis Altstädten
Auto: Auf der A 980 Ausfahrt 3 Waltenhofen und auf der B 19 nach Altstädten

GEHZEITEN

Wassertretbecken – Malerwinkel 0:35 Std. – Kapelle St. Martin 0:20 Std. – Wasserfall 0:20 Std. – Kapelle Hochweiler 0:35 Std. – Wassertretbecken 0:20 Std.

EINKEHR

Gasthof Zengerle, Hinang 36, 87527 Sonthofen-Hinang, Tel. 08326/72 80, www.gasthof-zengerle.de

Mittel	6,7 km	240 Hm	2.10 Std.

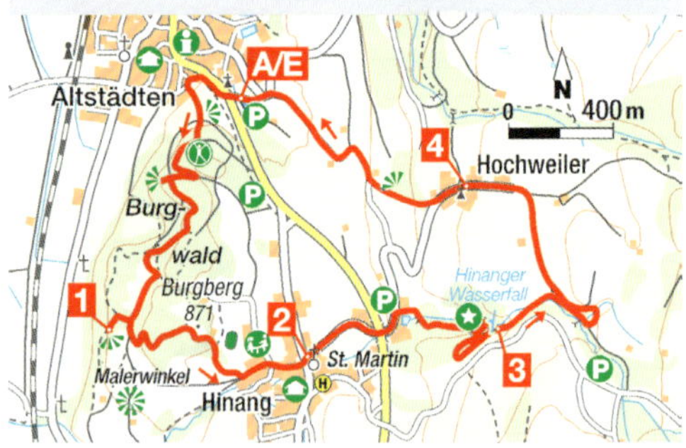

INFORMATION

Tourist-Info Sonthofen, Rathausplatz 1, 87527 Sonthofen, Tel. 08321/61 52 91, www.sonthofen.de

SONTHOFEN UND BURG FLUHENSTEIN

Irgendwann zwischen dem 7. und 2. Jahrtausend v. Chr. waren in Sonthofen steinzeitliche Menschen unterwegs und hinterließen ihre Spuren. Ebenso wird durch Funde aus der Bronzezeit (2. Jtd.–800 v. Chr.) und der Latènezeit (400–100 v. Chr.) und durch römische Funde aus dem 6. Jahrhundert menschliches Leben in Sonthofen belegt. Schließlich besiedelten im frühen Mittelalter um das Jahr 800 die Alemannen Sonthofener Gebiet.

Im Bereich der Kirche St. Michael soll die Keimzelle Sonthofens gewesen sein und auf dem heutigen Kalvarienberg wird eine ehemalige Thingstätte vermutet. Im 12. Jahrhundert gehörte *Sunthoven* dem Kloster Schaffhausen. Pfarrkirchen in Sonthofen und Altstädten wurden im Jahr 1335 erwähnt. Doch die Urpfarrei Sonthofen bestand bereits im 9. Jahrhundert und umfasste auch Tannheim in Tirol, Hindelang und Burgberg. 1351 erwarben die Herren von Heimenhofen mit der Herrschaft Burgberg auch Besitztümer in Sonthofen und ließen 1361 die Burg Fluhenstein errichten. Seit dem 15. Jahrhundert besitzt Sonthofen das Marktrecht und Burg mit Herrschaft Fluhenstein wurde in dieser Zeit an den Bischof von Augsburg verkauft. Die Burg wurde erweitert und mit der Burgkapelle St. Alexius ausgestattet. 300 Jahre lang wurden Sonthofen und die umliegenden Landgemeinden von der Burg aus verwaltet. 1769 verließ der letzte Verwalter die Burg und die Feste verfiel. Im Jahr 1525 versammelten sich 5000 aufständische Allgäuer Bauern in Sonthofen und läuteten mit dem sogenannten »Sonthofer Tag« den Bauernkrieg ein. Dieser Tag ist an der Alten Schule in einem Fresko dargestellt. Der »Sonthofener Haufen« der Bauern plünderten die Burg Fluhenstein. Vom 16. Jahrhundert bis zur Mitte des 19. Jahrhunderts gingen die Salztransporte von Hall in Tirol durch Sonthofen und warfen Einnahmen ab. Zwischen dem 15. Jahrhundert bis 1863 wurde im Sonthofener Raum Erz abgebaut und im Hüttenwerk Sonthofen verarbeitet. Sonthofen und sämtliches Gebiet des Hochstiftes Augsburg kamen 1803 durch die Säkularisation schließlich an Bayern.

Blick über Sonthofen in die Allgäuer Hochalpen

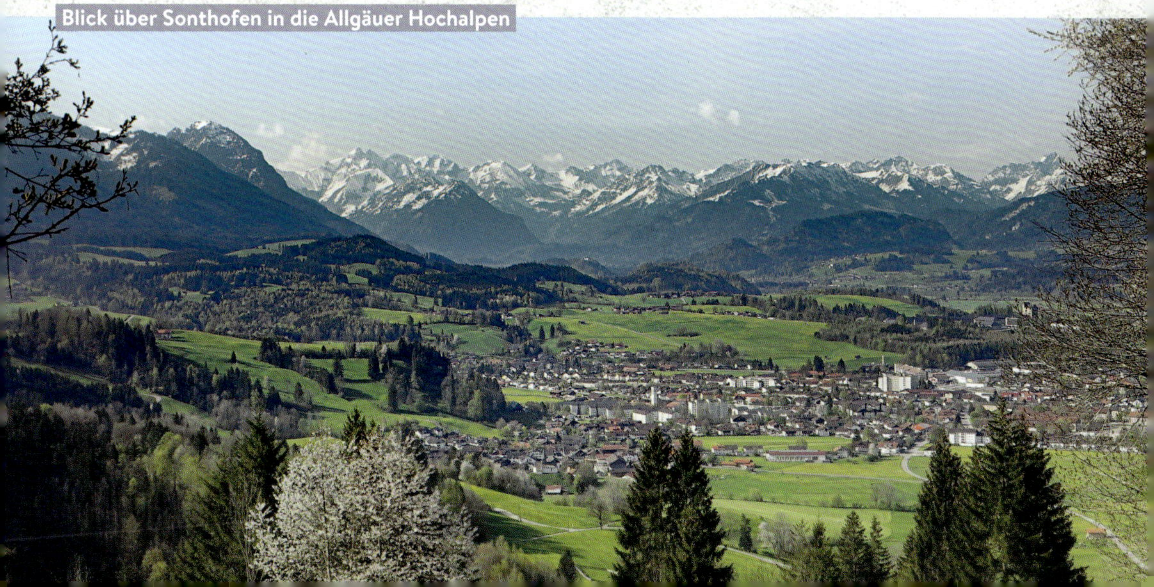

Zu den Weiden über Balderschwang

Welt aus der Vogelperspektive

Im Naturpark Nagelfluhkette umgeben grüne Bergwälder und bunte Alpweiden die höchstgelegene Gemeinde Deutschlands Balderschwang. Über dem Ort liegen sieben Sennalpen, auf denen Allgäuer Braunvieh und Sennerinnen und Senner nach alter Tradition Bergkäse produzieren.

21

Blick über das Balderschwanger Tal bis in die Schweizer Alpen

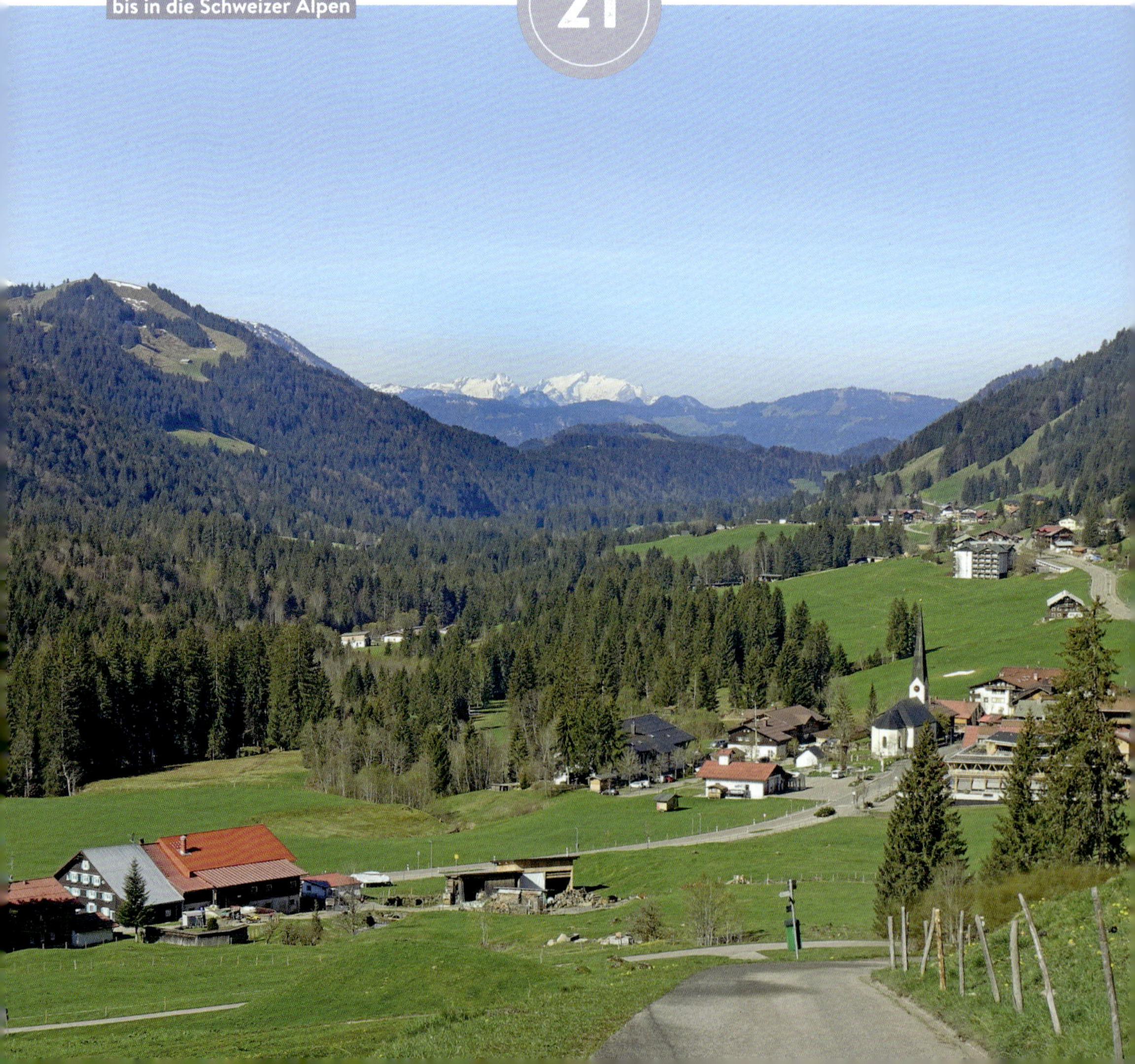

Die Viehscheid am Ende des Alpsommers zeigt sich als großes Bergbauernfest. Überhaupt ist der Herbst mit seinen prächtigen Farben die ideale Zeit für eine Wanderung auf die Berge über Balderschwang. Auf den Alpen und in den Hofläden offenbaren sich besondere Schmankerl der liebenswerten Region.

ZUR ALPE OBERBALDERSCHWANG

Vom A **Wanderparkplatz** an der Schelpenbahn beginnen wir die Wanderung auf der Brücke über die Bolgenach und links an den Talstationen der Bergbahnen vorbei. Entlang des Gebirgsbaches gehen wir flussaufwärts nach Osten, folgen nach der Brücke über den Stubenbach dem Wegweiser nach links aufwärts in Richtung Wäldle und überqueren die 1 **Riedbergstraße**. Nach links versetzt folgen wir weiter dem Stubenbach aufwärts. Nach der Unteren Socheralpe geht es rechts aufwärts über die Weideflächen. Auf dem asphaltierten Alpweg kommen wir rechts hinauf zur uralten 2 **Eibe**. Die Schätzungen bezüglich des Alters reichen von 800 bis 1000 Jahre. Als Forstfachmann tippt der Autor eher auf die niedrigere Zahl. Nachweisbar ist keine der Vermutungen. Fachleute sind sich nicht mal einig, ob es sich um einen oder um zwei Bäume handelt. Auf alle Fälle ist die alte Eibe eine imposante Erscheinung und eine Besonderheit. An der Eibe kann an einem Felsen auch genau die Struktur des Nagelfluhs betrachtet werden. Es ist ein durch Sand und Kalk verkittetes Konglomerat. In den Weideflächen kann man übrigens im Sommer seltene Apollofalter um die Nagelfluhfelsen flattern sehen.

Aber es geht auf der Alpstraße noch weit hinauf. Die asphaltierten Straßen sind für Wanderer keine Freude, aber man kann in diesem Fall fast die ganze Strecke auf dem Sand neben dem Asphalt laufen. Nach über 220 Höhenmetern Aufstieg haben wir

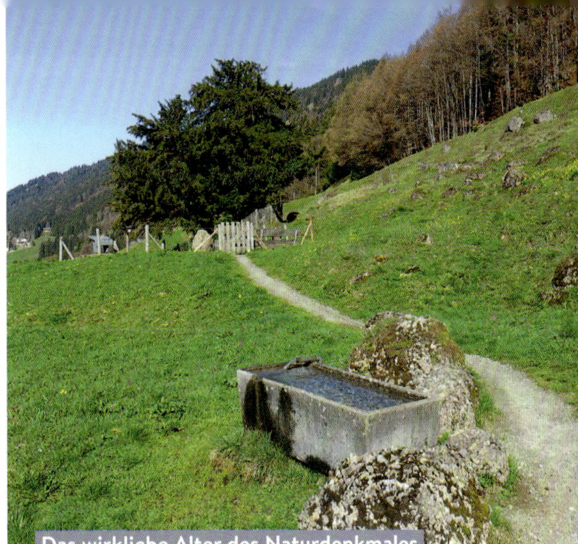

Das wirkliche Alter des Naturdenkmales Alte Eibe ist unbekannt.

die 3 **Alpe Oberbalderschwang** auf 1369 Metern erreicht. In Richtung Südosten sehen wir die drei Berge Trettachspitze, Mädelegabel und die Hochfrottspitze, die südlich von Oberstdorf stehen. Im Westen reicht der Blick bis in die Schweizer Alpen. Die Alpe Oberbalderschwang wurde im Jahr 1686 erstmals urkundlich erwähnt. Sie wird mit

Tipp

IN DER STURMANNSHÖHLE

In der einzigen begehbaren Spalthöhle des Allgäus tun sich 120 Millionen Jahre Erdgeschichte auf. Bei der Gebirgsbildung haben sich die Schichtungen des Schrattenkalkes steil aufgestellt. Entlang einer Schichtfuge bewirkte eindringendes kohlensäurehaltiges Regenwasser eine Fuge, in die Schmelzwasser eindrang, was den Spalt erweiterte. Auf Besucher der geheimnisvollen Höhle wirkt eine sagenhafte Faszination aufgrund mystischer Erzählungen und Legenden von Drachen und von traumhaften Schätzen (www.hoernerdoerfer.de/obermaiselstein).

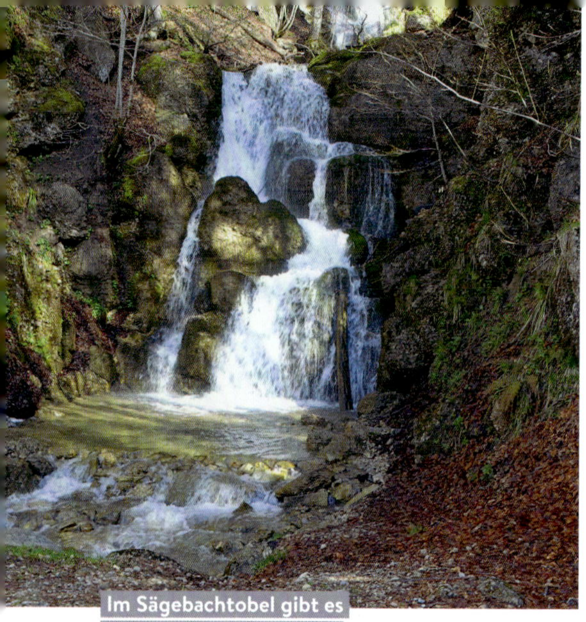

Im Sägebachtobel gibt es mehrstufige Wasserfälle.

100 Stück Vieh von Anfang Juni bis Mitte September bewirtschaftet. Die Käserei kann besichtigt werden und in Selbstbedienung gibt es Alpkäse und Getränke. Weiter oben liegt auf 1478 Metern noch die Alpe Spicherhalde, die aber nur von Juni bis Mitte September bewirtschaftet ist.

RÜCKWEG DURCH DEN SÄGEBACHTOBEL

Wir wandern mit Käse im Rucksack auf der Alpstraße wieder hinab, jetzt an der alten Eibe geradeaus vorbei mit stets guter Aussicht über das Balderschwanger Tal. Vor einer Linkskurve schlendern wir rechts auf dem Höhenweg über Balderschwang. Im Sägebachtobel werden wir mit dem Anblick hoher Wasserfälle belohnt. Gleich danach geht es links auf einem durchwurzelten Steig steil nach Balderschwang zur **4 Kirche St. Anton** hinunter. Links von der Kirche am Friedhof entlang finden wir rechts vom Schullandheim St. Franziskus einen Gehweg, der abwärts zum **E Wanderparkplatz** zurückführt.

INFO

TOURENCHARAKTER

Alpwege mit starken Steigungen. Etwas schwieriger der Abstieg. Trittsicherheit und Bergschuhe mit Profilsohle sind erforderlich.

AUSGANGS-/ENDPUNKT

Wanderparkplatz, Dorf 84, 87538 Balderschwang, GPS 47°27‘47.5“N 10°06‘08.6“E (1015 m)

ANFAHRT

ÖPNV: Bahn bis Fischen, Bus 46 nach Balderschwang
Auto: Auf der A 980 Ausfahrt 3 Waltenhofen und auf der B 19 nach Balderschwang

GEHZEITEN

Wanderparkplatz – Riedbergstraße 0:25 Std. – Eibe 0:25 Std. – Alpe Oberbalderschwang 0:50 Std. – Kirche 1:10 Std. – Wanderparkplatz 0:10 Std.

EINKEHR

Gasthaus Jagdhütte Jägerwinkel, Wäldle 6, 87538 Balderschwang, Tel. 08328/221, www.hotel-kienle.de

INFORMATION

Tourismus Hörnerdörfer, Dorf 11, 87538 Balderschwang, Tel. 08328/10 56, www.balderschwang.de

Mittel	8,8 km	370 Hm	3.10 Std.

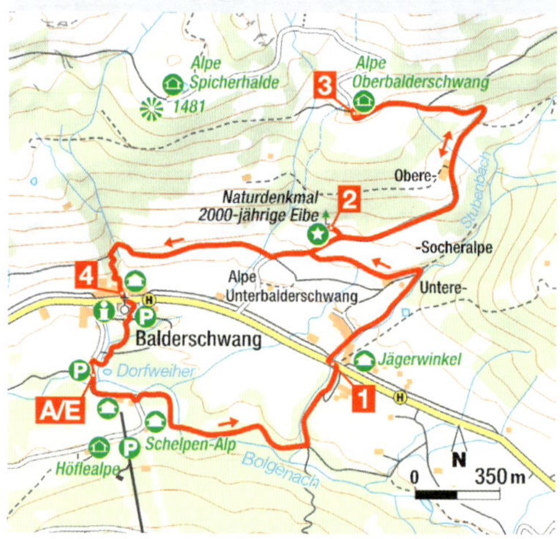

ALLES KÄSE

Ein Bild vom Allgäu im Kopf ohne Käse und ohne Kühe geht nicht zusammen. Die Tradition der hochalpinen Alpwirtschaft im Allgäu ist sogar in der Liste des bayerischen immateriellen Kulturerbes angeführt. Das heutige Allgäubild der von Mensch und Rind geschaffenen Kulturlandschaft und die landschaftliche Attraktivität sind auf die Milchwirtschaft zurückzuführen. Käse ist heute Kulturgut und Alleinstellungsmerkmal der Region. Allgäuer Emmentaler, Allgäuer Bergkäse, Sennalpkäse und der Allgäuer Weißlacker sind von der EU geschützte Marken. Sie sind Errungenschaften der Entwicklung vom Urkäse der Allgäuer Alpen bis zum heutigen Image der Käsequalität und -vielfalt.

In Dokumenten des Klosters St. Gallen wurde im Jahr 820 über die Lieferpflicht einer Alpe an die Landesherren berichtet. Römische Notizen erzählen von Käselieferungen aus dem damaligen Rätien (zu dem das heutige Allgäu gehörte) nach Rom. Im römischen *Cambodunum* (Kempten) soll ebenfalls Käse hergestellt worden sein. In bäuerlichen Käseküchen wurde im 12. Jahrhundert ein saurer Urkäse für den Eigenbedarf hergestellt. Aber erst ab dem Beginn des 19. Jahrhunderts gewann die Käseproduktion im Allgäu an Bedeutung und die Käselaibe wurden auf Flößen in der Iller bis nach Ulm gebracht und dort auf weiteren Wegen verbreitet. Ein Schweizer Senner, den ein Käsehändler ins Allgäu geholt hatte, soll 1821 in Weiler den ersten Allgäuer Emmentaler hergestellt haben. Zugleich wurde die Methode der Limburger-Produktion aus Belgien ins Allgäu gebracht. Gegen Ende des 19. Jahrhunderts und Anfang des 20. Jahrhunderts wurden Hunderte von Sennereien begründet. Der 1887 gegründete Milchwirtschaftliche Verein Allgäu sicherte die Qualität. Mitte des 20. Jahrhunderts wurden die meisten handwerklich betriebenen Sennereien wieder geschlossen, weil die industrielle Milchverarbeitung die Oberhand gewann.

Zum heutigen Allgäubild gehören die runden Käselaibe genauso wie das Allgäuer Braunvieh, das im Frühjahr auf die saftigen Bergwiesen getrieben wird. Wenn im September rund 30 000 geschmückte Rinder von den Bergweiden der Allgäuer Alpen auf die Viehscheidplätze im Tal zurückkehren, ist das ein Fest für die Sennerinnen, Senner, Hütebuben und Bauern und ein beeindruckendes Erlebnis für Touristen (www.allgaeu-viehscheid.de).

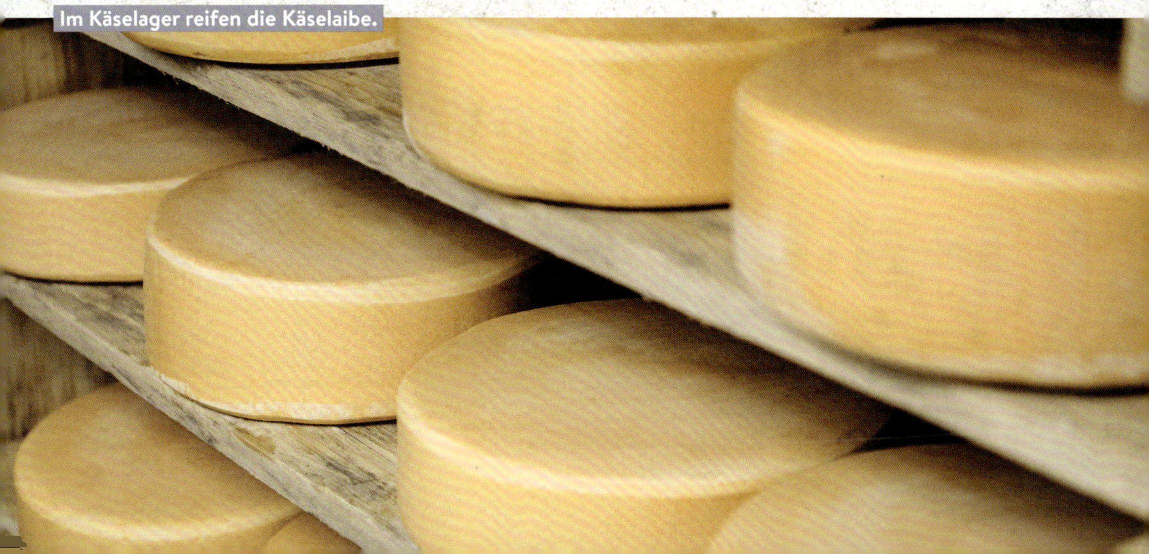

Im Käselager reifen die Käselaibe.

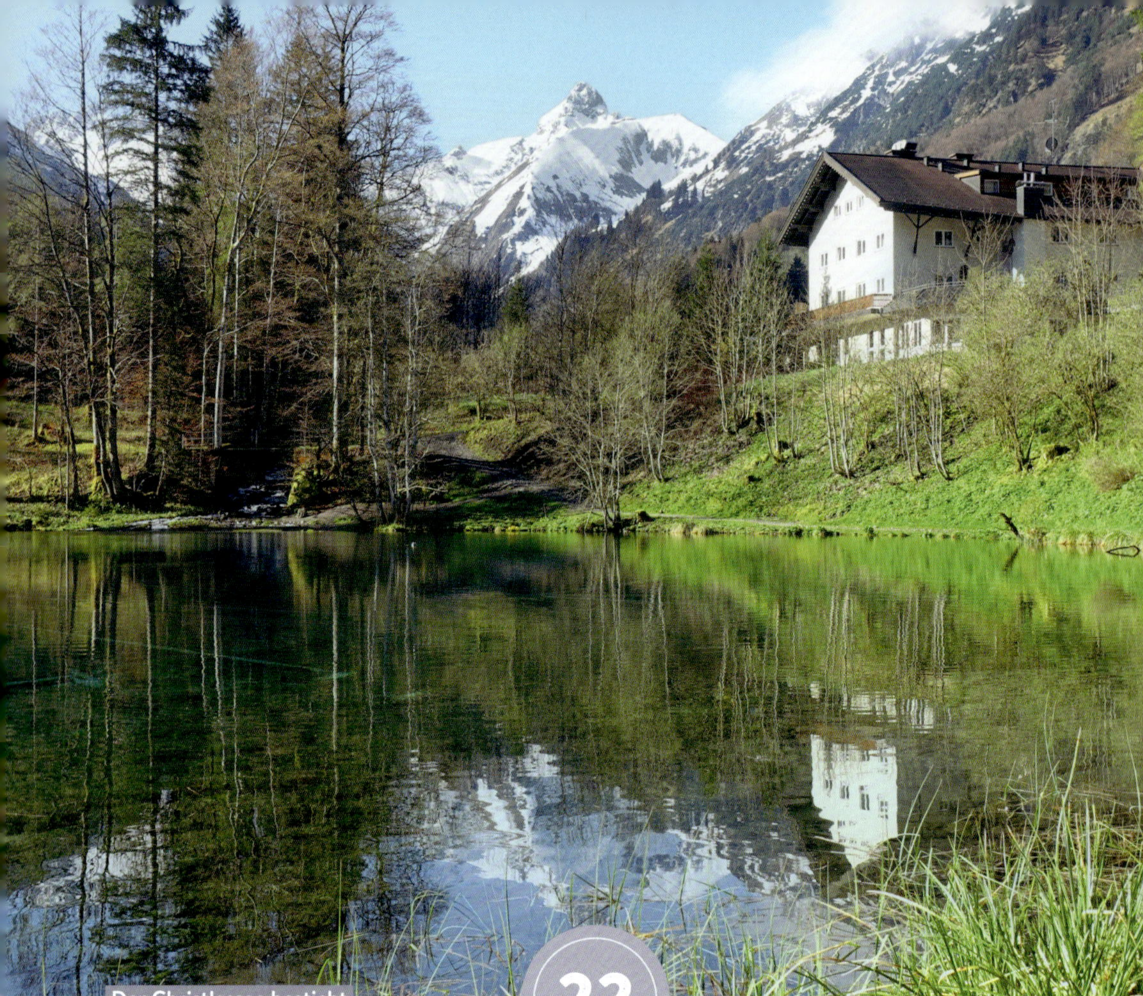

Der Christlessee besticht durch ein magisches Türkis.

22

Durch den Hölltobel nach Gerstruben

Ein Bergbauerndorf als Museum

Aus dem Touristenort Oberstdorf wandern wir vorbei am mystischen Christlessee, der im Trettachtal als blaugrünes Auge glänzt. Bevor es durch den Hölltobel wieder zu Tale geht, erfreut das Bergbauerndorf Gerstruben als Kulturgut, Sehenswürdigkeit und Aussichtsbalkon.

Das abgeschiedene Bergbauerndorf Gerstruben ist ein Kleinod in der herrlichen Berglandschaft, mit dem Berg Höfats im Hintergrund. Es besteht aus fünf Holzhäusern, die zwischen 400 und 500 Jahre alt sind. Die alten Ahornbäume und die urigen Häuser erstrahlen über dem Dietersbachtal und vor der Bergkulisse als einmaliger Fotopunkt.

ZUM CHRISTLESSEE Vom Parkplatz und der Bushaltestelle **A Renksteg** gehen wir zuerst nach Süden in den Wald hinein, überqueren auf dem Oberen Renksteg die Stillach und folgen ihr links flussaufwärts. Nach einem Kilometer geht es links auf der Langlauf- und Rollbahnrücke über den Gebirgsbach geradeaus bis zur Wiese. Wir umgehen die Wiese nach rechts und laufen dann links am Waldrand zum **1 Einstieg des Pfades** auf der rechten Seite. Ohne Markierung steigen wir auf dem Pfad aufwärts und an einer Kreuzung von Pfaden links hinauf. Durch die Bäume schauen wir links bis nach Oberstdorf. Auf der Lichtung Schloßwies bleiben wir geradeaus links an der unteren Hütte vorbei abwärts. Vor dem Golfplatz wandern wir auf der Straße rechts und an zwei Gabelungen rechts. Auf Höhe des Restaurants Christlessee können wir links neben dem Pfad hinab zum mystischen **2 Christlessee**. Der See besticht durch seine brillante Farbe und sein klares Wasser. Er wird durch unterseeische Quellen gespeist.

NACH GERSTRUBEN Wir gehen zurück zur Straße und schlendern jetzt am Restaurant Christlessee rechts vorbei über die Trettach, die dem Tal ihren Namen gibt. An der T-Kreuzung geht es rechts in Richtung Gerstruben über Rautweg. Eine Forststraße wird überquert und nach einer Bank müssen wir scharf links aufwärts. An einer Gabelung nehmen wir den rechten schmalen Pfad und auf der Alpe Raut den linken Weg Richtung Gerstruben Tobelweg. Bald können wir schon hinaufschauen zum Bergdorf Gerstruben. Doch zuerst müssen wir noch durch den Hölltobel und erreichen schließlich oben in Gerstruben nach rechts die **3 Marienkapelle**. Der Blick nach Osten geht in das einsame Dietersbachtal in herrlicher Bergland schaft mit dem Höfats im Hintergrund.

Tipp

IM BERGSCHAU-ZENTRUM

Im Oberstdorfer Alten Rathaus ist eines der vier Bergschau-Zentren des Allgäus untergebracht. Besucher erfahren Grundlegendes zu Geologie, Natur und Kultur in den Allgäuer Alpen. Die Zusammenhänge mit der Gletschergeschichte, die Lebensgemeinschaft von Pflanzen und Tieren und das Wirtschaften des Menschen im Gebirge werden aufgezeigt. Das Spannungsfeld zwischen Tourismus, Naturschutz, Alp- und Forstwirtschaft wird dargestellt (täglich 14–18 Uhr, Weststraße 1, 87561 Oberstdorf, Tel. 08322/959484, www.oberstdorf.de).

Blick vom Mumme Stüble zur Trettachspitze

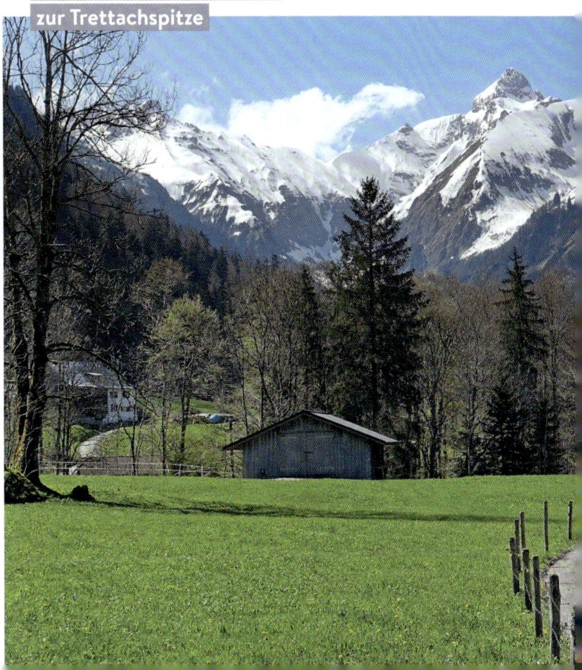

RÜCKWEG DURCH DEN HÖLLTOBEL

Nachdem wir das nette Ensemble der alten Holzhäuser auf uns haben einwirken lassen, laufen wir unterhalb vom Berggasthof links auf dem Sträßchen hinunter. In der zweiten Rechtskurve ist links der Einstieg in den Hölltobel.

Auf dem Felsensteig geht es mit Vorsicht nur langsam abwärts. Die Aussichtsplattform am hohen Wasserfall ist der beeindruckende Höhepunkt der Schlucht. Auf dem Talweg wandern wir am Mumme Stüble rechts und kommen am guten **4 Berggasthof Riefenkopf** vorbei. An der Brücke über die Trettach bleiben wir auf der rechten Seite des Baches und überqueren erst an der nächsten Brücke das Gewässer. Nun sind wir wieder auf dem Sträßchen am Golfplatz vorbei und bleiben jetzt auf dieser Straße bis zum Parkplatz am **E Renksteg**. Gut einen Kilometer vom Parkplatz entfernt lädt das Naturbad Freibergsee mit Bootsverleih und Gasthaus zum gelungenen Abschluss ein.

INFO

TOURENCHARAKTER

Schwere Felsensteige, die Trittsicherheit, Bergschuhe und etwas Schwindelfreiheit erfordern. Nicht bei Nässe gehen

AUSGANGS-/ENDPUNKT

Parkplatz Renksteg, 87561 Oberstdorf, GPS 47°23'14.8"N 10°16'50.1"E (825 m)

ANFAHRT

ÖPNV: Bahn bis Oberstdorf, Bus 7 nach Renksteg (www.brutscher-reisen.de)
Auto: Auf der A980 Ausfahrt 3 Waltenhofen und auf der B19 nach Oberstdorf

GEHZEITEN

Renksteg – Einstieg Pfad 0:20 Std. – Christlessee 1:05 Std. – Marienkapelle 1:05 Std. – Berggasthof Riefenkopf 0:40 Std. – Renksteg 0:50 Std.

EINKEHR

Berggasthof Gerstruben, Gerstruben 1, 87561 Oberstdorf, Tel. 08322/809 83 64, www.berggasthof-gerstruben.net

Schwer | 11,9 km | 420 Hm | 4.00 Std.

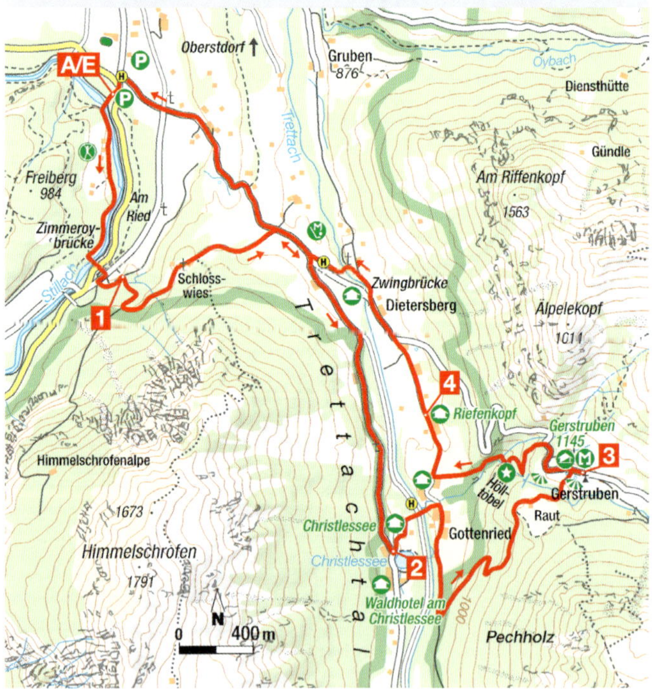

INFORMATION

Tourist-Information Oberstdorf, Bahnhofplatz 3, 87561 Oberstdorf, Tel. 08322/70 00, www.oberstdorf.de

IM BERGBAUERNDORF GERSTRUBEN

Im Zeitalter Mesolithikum (am Ende der letzten Eiszeit vor ca. 11 500 Jahren) waren bereits Menschen in den Allgäuer Alpen unterwegs. An diesem Wendepunkt wurden die Steinzeitmenschen sesshaft. Das Datum der Gründung der Bergbauernsiedlung Gerstruben ist nicht genau bekannt. Eine ungesicherte Überlieferung nennt das Jahr 893. Urkundlich ist eine Dauerbesiedelung von Gerstruben erst im Jahr 1361 nachweisbar.

Bis zur Mitte des 15. Jahrhunderts wanderten Familien aus dem Kleinwalsertal in Gerstruben zu. Die kleine Kapelle wurde im 17. Jahrhundert errichtet. Damals zählte das Dorf elf Gehöfte. Die Bauern lebten vom Flachs- und Gerstenanbau, was im Ortsnamen zum Ausdruck kommt. Mit Sicherheit war jedoch die Viehzucht der Haupterwerbszweig. 1806 kam Gerstruben zu Bayern und die Milchwirtschaft mit einer Sennerei hielt im Bergbauerndorf Einzug. Nach wie vor konnte Gerstruben nur auf der nicht befahrbaren Gerstruber Stiege erreicht werden. Daher bauten sich die Bewohner 1847 die heute noch funktionierende Sägemühle. Erst 1882 wurde mit dem Bau einer steilen Straße begonnen. 1892 kaufte eine Elektrizitätsgesellschaft die neun noch bestehenden Bauernhäuser auf, denn oberhalb des Hölltobels sollte ein Staudamm gebaut werden, der aber nie verwirklicht wurde. Zu diesem Zeitpunkt verließen alle Bewohner das Dorf und zogen ins Tal.

1896 kaufte ein Adeliger das gesamte Dietersbachtal mit Gerstruben und benutzte das Gebiet als Eigenjagd und das heute noch sogenannte »Baronehüs« als Sommerresidenz. Nach dem Tod seiner Söhne wurde das Tal 1953 an den Verein der Oberstdorfer Rechtler verkauft. Der Verein pflegt die Häuser als Museum und erhält damit diese besondere Allgäuer Kostbarkeit. Die damals abbruchreifen Häuser stehen heute unter Denkmalschutz und sind ein Geschichtsbuch der Bergbauernwirtschaft. In Gerstruben stehen noch fünf Häuser aus dem 15. und 16. Jahrhundert, die Kapelle aus dem 17. Jahrhundert und die Sägemühle aus dem 19. Jahrhundert. Das »Jakobe-Haus« ist als Museum ausgestattet und kann von Mai bis Oktober jeden Donnerstag von 13 bis 16 Uhr besichtigt werden. An diesem Tag fährt auch der Touristenzug Oberstdorfer Marktbähnle nach Gerstruben hinauf (www.gerstruben.de, www.marktbaehnle.de).

Das gesamte Bergdorf Gerstruben untersteht dem Denkmalschutz.

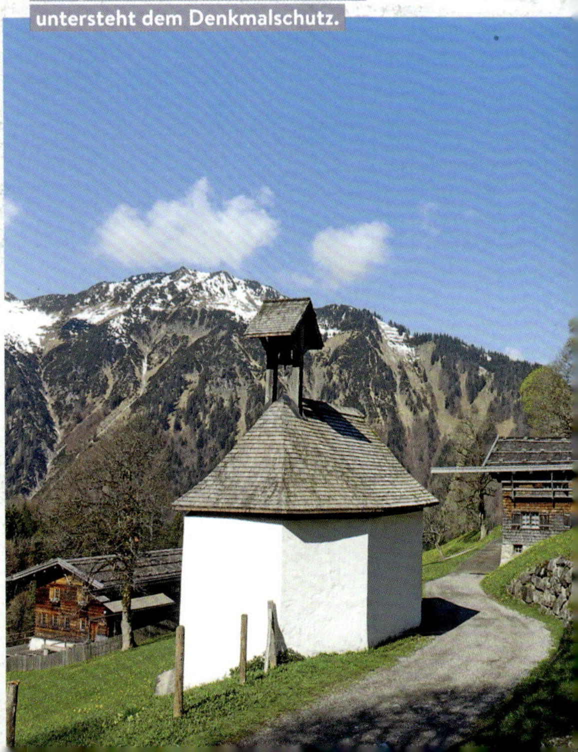

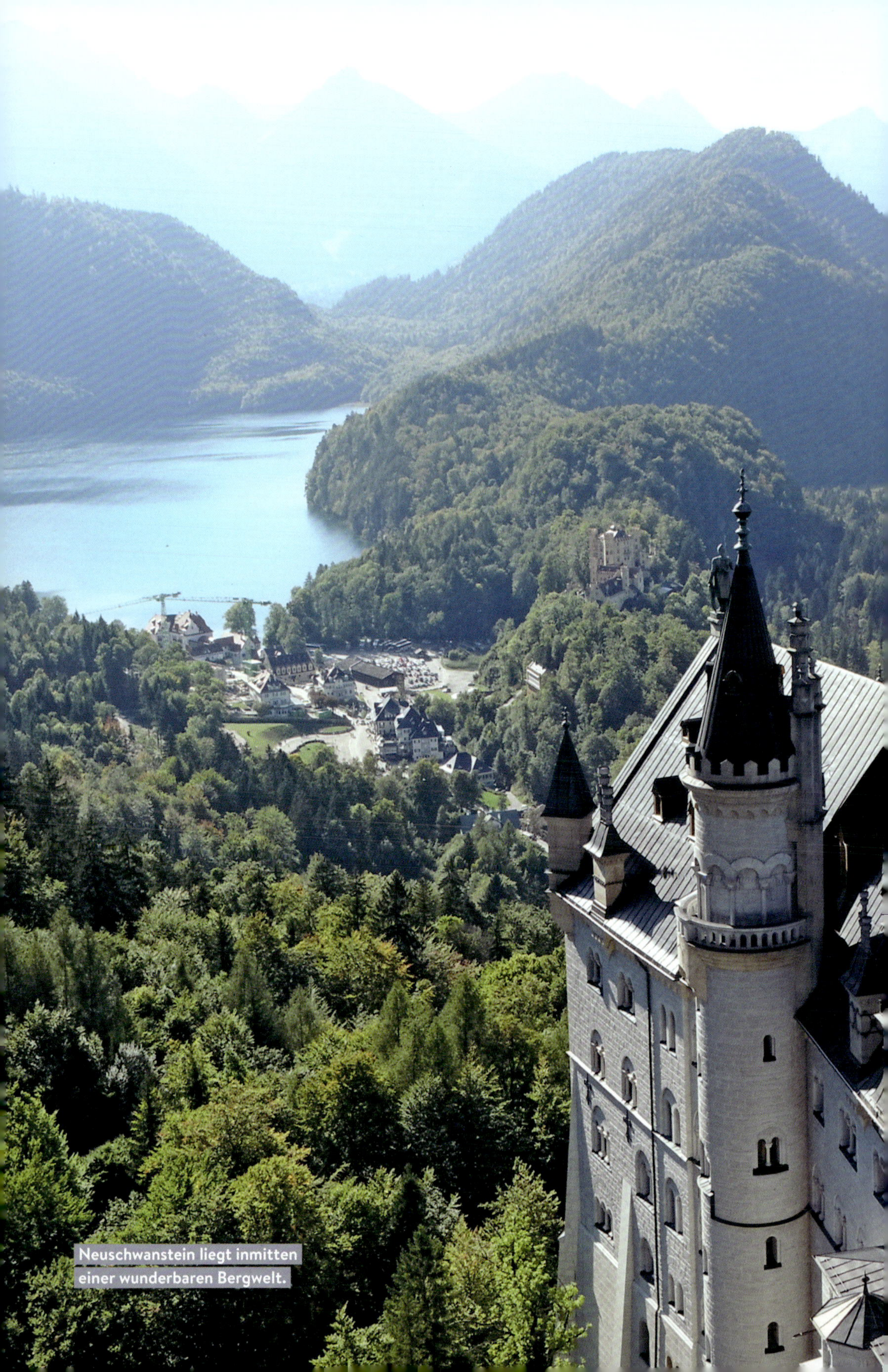

Neuschwanstein liegt inmitten einer wunderbaren Bergwelt.

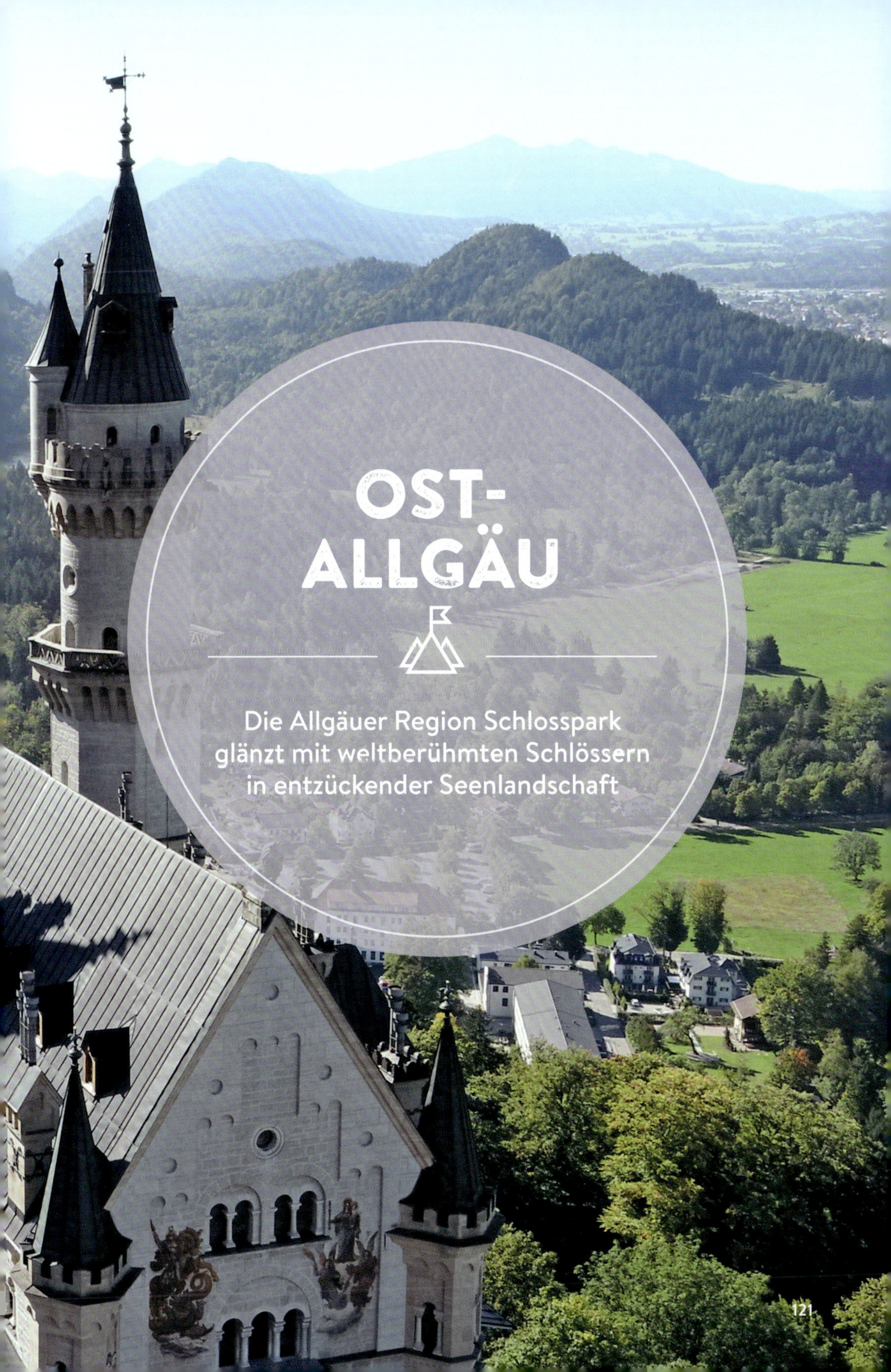

OST-ALLGÄU

Die Allgäuer Region Schlosspark glänzt mit weltberühmten Schlössern in entzückender Seenlandschaft

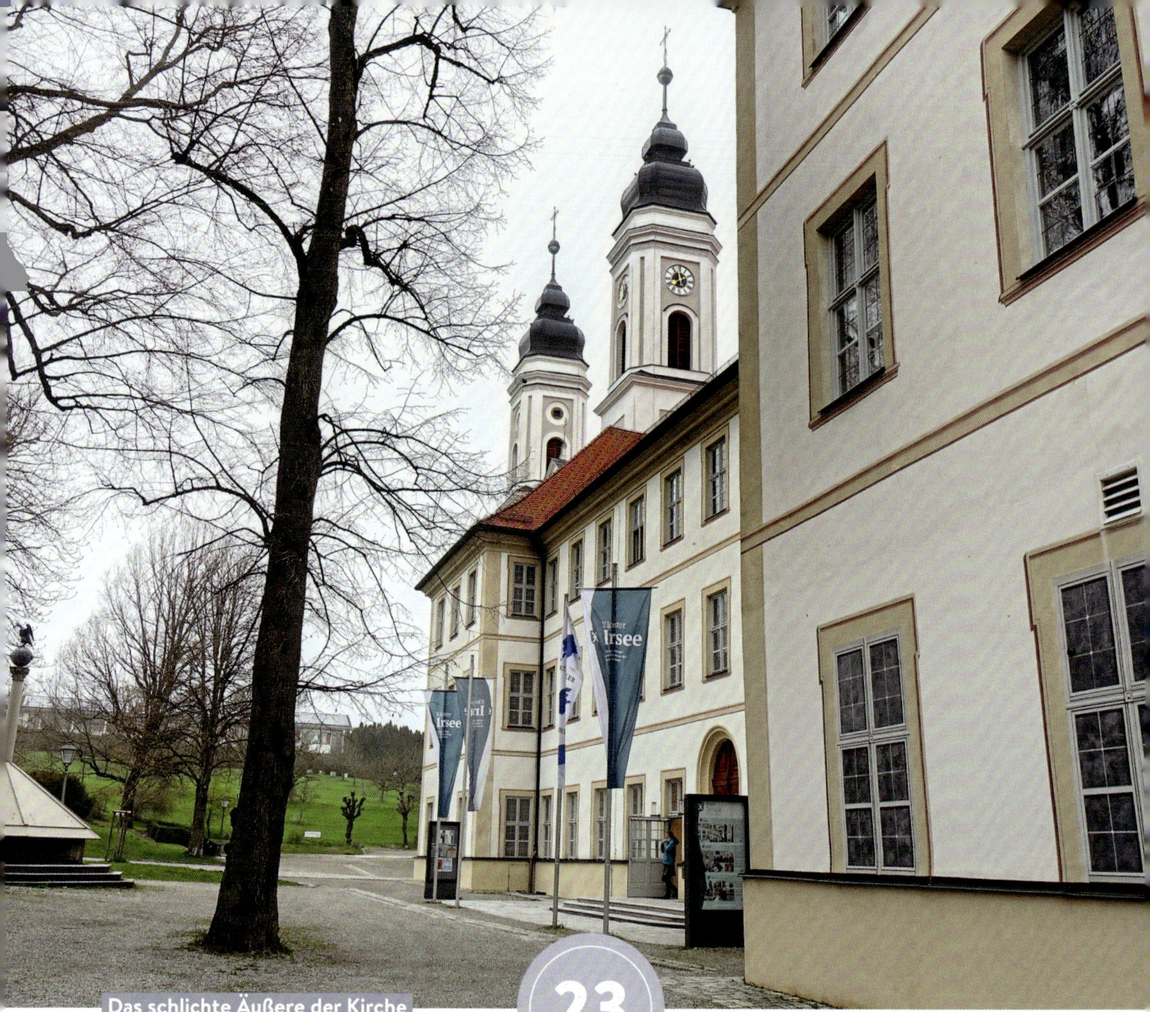

Das schlichte Äußere der Kirche wird vom Prunk des Innenraumes weit übertroffen.

23

Von der Abtei Irsee zum Römerturm

Kloster mit Brauerei und Museum

Die Wanderung vor den westlichen Toren Kaufbeurens führt durch Wälder, Wiesen und Felder des welligen Ostallgäus. Ein Abstecher zum Oggenrieder Weiher bei Irsee kann die Wanderung erfrischend unterbrechen und der Irseer Biomarkt bietet jeden Freitag beste Ware.

Das Kloster Irsee war einst Zentrum des Humanismus mit großer Ausstrahlung. Der Römerturm ist in Wirklichkeit Rest einer mittelalterlichen Burg aus dem 12. Jahrhundert. Das Schönste an ihm ist die Nutzung als Aussichtsturm.

ZUM RÖMERTURM Vom Parkplatz am Kloster in **A Irsee** steigen wir zum ehemaligen Kloster hinauf und umgehen das große Gebäude links zur barocken Klosterkirche Peter und Paul. Von der Kirche gelangen wir auf den Treppen zum Rathaus hinauf und wandern links auf der Marktstraße in Richtung St. Stephan aufwärts. Nach dem Haus mit der Nummer 18 steigen wir links auf der »Himmelsleiter« zur **1 Friedhofskirche** St. Stephan hinauf. Im Süden des Friedhofes gehen wir durch den Torbogen auf die Straße Oberes Dorf und an der Gabelung rechts auf der Hochstraße mit der Markierung des Crescentia-Pilgerweges weiter in Richtung Kleinkemnat. In den Wiesen müssen wir an zwei markanten Eichen links in Richtung Kleinkemnat. An einer Baumgruppe aus einer Linde und Fichte geht es rechts auf einem Feldweg weiter. An einer Gabelung nach einem ersten Hof in Kleinkemnat laufen wir links auf der Straße Am Kohlberg abwärts und wieder hinauf zur Kirche St. Stephan in **2 Kleinkemnat**. An der Kreuzung müssen wir rechts auf der Straße Am Schlossfeld aufwärts und geradeaus in die Sackgasse, die zu einem Feldweg wird. Am Waldrand geht es links und vor dem Tor auf einer Treppe hinunter und nach dem Tal wieder hinauf zum **3 Römerturm**. Die Burg Kemnat mit dem Bergfried wurde um 1185 erbaut. Der Turm hat also nicht wirklich etwas mit den Römern zu tun. Vom Bergfried zeigt sich ein breites Bergpanorama.

Tipp

IM BRAUEREIMUSEUM

Irsee liegt an der Allgäuer Bierstraße und das Irseer Bier repräsentiert die jahrhundertealte Brautradition. Neben dem Kloster Urtrunk braut der Irseer Klosterbräu die Sorten Urdunkel, Kloster-Starkbier und Urweiße. Vom Brauereimuseum aus kann man durch Glasscheiben direkt in das Sudhaus und in den Gärkeller der Brauerei hineinschauen. In der Ausstellung sind auch Gerätschaften aus den verschiedenen Epochen der Klosterbrauerei zu sehen. Zum Museumsbesuch gehört auf Wunsch eine Bierverkostung (www.irsee.com).

↓ Der sogenannte Römerturm ist ein mittelalterlicher Bau.

↘ Die Fatimakapelle erzählt von den Wundertaten der heiligen Crescentia.

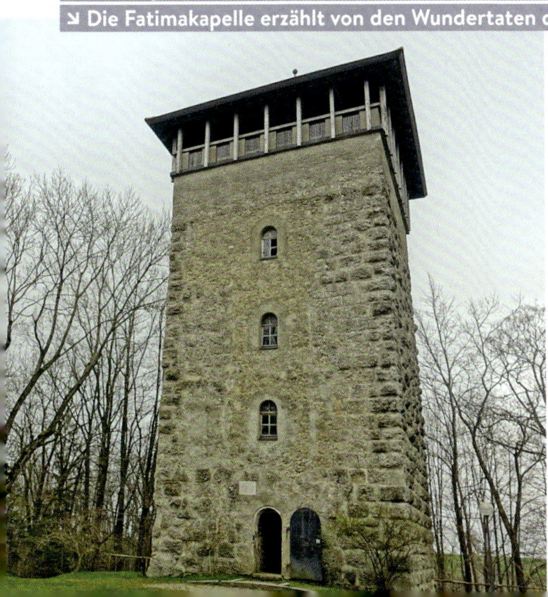

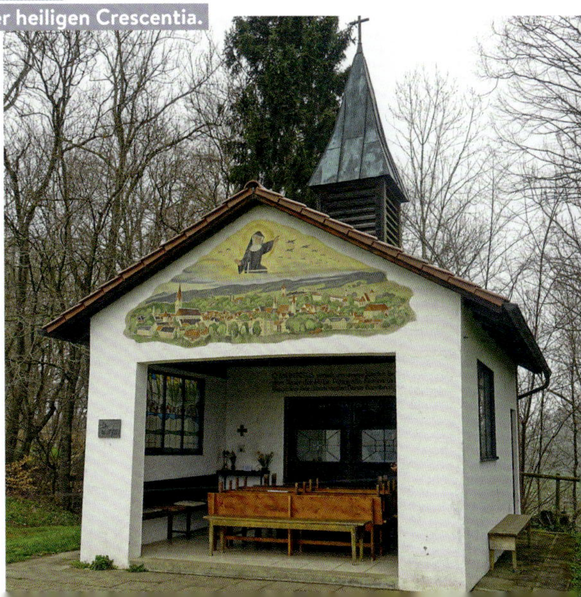

RÜCKWEG ÜBER BICKENRIED Auf der Zufahrtstraße verlassen wir das Burggelände und gehen an der Kreuzung links. Rechts schreiten wir vor dem Stadel über den Parkplatz und wandern links entlang der Geländekante in Richtung Kaufbeuren zur **4 Fatimakapelle**. Von der Kapelle besteht gute Aussicht über Kaufbeuren. Auf dem Crescentia-Pilgerweg bleiben wir an der Geländekante in Richtung Kaufbeuren. Auf der Straße müssen wir rechts und an der Kreuzung links hinab in Richtung Kleinkemnat. Vor dem Ortsschild folgen wir dem Waldweg rechts in Richtung Irsee abwärts und bleiben auf dem Pilgerweg immer geradeaus bis **5 Bickenried**. Nach dem Gut geht es über die Straße und auf der Treppe hinauf über die Wiesen. Wieder an der Baumgruppe aus einer Linde und Fichte vorbei kommen wir wieder zu den zwei markanten Eichen und wandern dort rechts. Am Feldkreuz vor den ersten Häusern gehen wir jetzt aber rechts bis zur Geländekante und links hinter den Häusern entlang. Schließlich geht es an einer Straße rechts zum Sommerkeller hinab und danach an der Kreuzung rechts mit der rot-weißen Markierung auf der Kellergasse abwärts, die zu einem Gehweg wird. Auf der Neuen Straße sind wir vor dem Klosterbräu mit seinem herrlichen Biergarten nahe dem Parkplatz am Kloster **E Irsee** zurück.

INFO

TOURENCHARAKTER
Leichte, sonnige Wege. Feste Schuhe mit griffigen Sohlen sind richtig.

AUSGANGS-/ENDPUNKT
Parkplatz Kloster Irsee, gegenüber Haus Am Staffel 2, 87660 Irsee,
GPS 47°54'34.7"N 10°34'36.2"E (715 m)

ANFAHRT
ÖPNV: Bahn bis Kaufbeuren, Bus 5 über Plärrer mit Bus 26 nach Irsee
Auto: Auf der A96 Ausfahrt 20 Bad Wörishofen und auf der St 2015 und B16 nach Irsee

GEHZEITEN
Kloster Irsee – Friedhofskirche 0:15 Std. – Kleinkemnat 0:45 Std. – Römerturm 0:20 Std. – Fatimakapelle 0:20 Std. – Bickenried 0:50 Std. – Kloster Irsee 0:50 Std.

EINKEHR
Irseer Klosterbräu,
Klosterring 1–3, 87660 Irsee, Tel. 08341/43 22 00,
www.irsee.com

INFORMATION
Markt Irsee, Meinrad-Spieß-Platz 1, 87660 Irsee,
Tel. 08341/2214,
www.irsee.de

Leicht	10,0 km	220 Hm	3.20 Std.

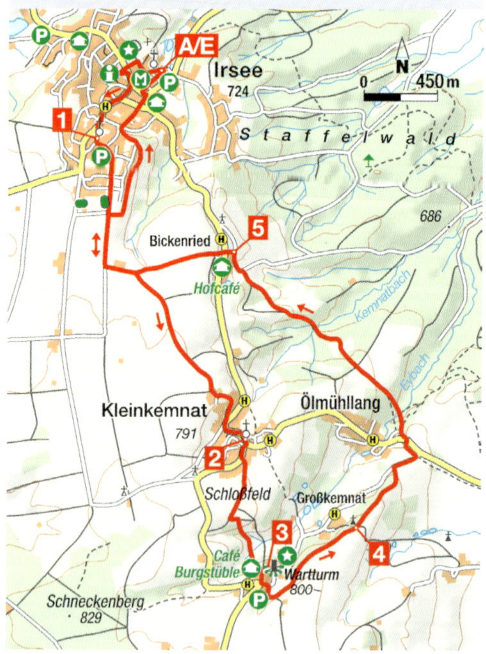

GESCHICHTE UM DAS KLOSTER IRSEE

Drei Kilometer nordöstlich von Irsee wurden in der Tongrube Hammerschmiede die Knochen des *Danuvius guggenmosi* gefunden. Er soll als Bindeglied von Mensch und Menschenaffe vor 12 Millionen Jahren gelebt haben (www.unimuseum.uni-tuebingen.de). Die erste urkundliche Erwähnung des Ortes *Ursin* ist im Jahr 982 nachweisbar. Die Herren von Ursin errichteten am Platz der heutigen Friedhofskirche St. Stephan eine Burg und stifteten im 12. Jahrhundert ein Kloster. 1180 war im Eiberger Wald eine Einsiedelei entstanden, die 1182 durch Besiedelung mit Benediktinermönchen zum Kloster wurde. Bald wurde die Abtei wegen fehlender Wasserversorgung an die heutige Stelle verlegt. 1186 war das Benediktinerkloster bereits eigenständig und wurde Ende des 15. Jahrhunderts zum geistigen und künstlerischen Zentrum. 1521 wurde es Reichskloster mit weitgehenden Rechten. Der Abt von Irsee hatte einen geachteten Sitz auf der schwäbischen Prälatenbank im Reichstag. Aufständische Bauern zerstörten 1525 das Kloster, das aber 1535 wiederaufgebaut wurde. Zu dieser Zeit zog der humanistische Geist der Renaissance ein, der die Würde des Menschen, Toleranz, Gewissens- und Gewaltfreiheit als Werte manifestierte.

Die heute existierenden Klostergebäude und die Abteikirche wurden Anfang des18. Jahrhunderts erbaut. Der sehr junge Stuckateur Joseph Schmuzer aus der Wessobrunner Schule verwirklichte in der Kirche seine ersten eigenen Entwürfe. Er wurde später zum berühmten Barockbaumeister. Eine ausgefallene Besonderheit der Kirchenausstattung ist die Kanzel in Form eines Schiffsbuges samt Takelage, Segel und Engelsfiguren als Matrosen. Das 18. Jahrhundert brachte auch eine gewisse Blütezeit der Wissenschaften, der Philosophie, Theologie und Musik im Kloster hervor. Die Mönche standen im Kontakt mit der Benediktineruniversität Salzburg, Weihenstephan in Freising und Kremsmünster. Kloster und Reichsabtei Irsee wurden im Zuge der Säkularisation im Jahr 1802 aufgelöst. Aus der Abteikirche wurde 1804 die Pfarrkirche des Ortes Irsee, und in die Klostergebäude zogen Behörden ein. 1832 wurde im Kloster eine Kreisirrenanstalt eingerichtet, in der zwischen 1939 und 1945 gemäß dem NS-Euthanasie-Gesetz 2000 Patienten umgebracht wurden. Heute bildet das Schwäbische Tagungs- und Bildungszentrum im Kloster ein überregional bedeutendes Forum wirtschaftlicher, wissenschaftlicher, politischer und kultureller Kommunikation.

Eine Besonderheit ist die Kanzel in Form eines Schiffsbuges.

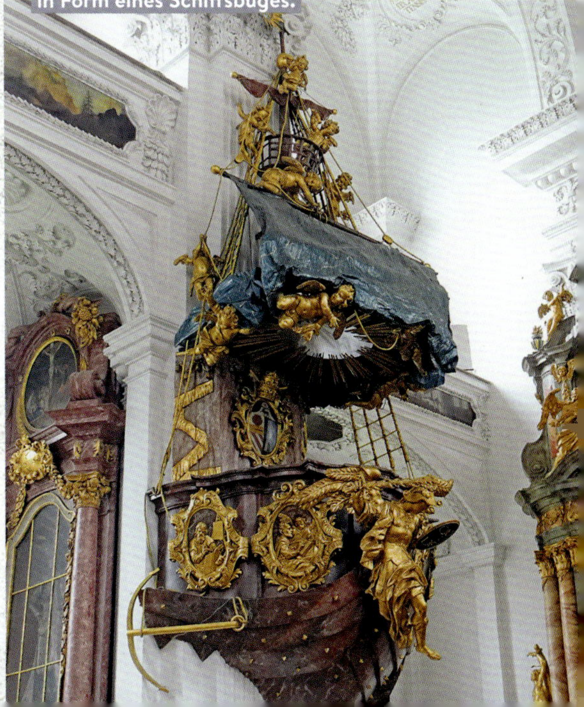

Auf der Via Claudia bei Lechbruck

Am Lech zum Schmutterweiher

Das Flößerdorf Lechbruck hat eine lange Geschichte. Der türkisblaue Lech war einst Segen und Fluch. Heute ist der Erholungsort in wunderschöner Lage auf den Tourismus ausgerichtet. Der Badeplatz am stillen Schmutterweiher ist eine willkommene Erfrischung auf der Wanderung.

24

Blick von der Lechbrücke auf Lechbruck

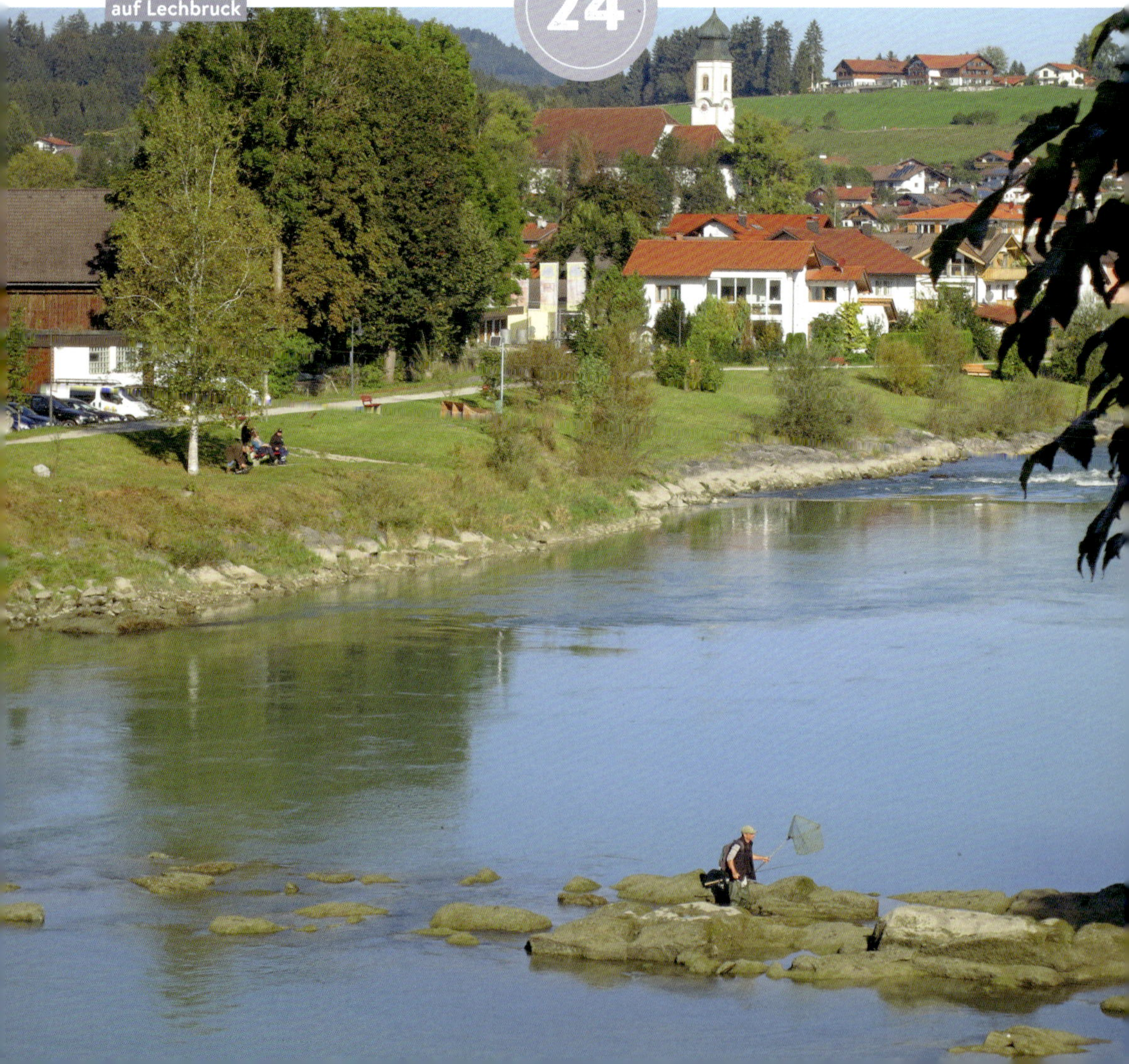

Das heitere Dorf Lechbruck ist voller Leben, Brauchtum und Tradition, umrahmt von der Ostallgäuer Landschaft aus Wiesen, Bergpanorama, Fluss und Seen. Kalk und das Mineral Magnesiumcarbonat schenken dem Wasser seine türkisblaue Farbe.

AM LECH ZUR STAUSTUFE PREM Vom Parkplatz am A **Friedhof** beginnen wir die Wanderung auf der Bahnhofstraße abwärts nach Osten und laufen am Ende der Straße halb rechts über den Parkplatz an der Touristinformation. Hinter dem Gebäude folgen wir dem Gehweg rechts flussaufwärts an der großen Schwelle im Lech vorbei. Der Gehweg endet an der Flößerstraße, und wir können links auf der 1 **Lechbrücke** den Fluss überqueren. 40 Meter nach der Brücke geht es rechts auf einem Pfad hinunter zum Lech. Wir sind nun auf dem Lechuferweg und bleiben immer so nah wie möglich am Fluss Richtung Süden. An einer Staustufe wandern wir über das Betriebsgelände eines Sägewerkes. Weiter geht es mit Blick in die Berge vorbei an einem Tennisplatz und am Wirtshaus in der Lechaue. Nach dem Parkplatz steigen wir rechts auf den Damm und überqueren auf der 2 **Staustufe Prem** den Lech.

ZUM SCHMUTTERWEIHER Am Ende des Staudammes gehen wir vor den Häusern von Helmenstein links in Richtung Riesen und durchqueren das winzige Dorf. Am Biobauernhof Epp bleiben wir an der Kreuzung mit dreieckiger Grasfläche und 3 **Feldkreuz** in der Mitte geradeaus auf dem Feldweg. Durch Wiesen und Wald wandern wir bald in Sichtweite des Schmutterweihers an einer Weggabelung links am Ufer entlang zum romantischen 4 **Badeplatz**.

RÜCKWEG AUF DER VIA CLAUDIA AUGUSTA Vor der Bootsanlegestelle geht es rechts auf dem Waldpfad in Richtung Sameister über einen Parkplatz. An der Kreuzung schwenken wir rechts auf den Geh- und Radweg Via Claudia Augusta ein, der fast schnurgerade auf der alten Römerstraße und auf der ehemaligen Trasse der Eisenbahnlinie in

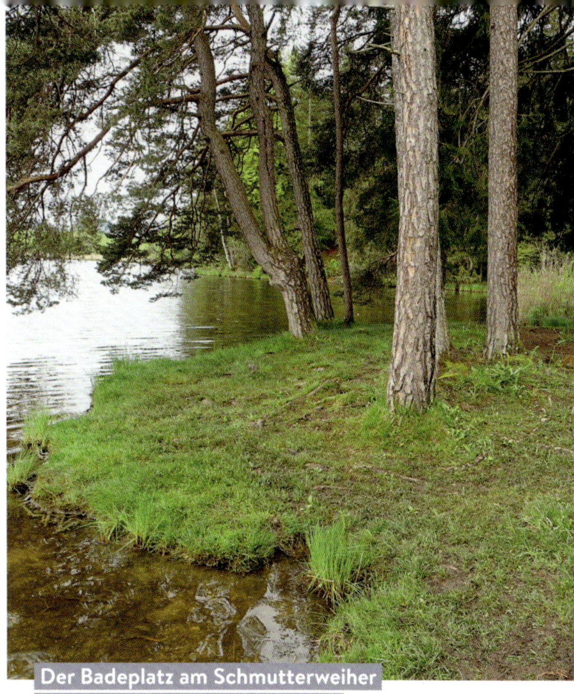

Der Badeplatz am Schmutterweiher lädt zum Sprung ins Wasser ein.

Tipp

IM FLÖSSERMUSEUM

Im ehemaligen Haus einer Flößerfamilie aus dem 17. Jahrhundert können die Besucher in die spannende Welt der Flößer eintauchen. Das Museum vermittelt einen geschichtlichen Überblick über die Flößerei und das Leben im Flößerdorf Lechbruck. Eine detailgetreue Ausstattung, Werkzeuge und lebensechte Darstellungen unterstreichen das Ziel. Das Floßgewerbe war ein bedeutender Wirtschaftsfaktor und für das ganze Dorf Lebensgrundlage (Weidach 8–10, 86983 Lechbruck am See, Tel. 08862/98 78 30, www.floesser-lechbruck.de).

Richtung Lechbruck verläuft. Links sehen wir in einiger Entfernung die kleine Ansiedlung Sameister, die bereits im Jahr 1287 erstmals urkundlich erwähnt wurde. Ab 1596 bestand in Sameister eine Taxis-Poststation der Kaiserlichen Reichspost. 1639 kaufte Balthasar Herkomer das Taferngut, Vater von Johann Jakob Herkomer, der ein berühmter Barockbaumeister wurde. Die Kapelle Mariä Sieben Schmerzen in Sameister wurde ebenso wie die Kirche St. Mang in Füssen von ihm erbaut und mit Stuck und Fresken ausgestattet. Die Kapelle gilt als einzigartiges Frühwerk des italienischen Barocks. Nach einem Kilometer sehen wir links die Kirche St. Wendelin aus dem 17. Jahrhundert, zu der jährlich der Wendelinsritt stattfindet. Schließlich queren wir in der **5 Unterführung** die Füssener Straße (St 2059). Schon von Weitem grüßt der Turm der frühklassizistischen Kirche Mariä Heimsuchung aus dem Jahr 1786 in Lechbruck. An den ersten Häusern nach links versetzt laufen wir genau auf der Bahnhofsstraße ein, an der unser Parkplatz am **E Friedhof** liegt.

INFO

TOURENCHARAKTER
Leichte, sonnige Wege. Feste Schuhe mit griffigen Sohlen sind richtig.

AUSGANGS-/ENDPUNKT
Parkplatz Friedhof, Bahnhofstraße 15, 86983 Lechbruck am See, GPS 47°41'53.7"N 10°47'38.6"E (735 m)

ANFAHRT
ÖPNV: Bahn bis Marktoberdorf, Bus 53 nach Lechbruck am See
Auto: Auf der A 7 Ausfahrt 138 Nesselwang und über Seeg nach Lechbruck am See

GEHZEITEN
Friedhof – Lechbrücke 0:15 Std. – Staustufe Prem 1:00 Std. – Feldkreuz 0:45 Std. – Badeplatz 0:35 Std. – Unterführung 0:45 Std. – Friedhof 0:30 Std.

EINKEHR
Gasthof Holler, Bahnhofstraße 10, 86983 Lechbruck am See, Tel. 08862/8557, www.gasthof-holler.de

INFORMATION
Tourist-Information Lechbruck am See, Flößerstraße 1, 86983 Lechbruck am See, Tel. 08862/987830, www.lechbruck.de

Leicht | 13,0 km | 120 Hm | 3.50 Std.

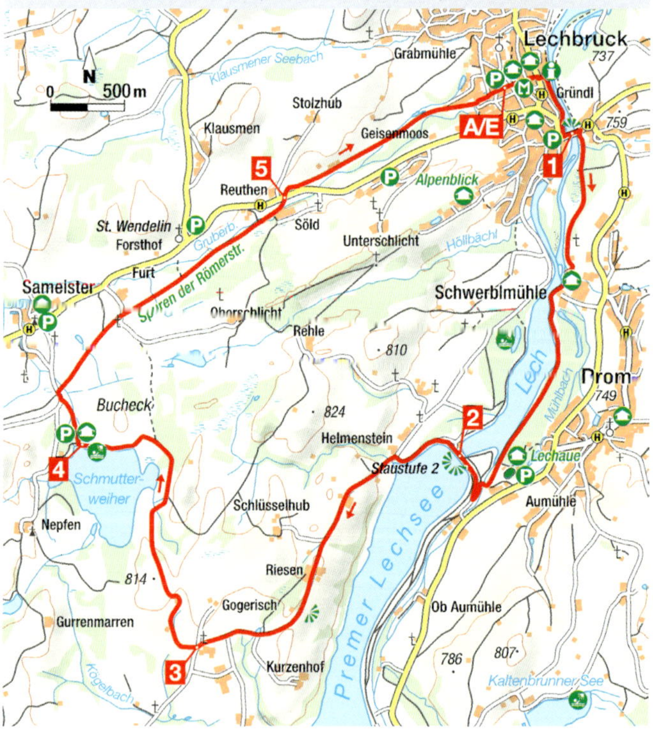

LECHBRUCKER GESCHICHTE

Der Auerberg, ein paar Kilometer nordwestlich von Lechbruck, war schon in der Jungsteinzeit (ca. 2500 Jahre v. Chr.) besiedelt. Um ca. 1200 bis 1000 v. Chr. siedelten sich Illyrer aus dem Balkan an. Beginnend mit dem 8. Jahrhundert wanderten keltische Stämme aus dem Osten in den Voralpenraum ein und brachten die Technik der Eisenverhüttung mit. Die Kelten benutzten bereits die Handelslinien, auf denen später die Römer ihre Straßen bauten. Der römische Kaiser Augustus eroberte im Jahre 15 v. Chr. das nördliche Voralpengebiet und nannte es Raetia. Zur Erschließung des Gebietes begann zu dieser Zeit der römische Straßenbau von der Adria über die Alpen bis an die Donau. Kaiser Claudius ließ bis 54 n. Chr. die Via Claudia Augusta ausbauen und nannte sie nach seinem Vater. Von besonderer Bedeutung war die Straße für die römische Reichspost und als Transferlinie der Kultur und des Wissens zwischen den Völkern. Entlang der Straße wurden *Mansiones* als Gasthäuser und Pferdewechselstationen gebaut, aus denen sich im Laufe der Zeit vielfach Dörfer und Städte entwickelten. Die Via Claudia Augusta führte ab 20 n. Chr. durch das heutige Lechbruck und prägt bis heute den Ort. Teile der Trasse sind in der Landschaft noch immer sichtbar. Heute wird durch die Radroute Via Claudia Augusta der uralte Kultur- und Handelsweg des Römischen Reiches wieder lebendig.

1316 wurde das erste Mal ein *Hof ze Lech* urkundlich genannt. 1398 wurde dann *Lechbrug* erwähnt. Zu dieser Zeit waren also die Orte Lech und Brug bereits vereint. Der französische Philosoph und Politiker Michel de Montaigne reiste 1580 von Bordeaux nach Kempten und Füssen und auf dem Floß über Schongau nach Augsburg und passierte dabei Lechbruck. Der Ort gewann eine lange Tradition als Flößerdorf. Die Lechbrucker Flößer brachten bis 1819 Holz, Steine, Kalk, Holzkohle und Käse bis nach Augsburg und auf der Donau bis nach Wien, Budapest und Belgrad. Die Regulierung des Lechs und der Bau der Eisenbahn brachten das Gewerbe zum Erliegen. Die Brücke bei Lechbruck wurde immer wieder durch starke Hochwasser weggerissen und erneuert. Besonders 1879 wälzte sich schmutzig graues Wasser als mächtiger Strom durch das Tal. Der Lech ist heute gebändigt und Lechbruck hat sich erfolgreich dem Tourismus zugewandt.

Blick von der Lechbrücke in den türkisblauen Fluss

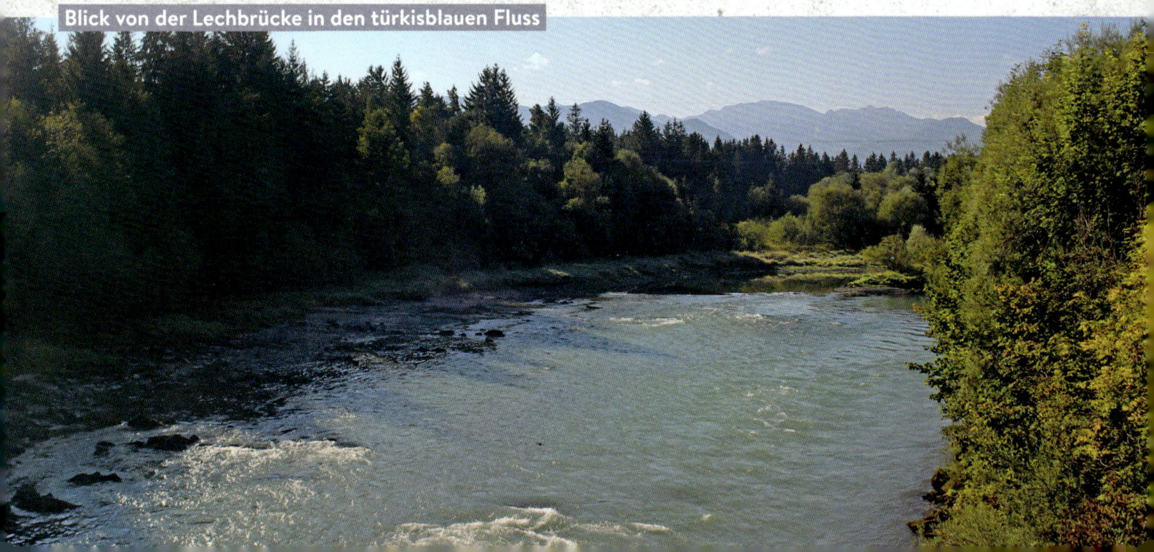

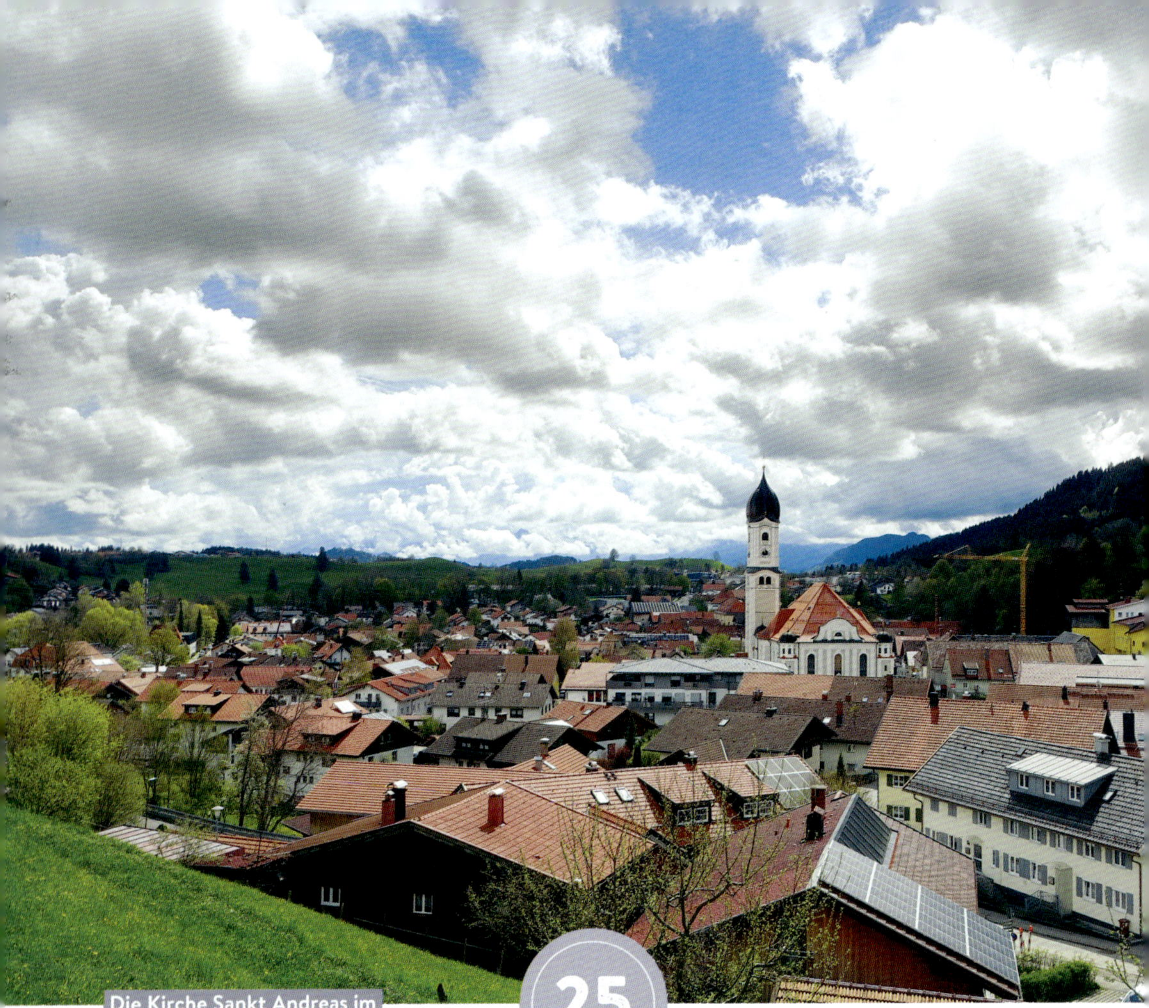

Die Kirche Sankt Andreas im Neorokokostil wacht über Nesselwang.

25

Zu Nesselwanger Kraftorten

Wasserfall und Wallfahrtskirche

Einige begeben sich auf den Wasserfallweg, um an den Energieorten über Nesselwang Ruhe und Stärke zu finden. Wir steigen von Nesselwang an den rauschenden Wassern aufwärts, an der Ruine der Nesselburg vorbei. Von der Wallfahrtskapelle Maria Trost geht es auf dem Kreuzweg wieder abwärts.

In der Einkaufsstadt Nesselwang pulsiert das Leben, und die zahlreichen Touristen finden allerlei Zerstreuung. In der Umgebung stehen Burgen über glitzernden Seen, und Wanderer finden Zeit für sich selbst und für die üppige Natur. In jeder Richtung kann man eine Wanderung in einer urigen Hütte oder gemütlichen Einkehr ausklingen lassen.

ZUR NESSELBURG Vom Parkplatz an der **A Alpspitzbahn** in Nesselwang wandern wir nach Osten und biegen an dem großen Hotel rechts in den Gehweg Maria-Trost-Allee ein. Auf einer hölzernen **1 Brücke** überqueren wir das Schloßbächel und steigen rechts aufwärts in den Wasserfallweg ein. Am Beginn einer sehr langen eisernen Treppe ist die ganze Pracht des großen **2 Wasserfalles** zu bewundern. Weiter oben überqueren wir den Bach und machen an der T-Kreuzung nach links einen Abstecher in Richtung Nesselburg. Vorerst bleiben wir an einem Wegweiser geradeaus und steigen erst an dem Schild »Keinen Abfall in der Natur zurücklassen« rechts auf dem steilen Pfad hinauf zur Ruine der **3 Nesselburg**. Die Burg wurde wahrscheinlich im 13. Jahrhundert von den Herren von Rettenberg erbaut und brannte in den Bauernaufständen 1595 ab.

Tipp

BEIM GLASER

Das alte Fachwerkhaus eines Glasers aus dem Jahr 1807 ist in der Stube, in den Kammern und der Glaserwerkstatt mit Mobiliar und Werkzeugen dieser Zeit ausgestattet. Im Heimathaus »Beim Glaser« wird auch eine Schreiner- und Schusterwerkstatt gezeigt. Besucher begeben sich auf eine historische Reise in das Leben eines »Söldners«. Das war seinerzeit ein Handwerker, der noch eine »Sölde« (kleine Landwirtschaft) betrieb (Füssener Straße 13, 87484 Nesselwang, Tel. 08361/92 30 40, jeden Mittwoch 16–18 Uhr und jeden 1. Sonntag im Monat 14–17 Uhr, www.nesselwang.de).

↓ Am Wasserfallweg gibt es viele Kaskaden.

↘ Die Entstehung der Wallfahrt Maria Trost ist eine spannende Geschichte.

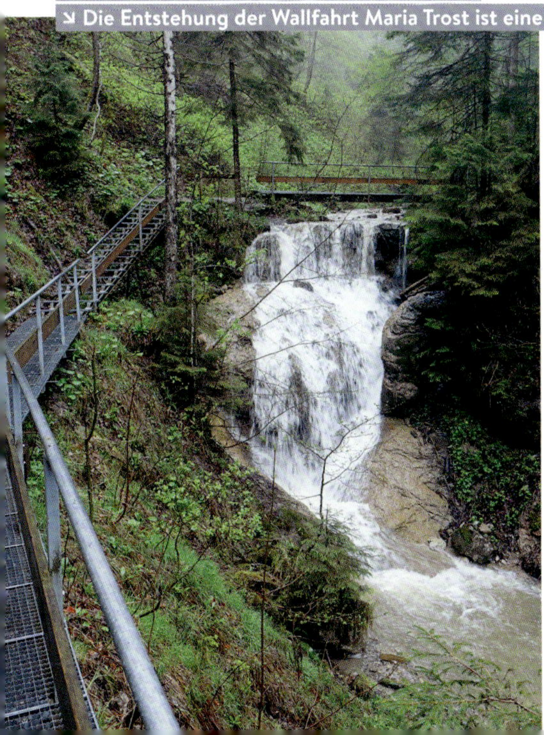

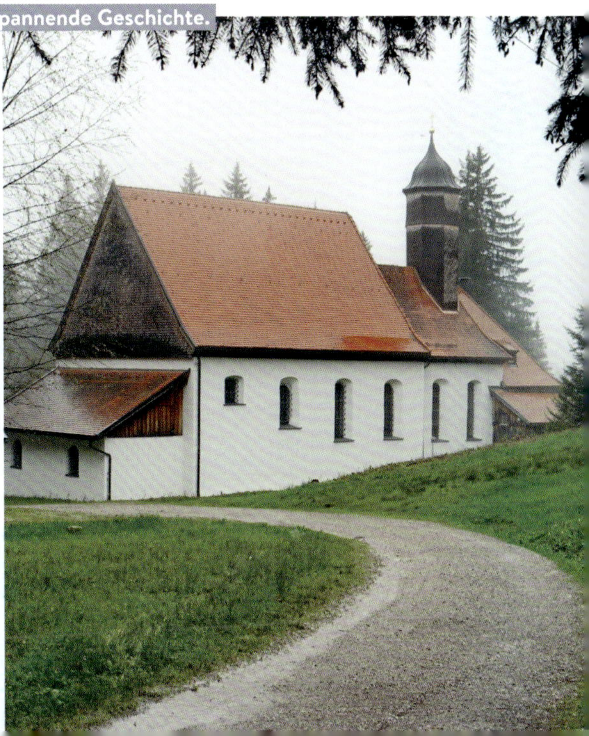

ZUR WALLFAHRTSKAPELLE MARIA TROST

Wir gehen zurück und jetzt an der T-Kreuzung auf dem Wasserfallweg geradeaus weiter. Am Weg rauschen weitere Wasserfälle im Tobel. An einem Wegweiser müssen wir links in Richtung Untere Alm. An der **4 Unteren Alm** folgen wir dem Wegweiser nach rechts in Richtung Maria Trost. Nach einer größeren Weidefläche wandern wir am Waldrand auf einer Forststraße rechts und kommen nach einer Gabelung links zur berühmtesten Wallfahrtskapelle des Allgäus, **5 Maria Trost**, die 1725 erbaut wurde. Schon vorher gab es eine erste Kirche und davor eine Einsiedelei. Das Gnadenbild der Muttergottes überstand auf wundersame Weise unversehrt einen Brand und zog viele Pilger auf den Berg. Im Innern befinden sich viele Votivbilder an den Wänden. Das heutige Bild im barocken Hochaltar ist eine Kopie, denn das Original hängt in Maria Plain bei Salzburg. Im Mai findet eine Trachtenwallfahrt nach Maria Trost statt. Das kleine Heft aus der Kirche St. Andreas in Nesselwang zur Entstehung der Wallfahrt Maria Trost liest sich wie ein spannender Roman. Die Linde vor der Kapelle ist über 350 Jahre alt und damit älter als die jetzige Kirche. Von der alten Linde geht es jetzt auf dem Kreuzweg und Wallfahrerweg entlang der Kreuzwegstationen nur noch abwärts in Richtung Nesselwang und Parkplatz Alpspitzbahn und ganz unten auf der **1 Brücke** wieder über das Schloßbächel. Auf dem Gehweg Maria-Trost-Allee kommen wir zum Parkplatz an der **E Alpspitzbahn** zurück.

INFO

TOURENCHARAKTER

Steile, stark durchwurzelte Wege. Trittsicherheit und Bergschuhe mit griffigen Sohlen sind nötig.

AUSGANGS-/ENDPUNKT

Parkplatz Alpspitzbahn, An der Riese 33, 87484 Nesselwang, GPS 47°37'08.2"N 10°29'51.6"E (895 m)

ANFAHRT

ÖPNV: Bahn bis Nesselwang
Auto: Auf der A 7 Ausfahrt 137 Oy-Mittelberg und auf der B 310 und B 309 nach Nesselwang

GEHZEITEN

Alpspitzbahn – Brücke 0:15 Std. – Wasserfall 0:10 Std. – Nesselburg 0:15 Std. – Untere Alm 0:35 Std. – Maria Trost 0:15 Std. – Brücke 0:20 Std. – Alpspitzbahn 0:10 Std.

EINKEHR

Brauerei-Gasthof Hotel Post, Hauptstraße 25, 87484 Nesselwang, Tel. 08361/309 10, www.hotel-post-nesselwang.de

Mittel | 5,4 km | 280 Hm | 2.00 Std.

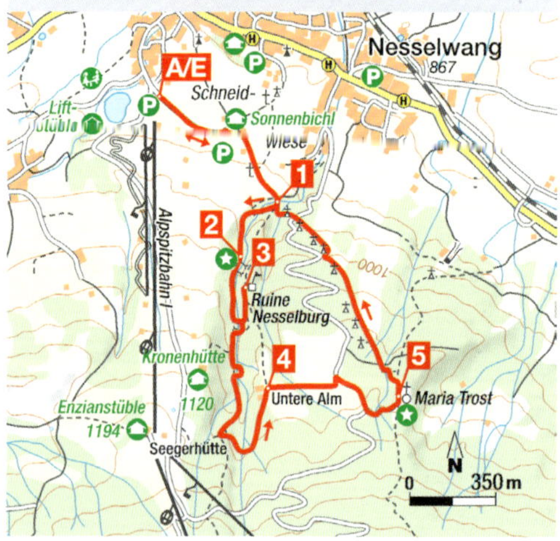

INFORMATION

Tourist-Information Nesselwang, Hauptstraße 20, 87484 Nesselwang, Tel. 08361/92 30 40, www.nesselwang.de

NESSELWANGER GESCHICHTE

Bereits um das Jahr 500 v. Chr. war das Nesselwanger Gebiet von Kelten besiedelt. Der römische Kaiser Augustus eroberte im Jahre 15 v. Chr. das nördliche Voralpengebiet bis zur Donau und nannte die Provinz Raetia. In der Folge wurde die Römerstraße Via Claudia Augusta als Hauptverkehrsader über die Alpen ausgebaut. Sie führte von Verona über den Reschenpass und über den Fernpass an Füssen vorbei nach Augsburg. Später legten die Römer eine Verbindungsstraße über Vils und Nesselwang nach *Cambodunum* (Kempten) an, worauf die Via Claudia Augusta zum Teil an Bedeutung verlor. Im Jahr 488 zogen sich die letzten Römer aus dem Voralpengebiet zurück. Im 8. Jahrhundert soll der Wandermönch Magnus, Apostel des Allgäus, an Nesselwang vorbeigekommen sein und dort eine Zelle errichtet haben. Die Bewohner waren damals heidnische Alemannen und unterstanden einem ostfränkischen Königshof. Das Land zwischen Nesselwang und Füssen wurde 1310 an den Bischof von Augsburg verpfändet und blieb bis zur Säkularisation beim Hochstift Augsburg. Die Nesselburg über dem Ort war bereits im 11. Jahrhundert erbaut worden und wurde nach den Freiherren von Rettenberg im Jahr 1425 von einem Vogt der Augsburger Bischöfe besetzt. 1429 erhielt Nesselwang von König Sigismund das Marktrecht, wodurch die bischöflichen Landesherren Marktsteuern und Zölle kassieren konnten. Seit 1582 trägt Nesselwang ein eigenes Wappen. Die Farben Rot und Weiß im Grund sind die Farben des Hochstiftes Augsburg und die drei Berge sind ein Zeichen der Rettenberger Herren. Die drei Nesseln nehmen auf den Ortsnamen Bezug. Mit dem Wappen erlangte der Ort Einnahmen aus dem Siegelgeld bei urkundlichen Vorgängen. Die Nesselburg brannte 1595 ab und die bischöfliche Regierung bezog 1601 ein Amtshaus in Nesselwang. Offenbar wurde das heutige Nesselwang noch im 18. Jahrhundert als Großnesselwang bezeichnet und das heutige Nesselwängle in den Tannheimer Bergen als Kleinnesselwang. Nach der Säkularisation kam Nesselwang im Jahr 1803 an Bayern. Nach dem Zweiten Weltkrieg entwickelte sich Nesselwang zu einem Fremdenverkehrsort und wird von Besuchern im Sommer und im Winter gut frequentiert.

Die Ruine der Nesselburg ist dem Verfall preisgegeben.

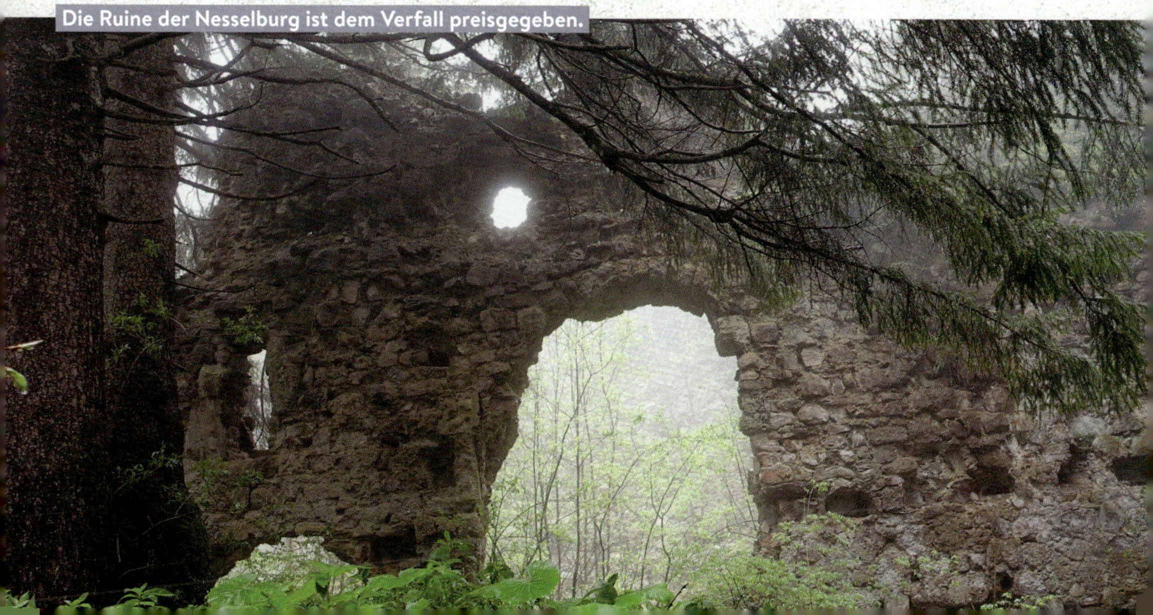

Um Burg Eisenberg und Hohenfreyberg

Zwei Ruinen mit toller Aussicht

Die Burgruinen Eisenberg und Hohenfreyberg grüßen weit rundum in das Allgäuer Alpenvorland und sind ihrerseits vortreffliche Aussichtskanzeln, die das breite Panorama der Ostallgäuer Berge zeigen. Das gemütliche Brauereigasthaus Kössel und die urige Schlossbergalm liegen am Wanderweg.

26

Die Burg Eisenberg wurde im 14. Jahrhundert erbaut.

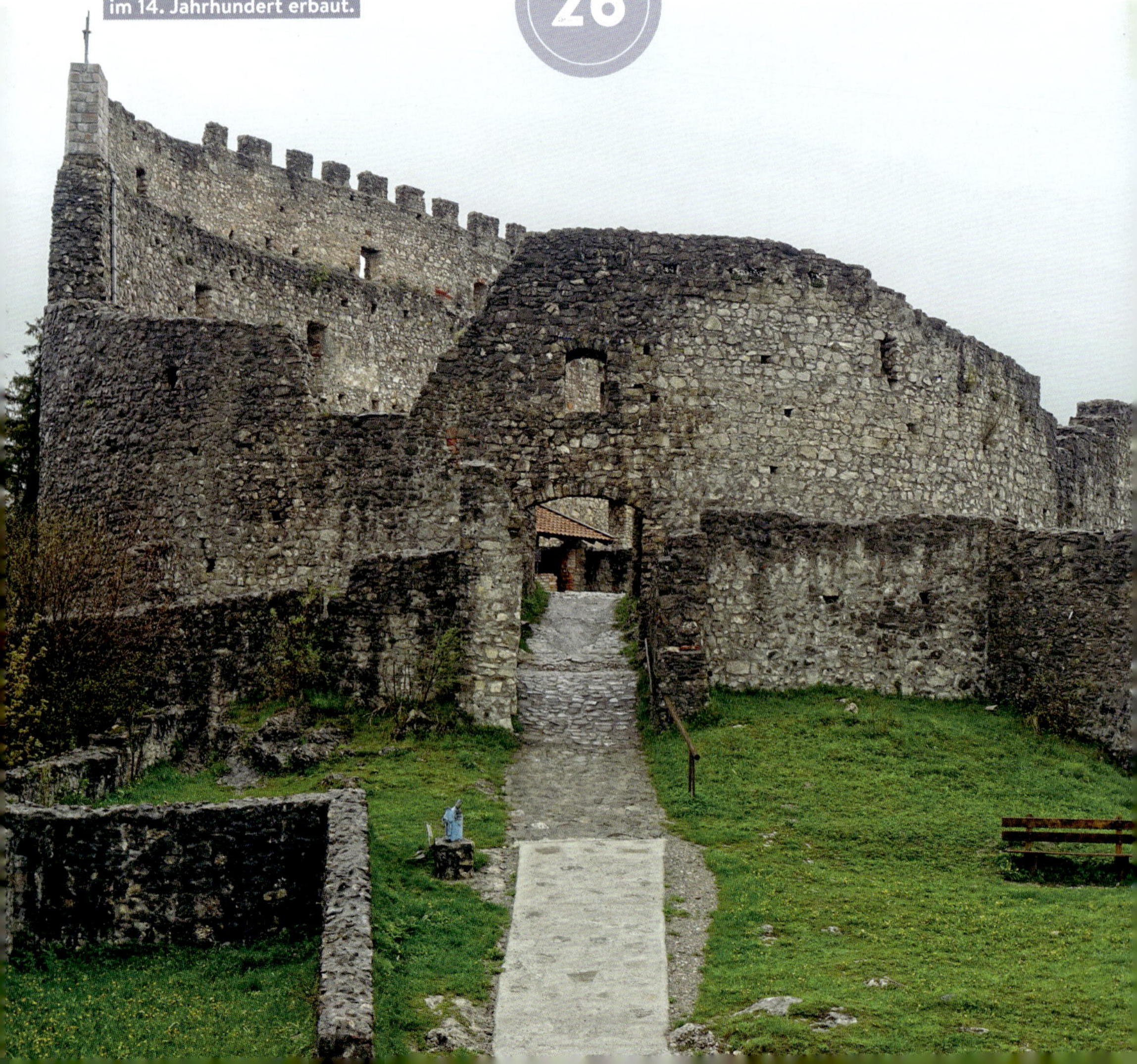

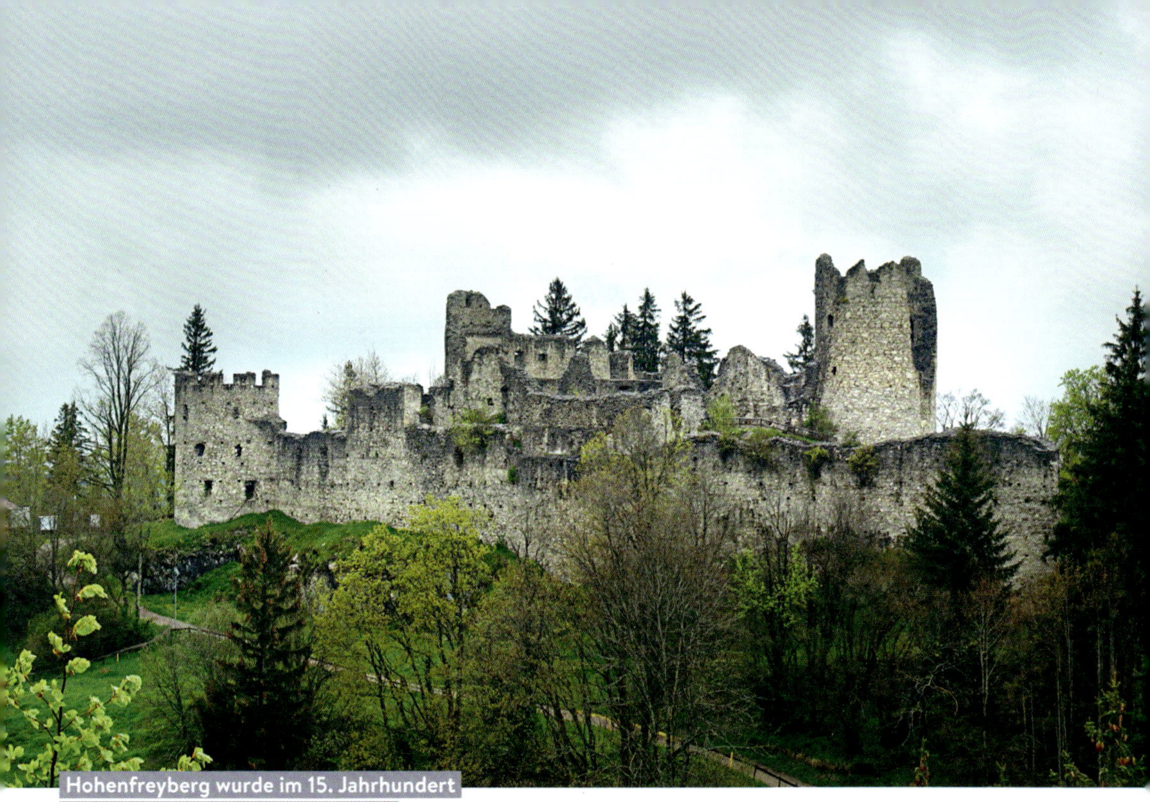

Hohenfreyberg wurde im 15. Jahrhundert als eine der letzten Burgen gebaut.

Die starken Burganlagen Eisenberg und Hohenfreyberg stehen als bedeutendes Burgenensemble dem spektakulären Falkenstein gegenüber und demonstrieren als Bollwerke vergangener Zeiten noch heute ihre ehemalige Macht. Über Jahrhunderte entwickelten sich zahlreiche Sagen, mit denen man versuchte, sich die Vorgänge auf den Burgen zu erklären.

ZU DEN BURGRUINEN Am Parkplatz am **A Kirchplatz** in Speiden stehen wir vor der barocken Wallfahrtskirche Maria Hilf aus dem 18. Jahrhundert. Im Innern befinden sich kunstvolle Rokokoaltäre. Die danebenstehende Gnadenkapelle soll 1636 erbaut worden sein und kennzeichnet in etwa den Beginn der Marienwallfahrt. Von der Gnadenkapelle aus gehen wir am gemütlichen Wirtshaus Kössel Bräu vorbei auf der Mariahilfer Straße nach Westen. Nach der Motorradwerkstatt laufen wir auf dem Gehweg rechts über die Wiesen mit Blick zu den Burgruinen. In Eisenberg müssen wir an der Bushaltestelle auf der Pröbstener Straße

Tipp

IM BURGENMUSEUM EISENBERG

In den Burgruinen fanden sich interessante Fundstücke, die im Burgenmuseum der Öffentlichkeit gezeigt werden. Doch das Museum ist mehr als nur eine Sammlung. In fünf Räumen mit den Themen Wohnung, Nahrung, Arbeit, Verteidigung und Kultur werden Forschungsergebnisse rund um die Burgen präsentiert. Im Burgenkino begeben sich die Besucher auf eine virtuelle Zeitreise in die Vergangenheit (Dorfstraße 12, 87637 Eisenberg, Tel. 08364/12 37, www.burgenmuseum-eisenberg.de).

links und vor der Linkskurve am **1 Rathaus** auf dem Drachenkopfweg rechts in Richtung Burgruinen bergauf. An einer T-Kreuzung im Wald geht es links zur **2 Schloßbergalm** mit toller Aussicht auf die Tannheimer Berge und auf das Ammergebirge. An der Kreuzung an der Schlossbergalm geht es rechts und gleich links aufwärts. An einer T-Kreuzung wenden wir uns zuerst nach links in einem Aufstieg der **3 Ruine Eisenberg** zu. Im Panorama sticht über dem Forggensee der Säuling mit 2039 Metern Höhe mit seinem markanten Gipfelaufbau aus dem Ammergebirge heraus. Wir gehen zurück und an der T-Kreuzung jetzt geradeaus zur nahen **4 Ruine Hohenfreyberg** hinüber. Im Süden stehen über Pfronten der Aggenstein und Breitenberg. Auch die Burgruine Falkenstein ist deutlich auszumachen.

RÜCKWEG DURCH ZELL Von der Ruine Hohenfreyberg herunter wandern wir nach der Wiese an der Kreuzung rechts in Richtung Eisenberg hinab. An der Gabelung direkt nach dem Wald wählen wir den linken Weg über die Weideflächen und fädeln in Zell halb links in die Dorfstraße ein, die direkt am **5 Burgenmuseum** vorbeiführt. Auf der Dorfstraße weiter an der Kirche St. Moritz vorbei, können wir nach dem Burghotel Bären links über den Parkplatz laufen. Nach 120 Metern überqueren wir schräg die Pröbstener Straße in die Zeller Straße in Richtung Holz. Doch 60 Meter nach dem Haus müssen wir links am Waldrand entlanggehen. An einer T-Kreuzung wandern wir links in Richtung Eisenberg bald über den Doldener Bach. An den ersten Häusern von Eisenberg müssen wir auf der Speidener Straße rechts und finden nun leicht zum **E Kirchplatz** in Speiden zurück.
Ein Besuch in der nahe gelegenen Bergkäserei in Weizern ist ein glücklicher Abschluss der schönen Tour.

INFO

TOURENCHARAKTER

Leichte, sonnige Wege durch Wiesen und Wälder. Feste Schuhe mit griffigen Sohlen sind richtig.

AUSGANGS-/ENDPUNKT

Parkplatz Kirchplatz, 87637 Eisenberg-Speiden, GPS 47°36'38.4"N 10°36'53.1"E (815 m)

ANFAHRT

ÖPNV: Bahn nur bis Weizern-Hopferau
Auto: Auf der A 7 Ausfahrt 138 Nesselwang und auf der B 309 nach Eisenberg-Speiden

GEHZEITEN

Kirchplatz – Rathaus 0:15 Std. – Schloßbergalm 0:25 Std. – Ruine Eisenberg 0:15 Std. – Ruine Hohenfreyberg 0:15 Std. – Burgenmuseum 0:30 Std. – Kirchplatz 0:50 Std.

EINKEHR

Brauereigaststätte Kössel Bräu, Mariahilfer Straße 17, 87637 Eisenberg-Speiden, Tel. 08364/8556, www.koessel-braeu.de

Leicht	7,9 km	280 Hm	2.30 Std.

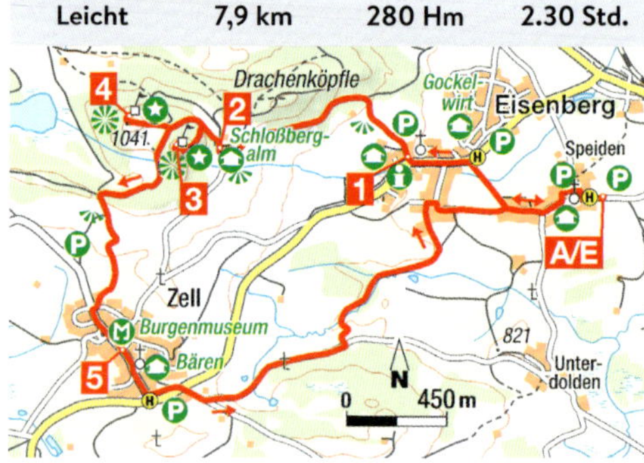

INFORMATION

Tourist-Information Eisenberg, Pröbstenerstraße 9, 87637 Eisenberg, Tel. 08364/1237, www.eisenberg-allgaeu.de

GESCHICHTE DER BURGEN EISENBERG UND HOHENFREYBERG

Die ältere der zwei benachbarten Festungen ist die Burg Eisenberg. Obwohl es eine erste urkundliche Erwähnung im Jahr 1340 als *Isenberch* gibt, wird angenommen, die Burg könnte wohl schon 1315 unter den Edelfreien von Hohenegg erbaut worden sein. Im frühen 14. Jahrhundert traten die Hohenegger in Auseinandersetzungen mit den Tiroler Landesfürsten, die sich mit ihrem Herrschaftsgebiet nach Norden ausbreiten wollten. Mit dem Bau der Burg Falkenstein über Pfronten machten sie 1280 ihren Machtanspruch geltend. Die Tiroler nahmen noch vor 1315 die Hohenegger Burg Loch ein. Peter von Hohenegg baute daraufhin in Sichtweite der Burg Falkenstein wahrscheinlich um 1315 die Festung Eisenberg. 1382 verkauften die Hohenegger die Burg an den Habsburger Herzog Leopold III., der sie als Lehen an Friedrich von Freyberg, den Schwiegersohn des letzten Burgherrn von Hohenegg, vergab. Später ging das Lehen an die Österreicher zurück. Im Dreißigjährigen Krieg brannten die Tiroler ihre Vorposten im Allgäu nieder, damit die heranrückenden protestantischen Heere keinen brauchbaren Unterschlupf vorfinden würden. Die Burgen Falkenstein, Eisenberg und Hohenfreyberg sind seitdem Ruinen.

1418 hatte Friedrich von Freyberg zu Eisenberg, der älteste Sohn des Besitzers der Burg Eisenberg, begonnen, auf dem benachbarten Berg seine eigene Burg zu bauen, und nannte sie **Hohenfreyberg**. Zu dieser Zeit wurden andere Burgen im Land bereits zu Schlössern umgebaut, denn in der Zeit der Renaissance war die Nützlichkeit der mittelalterlichen Burgen vorbei. Doch Friedrich von Freyberg zu Eisenberg setzte ein Zeichen und baute eine Burg im Stil der Stauferzeit. Das Vorhaben war wohl zu hoch gegriffen, denn die Familie verarmte und musste die Burg im Jahr 1485 an den Erzherzog Sigmund von Österreich, den späteren Kaiser Maximilian I. verkaufen. 1805 besiegte Kaiser Napoleon I. bei Austerlitz die Truppen des russischen und österreichischen Kaisers und nahm auch Wien ein. Kaiser Franz I. von Österreich unterzeichnete mit Napoleon einen Waffenstillstand und Österreich musste Tirol an Bayern abgeben. Im 20. Jahrhundert wurden beide Burgruinen saniert und vor dem weiteren Verfall gerettet.

Wunderschöne Landschaft rund um die markant stehenden Burgruinen Eisenberg und Hohenfreyberg.

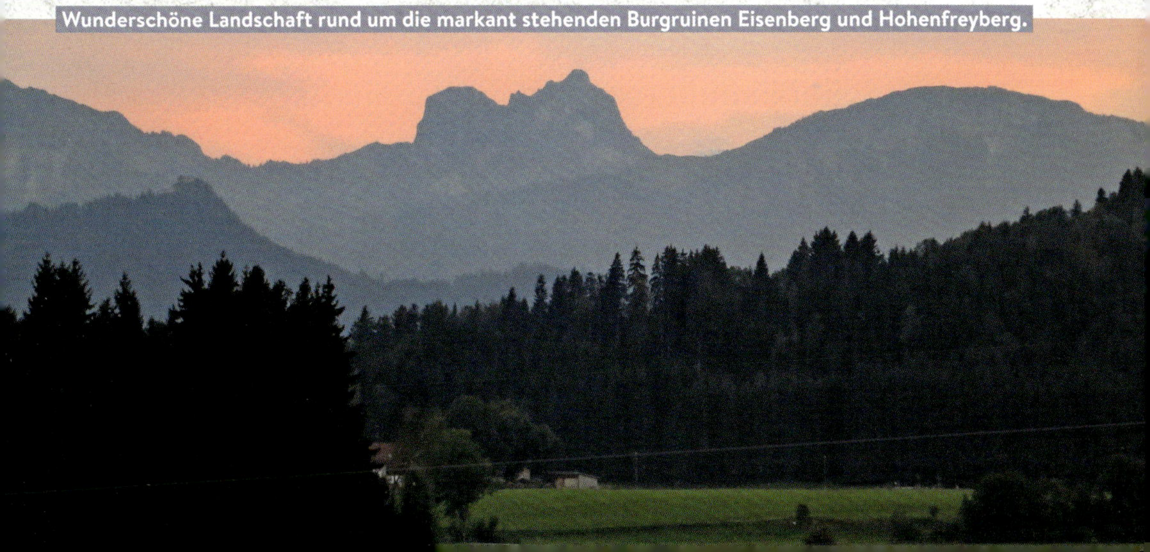

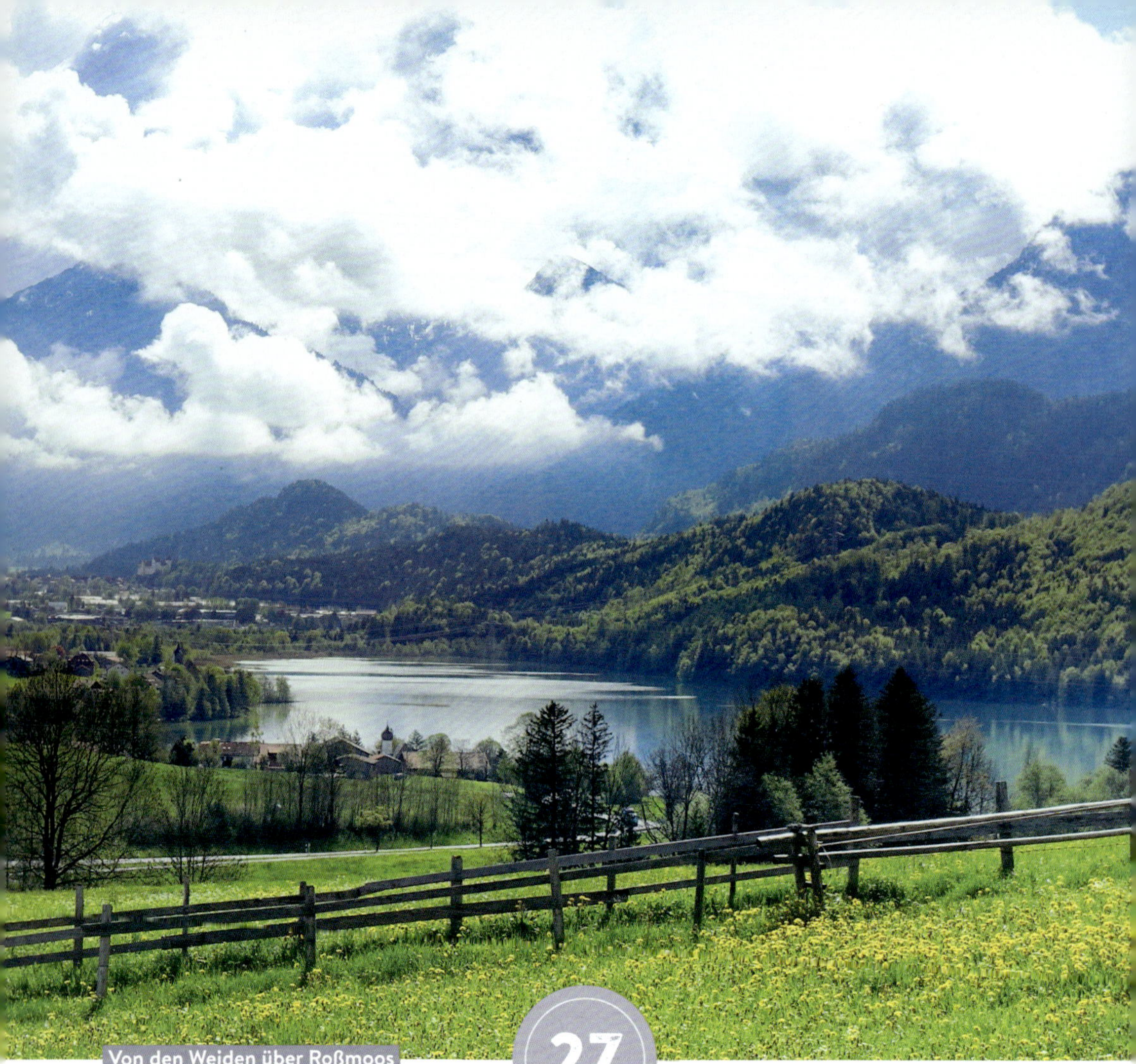

Von den Weiden über Roßmoos ist der Weißensee zu sehen.

27

Zur Burgruine Falkenstein

Bergwanderung mit Topaussichten

Die Wanderung auf steilen Wegen zur höchsten Burgruine in Deutschland ist recht anspruchsvoll und erfordert Kondition und Ausdauer. Der Lohn für die über 300 Meter Aufstieg ist eine traumhafte Aussicht auf Pfronten, auf die Füssener Seenlandschaft und in das Vilstal in Tirol.

Die ursprünglich Tiroler Burg Falkenstein sollte im 19. Jahrhundert eine romantische Märchenburg für den Märchenkönig werden. Das Vorhaben blieb ein kurzer Traum, da König Ludwig II. im Starnberger See ertrank.

ZUR BURGRUINE FALKENSTEIN Vom Parkplatz an der Feuerwehr, Wiedmar 21a in **A Wiedmar** gehen wir auf der Straße nach Westen und dann rechts auf dem Gehweg in der Unterführung unter der B 310 durch. Nach dem Tunnel wandern wir rechts mit den Pfrontener Bergen im Blick in Richtung Benken los. Im kleinen Dorf **1 Benken** gehen wir am letzten Haus mit der Nummer 6 links auf dem Forstweg in Richtung Falkenstein hinauf und bleiben an einer Gabelung rechts. Durch einen Hohlweg und über große Weideflächen kommen wir weiter oben mit der rot-weiß-roten Markierung durch Wald schließlich zu einem Parkplatz an der **2 Mautstation** der Straße zum Burghotel Falkenstein. Wir steigen aber auf der Straße zur Schloßanger Alp rechts hinauf. Am Beginn des Parkplatzes zur **3 Schlossanger Alp** beginnt links ein steiler durchwurzelter Steig in Richtung Falkenstein. In vielen anstrengenden Serpentinen über Stock und Stein können wir bald weiter oben das Burghotel Falkenstein sehen. Noch unterhalb des Hotels geht es rechts auf einer langen Treppe zur **4 Burgruine Falkenstein** hinauf. Von der Ruine aus ergibt sich eine Aussicht auf das Vilstal und die Gipfel der Tannheimer Berge. Die Burgengruppe Hohenfreyberg, Eisenberg und Falkenstein bildet ein eindrucksvolles Burgenensemble in der Burgenregion Allgäu, die 38 Burgen umfasst (www.burgenregion.de).

RÜCKWEG ÜBER DIE MARIENGROTTE
Von der Burgruine steigen wir wieder hinab und vor dem Burghotel Falkenstein rechts auf der Treppe zum kleinen Museum abwärts. Dort unten befindet sich auch die Stelle mit

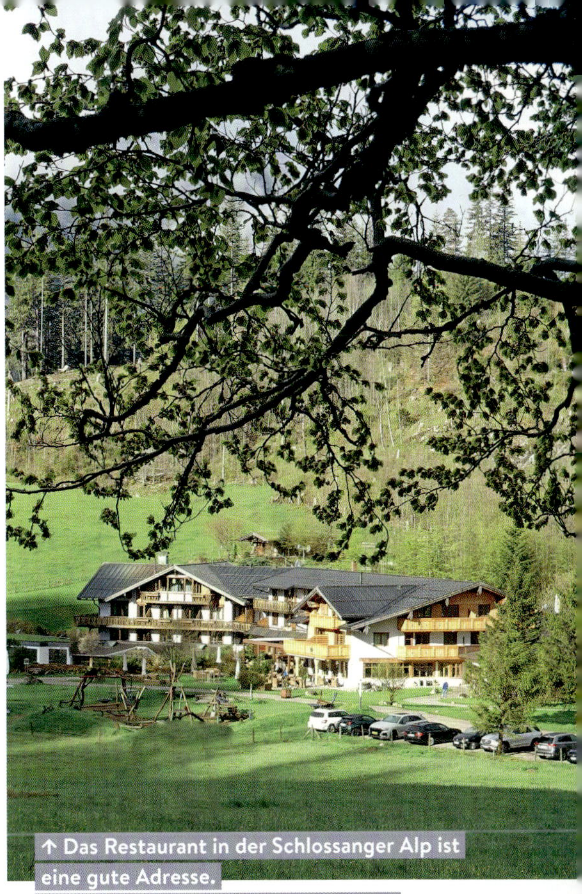

↑ Das Restaurant in der Schlossanger Alp ist eine gute Adresse.

↓ Die Mariengrotte ist in einer Spalte einer hoch aufragenden Felswand.

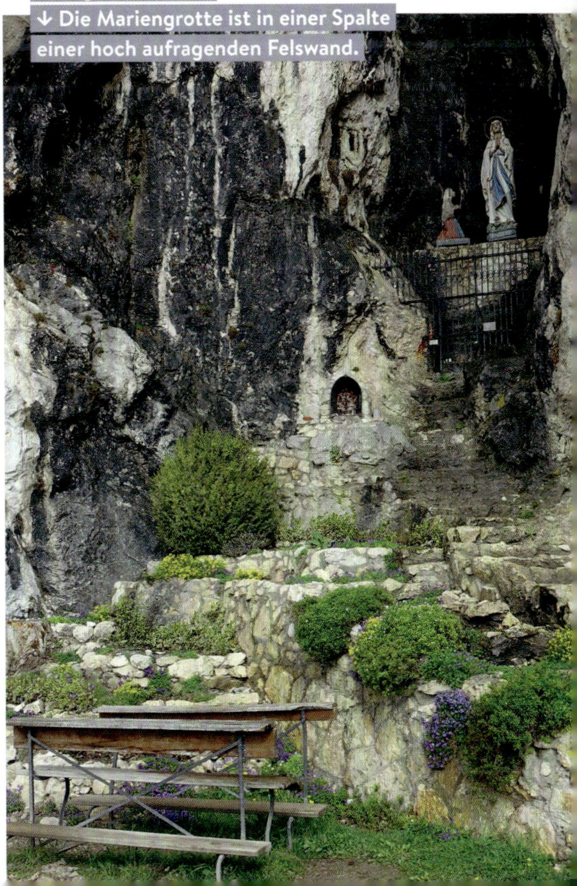

Tipp

IM BURGENMUSEUM FALKENSTEIN

Das kleine Museum neben dem Berghotel Falkenstein zeigt Kopien der Pläne des Bauvorhabens König Ludwig II. Auch die Pläne für ein Pumpwerk zur Wasserversorgung der geplanten Burg sind erhalten. Ein Modell der Burg aus dem 13. Jahrhundert lässt erkennen, dass die Burg nur ein befestigtes Haus war (Mai bis Oktober täglich 9–18 Uhr).

der Aussicht zur Zugspitze und zum Schloss Neuschwanstein. In Serpentinen geht es hinunter zur Mariengrotte in der Nische der beeindruckenden Felswand. Unten im Vilstal ist auch die alte Zollstation auf der Tiroler Straße zu erkennen. Von der Mariengrotte laufen wir auf dem ebenen Weg in Richtung Zirmgrat und auf der Straße vom Burghotel Falkenstein abwärts am Denkmal für den Falkensteinsepp vorbei. Kurz nach der Linkskehre benutzen wir rechts den Pfad abwärts, der weiter unten wieder in die Straße einfädelt. In der Linkskehre der Straße bleiben wir geradeaus auf dem Forstweg abwärts in Richtung Roßmoos. Wiederholt genießen wir die Aussicht zu den Burgruinen Hohenfreyberg und Eisenberg und zum Hopfensee, Weißensee und Forggensee. Die Richtung Roßmoos halten wir im Wald an allen folgenden Abzweigen ein. An einer Weggabelung in den Weideflächen geht es rechts nach Roßmoos und wir sehen an einer Bank rechts wieder den Weißensee. Im kleinen Dorf Roßmoos müssen wir an der Kreuzung links und kommen zur B 310 hinunter. Doch noch vorher führt ein Geh- und Radweg links zur Unterführung, durch die wir zum Parkplatz an der Feuerwehr in **E Wiedmar** zurückkommen.

INFO

TOURENCHARAKTER

Sehr steile, felsige und durchwurzelte Pfade. Bergschuhe mit griffigen Sohlen und Trittsicherheit sind erforderlich.

AUSGANGS-/ENDPUNKT

Parkplatz Feuerwehr, Wiedmar 21a, 87629 Füssen-Wiedmar, GPS 47°34'47.9"N 10°36'27.8"E (870 m)

ANFAHRT

ÖPNV: Bahn bis Füssen, Bus 71 nach Wiedmar
Auto: Auf der A 7 Ausfahrt 139 Füssen und auf der B 310 nach Wiedmar

GEHZEITEN

Wiedmar – Benken 0:20 Std. – Mautstation 0:25 Std. – Schloßanger Alp 0:10 Std. – Ruine Falkenstein 0:35 Std. – Wiedmar 1:00 Std.

EINKEHR

Berghotel Schlossanger Alp, Am Schloßanger 1, 87459 Pfronten, Tel. 08363/914550, www.schlossanger.de

Schwer	6,5 km	310 Hm	2.30 Std.

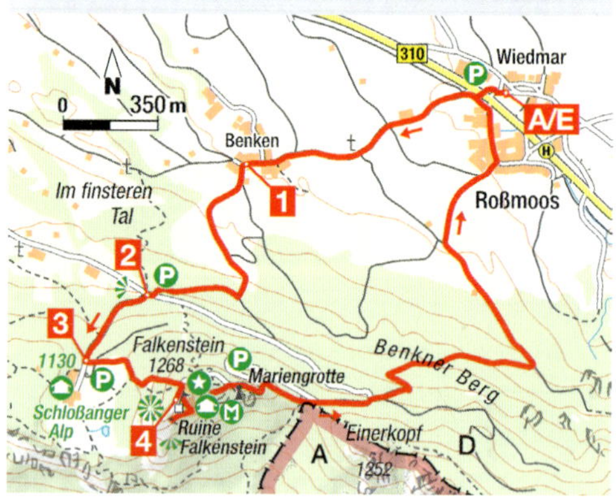

INFORMATION

Pfronten Tourismus, Vilstalstraße 2, 87459 Pfronten, Tel. 08363/69888, www.pfronten.de

GESCHICHTE DER BURG FALKENSTEIN

Meinhard II., Graf von Tirol, war einer der bedeutendsten Fürsten des 13. Jahrhunderts und gilt als der Begründer Tirols. Er unterstützte Rudolf I. von Habsburg und wurde von ihm 1286 zum Reichsfürsten erhoben. Daraus leitete Meinhard seinen Anspruch auf Teile des Allgäus ab. Als Machtdemonstration gegenüber den bayerischen Herzögen ließ er auf dem 1268 Meter hohen Felsen bis 1280 ein befestigtes Haus errichten, das 1290 erstmals in einer Urkunde als *Castrum Phronten* erwähnt wurde. Für eine richtige Burg war der Platz auf dem Kalkfelsen nicht ausreichend.

Der Name Falkenstein ist erst seit dem 15. Jahrhundert in Gebrauch. Im Jahr 1290 übertrug Meinhard die kleine Burg dem Augsburger Bischof Wolfhard von Roth als Lehen, denn die Augsburger hatten mit den Tirolern gemeinsame Interessen gegenüber den Herzögen von Bayern. Um 1300 baute Bischof Wolfhard ein Kreuzgewölbe und weitere Räume ein. Reparaturen mit Ziegeln stammen aus dem Jahr 1565. Bis 1582 wurde Burg Falkenstein als Sitz der Augsburger Pfleger benutzt, dann verlegte man den Amtssitz nach Pfronten-Ried. Bereits 1595 war die Burg halb eingestürzt. Während des Dreißigjährigen Krieges rückte 1646 das schwedisch-protestantische Heer an, und die Tiroler brannten die Burgen Falkenstein, Eisenberg und Hohenfreyberg ab, damit die Feinde keine befestigte Unterkunft finden konnten.

1803 kam Burg Falkenstein mit dem Hochstift Augsburg an das Kurfürstentum Bayern. 1883 kaufte König Ludwig II. die Ruine, um auf dem Gipfel eine Traumburg zu errichten, die noch schöner sein sollte als Neuschwanstein. Wahrscheinlich ließ er sich von der Legende um die Gralsburg in der mittelalterlichen Artussage inspirieren. 1885 wurden eine Straße und eine Wasserleitung auf den Berg gebaut. Doch 1886 starb König Ludwig II. im Starnberger See und das Traumschloss wurde nie verwirklicht. Auch wegen der prekären finanziellen Lage des Königs wäre die neue Burg wohl eine Illusion geblieben. Die Bauhütte des Schlosses unterhalb der Ruine wurde 1897 in das Burghotel Falkenstein umgebaut. Das Berghotel Schloßanger Alp, 100 Meter weiter unten, war der ehemalige Wirtschaftshof der Burg Falkenstein.

Die Burg Falkenstein wurde 1280 errichtet.

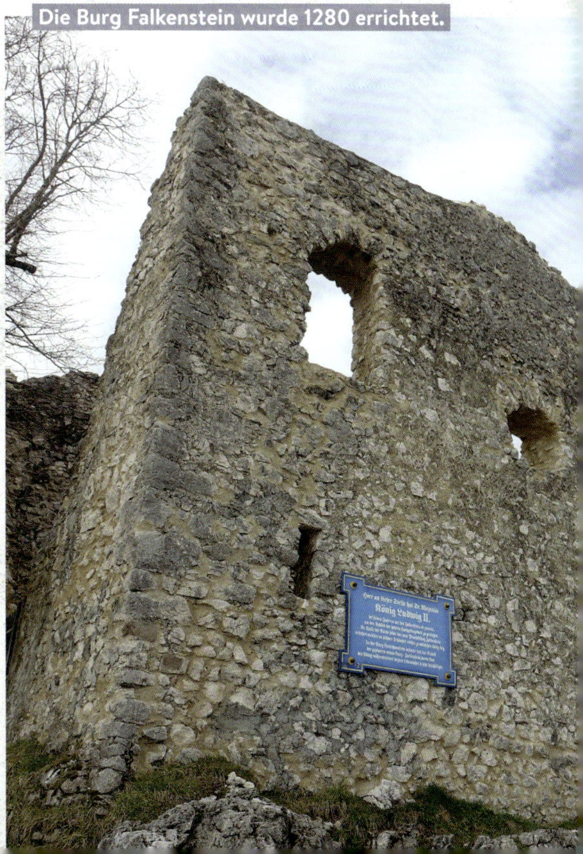

Füssen und das Tal der Sinne

Altstadt und Naturerlebnis

Der Pfad im Faulenbacher Tal bietet Naturbegegnungen für alle Sinne. Verschiedene Erlebnisstationen regen jeweils einen der fünf Sinne an. Idyllische Seen, Blumenwiesen und Felsformationen begleiten durch das Tal. Die Altstadt von Füssen ist einen ganzen Tag Aufenthalt wert.

28

Blick vom Park Baumgarten auf das Hohe Schloss

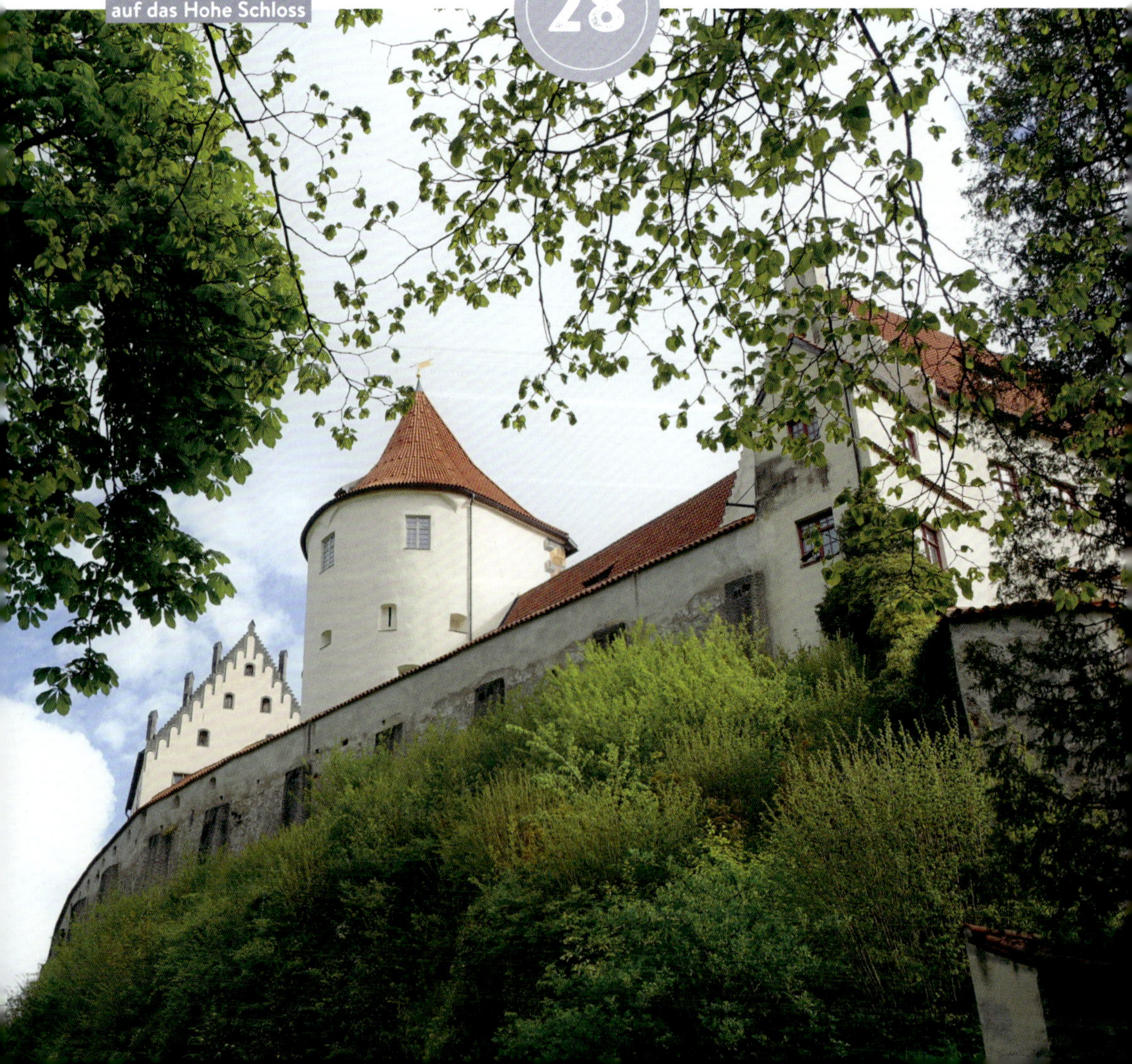

Ein interessanter Anlaufpunkt dieser Wanderung ist der tosende Lechfall, über den der Heilige St. Magnus gesprungen sein soll. Die Füssener Altstadt ist ein Traum, wenn nicht gerade touristische Hochsaison ist.

ZUM LECHFALL Im **A Faulenbacher Tal** beginnen wir gegenüber dem Parkplatz die Wanderung auf dem Gehweg, der vor dem Minigolfplatz nach rechts entlang eines Bächleins verläuft. An einem Abzweig können wir links auf den Trittsteinen den Bach überqueren. Vor dem romantischen Mittersee gehen wir rechts und links durch das Tor über die Liegewiesen der Badestelle. Auf der anderen Seite der Anlage geht es wieder durch ein Tor hinaus und wir biegen nach links ab über einen **1 Damm** zwischen Mittersee und Obersee. Nach dem Damm wandern wir links entlang des Mittersees. Direkt vor der Waldwirtschaft steigen wir rechts auf dem steilen Pfad hinauf. Oben gehen wir am Wegweiser auf dem Schwärzerweg in Richtung Ländeweg rechts. Bald geht es links auf schmalem Pfad in Serpentinen sehr steil abwärts in Richtung Lechfall. Unten sind wir nach links auf dem **2 Ländeweg** unterwegs. Zunächst stehen wir im Abzweig zum Lechfall am Denkmal der Römerstraße Via Claudia Augusta, die in der Wiese abwärts zu sehen ist. Der **3 Lechfall** entstand nach dem Rückzug des Lechgletschers. Nach dem Durchbruch eines Schmelzwassersees fielen die Wasser einst 100 Meter in die Tiefe und formten die beeindruckende Klamm.

ZUM HOHEN SCHLOSS Wir steigen wieder hinauf und gehen oben rechts in Richtung Bad Faulenbach. An einer Kreuzung bleiben wir geradeaus in Richtung Altstadt auf der Straße Am Kapellenberg und schlendern oben an der St.-Max-Kapelle rechts. Am Ende stoßen wir direkt auf die Heilig-Geist-Spitalkirche aus dem 18. Jahrhundert mit einer

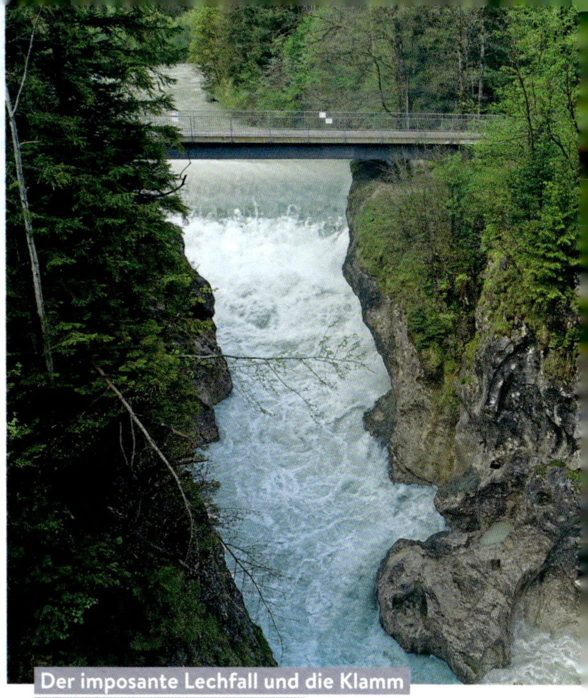

Der imposante Lechfall und die Klamm sind ein Zeugnis der Eiszeit.

überbordenden Rokokofassade. Rechts ist die Brücke über den Lech, von der aus sich ein schönes Bild über die Kirche und das Kloster St. Mang eröffnet. Wir gehen aber auf der Lechhalde links aufwärts und kommen auf

Tipp

IM MUSEUM DER STADT FÜSSEN

Im Museum im Benediktinerkloster St. Mang sind als Schwerpunkt historische Lauten und Geigen ausgestellt, die an Füssen als Hauptort des europäischen Lautenbaues im 16. Jahrhundert erinnern. Selbst in Venedig und Padua stammten im 17. Jahrhundert zwei Drittel aller Lautenbauer aus Füssen. Europaweit berühmt ist der Füssener Totentanz in der Annakapelle. 20 Bildtafeln zeigen die Vergänglichkeit des Lebens (Lechhalde 3, 87629 Füssen, Tel. 08362/90 31 43, www.stadt-fuessen.org/museum).

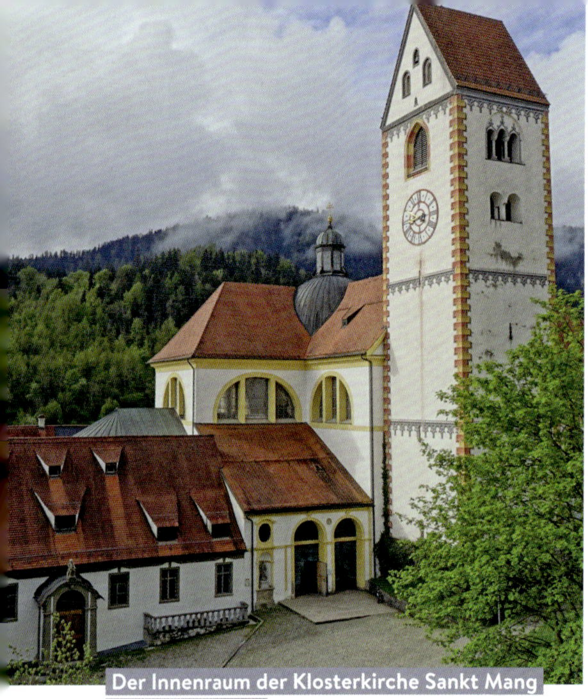

Der Innenraum der Klosterkirche Sankt Mang ist monumental.

der linken Seite zum **4 Kloster Mang**. Der heutige Barockbau und die Klosterkirche wurden Anfang des 18. Jahrhunderts erbaut.

Heute beherbergt das Kloster das Museum der Stadt Füssen und im Museum ist auch der Zugang zur Annakapelle mit dem berühmten Füssener Totentanz. In den Gassen der Füssener Altstadt gibt es viel zu entdecken. Auf jeden Fall geht es nach dem Kloster Mang links auf dem Magnusplatz zum **5 Hohen Schloss** hinauf. Ihre heutige Gestalt bekam die ursprünglich gotische Burg Ende des 15. Jahrhunderts. Besonders schön ist die spätgotische Illusionsmalerei.

Vom Schloss wieder halb unten wandern wir rechts durch den Torbogen immer geradeaus durch den Baumgarten und am Ende auf einer Brücke über die Straße Morisse. Nach der Brücke halten wir uns links in Richtung Kobelwege und wählen dann an der Gabelung halb rechts den Unteren Kobelweg. An einer Kreuzung geht es links auf der Straße Am Kobel abwärts und dann rechts auf der Alatseestraße zurück zum Parkplatz **E Faulenbacher Tal**.

INFO

TOURENCHARAKTER

Leichte, sonnige Wege, doch der Schwärzerweg ist sehr steil und anspruchsvoll. Trittsicherheit und feste Schuhe mit griffigen Sohlen sind notwendig.

AUSGANGS-/ENDPUNKT

Parkplatz Faulenbacher Tal, Alatseestraße 38, 87629 Füssen,
GPS 47°33'50.7"N 10°41'11.6"E (810 m)

ANFAHRT

ÖPNV: Bahn bis Füssen
Auto: Auf der A7 Ausfahrt 139 Füssen und auf der Kemptener Straße nach Bad Faulenbach

GEHZEITEN

Faulenbacher Tal – Damm 0:15 Std. – Ländeweg 0:25 Std. – Lechfall 0:25 Std. – Kloster Mang 0:20 Std. – Hohes Schloss 0:15 Std. – Faulenbacher Tal 0:30 Std.

EINKEHR

Markthalle, Schrannengasse 12, 87629 Füssen,
Tel. 0160/354 70 32

Mittel	6,6 km	160 Hm	2.10 Std.

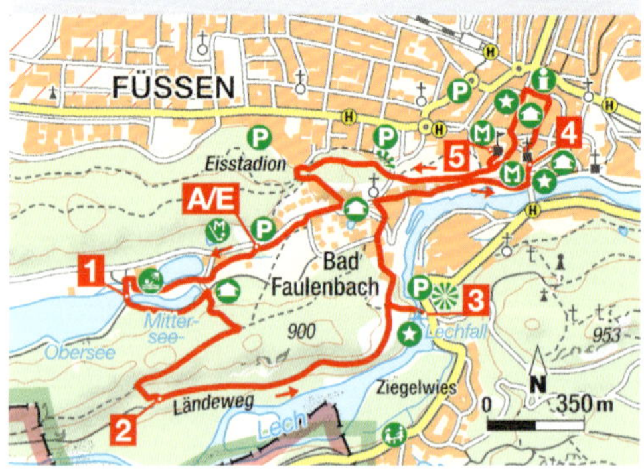

INFORMATION

Tourist Information Füssen, Kaiser-Maximilian-Platz 1, 87629 Füssen, Tel. 08362/938 50,
www.füssen.de

GESCHICHTE DER STADT FÜSSEN

Das Wappen der Stadt Füssen mit den drei Füßen gründet auf dem früheren Namen *Fuzin* aus dem 12. Jahrhundert. Damit war wohl die Lage der Stadt *zu Füßen des Gebirges* gemeint. Um die Bedeutung des Wappens ranken sich allerdings auch verschiedene andere Varianten der Herkunft und Sagen. Die Siedlungsgeschichte reicht jedoch bis in die Römerzeit, als die Via Claudia Augusta 50 n. Chr. von Norditalien nach Augsburg gebaut wurde und durch das heutige Stadtgebiet verlief. Anstelle des heutigen Hohen Schlosses befand sich ein römisches Militärlager, durch das die Straße an der Füssener Enge am Lechfall gut überwacht werden konnte. Im Jahr 748 soll Magnus aus dem Kloster St. Gallen an dieser wichtigen Nord-Süd-Verbindung der Via Claudia Augusta eine Zelle gebaut haben und für die Ausbreitung des christlichen Glaubens gesorgt haben. Spätestens im 9. Jahrhundert wurde das Benediktinerkloster St. Mang gegründet, das dem Hochstift Augsburg unterstand. Als Stellvertreter der kirchlichen Würdenträger agierten zunächst die Welfen und später die Staufer Vögte. Die Vogtei über das Augsburger Hochstift wurde zum Streitobjekt zwischen den Bischöfen von Augsburg und den Herzögen von Bayern. Herzog Ludwig II. manifestierte seine Ansprüche durch den Bau der Burg auf dem Füssener Burgberg. Auch der Tiroler Graf Meinhard II. meldete seine Ambitionen 1270 durch den Bau der Burg Falkenstein an. Durch ihren Platz an der Via Claudia Augusta und durch die Schiffbarkeit des Lechs ab Füssen wurde die Stadt zum Umschlagsort zwischen Süd- und Nordeuropa und erlangte 1286 das Stadtrecht. 1322 wurde die Festung auf dem Burgberg zum Sitz des Pflegamtes Füssen. Das heutige Aussehen des Hohen Schlosses wurde im Wesentlichen durch die Umbauten ab 1486 bestimmt. Die gotische Burg war zur Sommerresidenz der Augsburger Bischöfe geworden. Die Blütezeit Füssens war das 15. und 16. Jahrhundert zu Zeiten Kaiser Maximilians I. Als Johann Wolfgang von Goethe im Jahr 1790 auf seiner zweiten Reise nach Italien durch Füssen kam, war die Strecke der Via Claudia Augusta noch befahrbar. Durch den Umbau von Schloss Hohenschwangau und den Neubau von Schloss Neuschwanstein im 19. Jahrhundert kam für Füssen der Aufschwung durch den Tourismus.

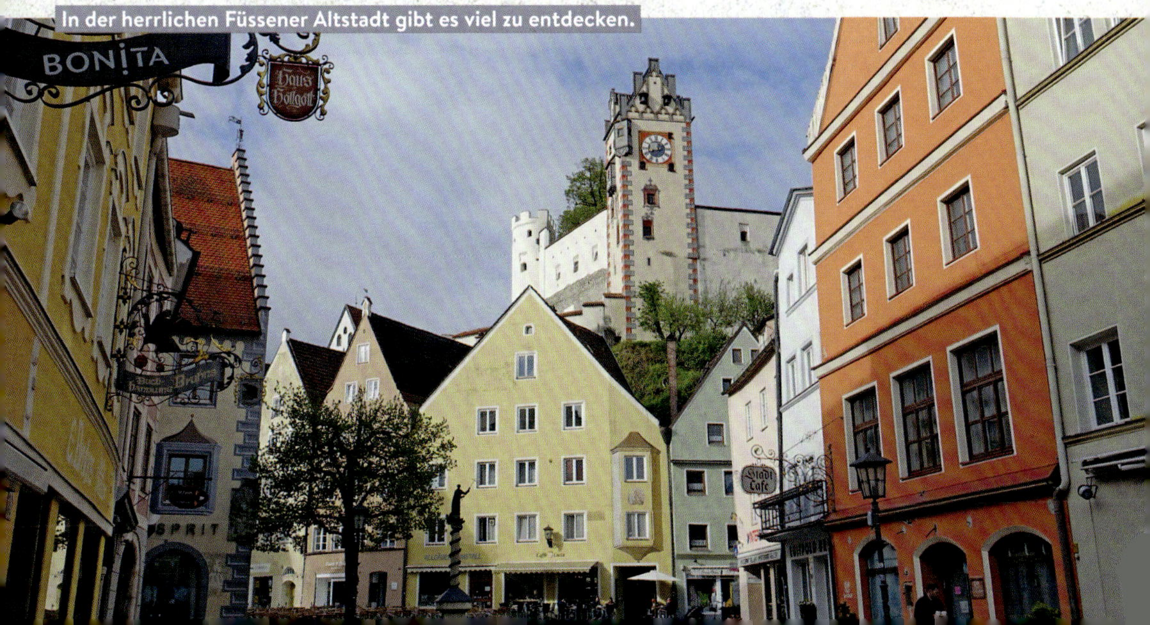

In der herrlichen Füssener Altstadt gibt es viel zu entdecken.

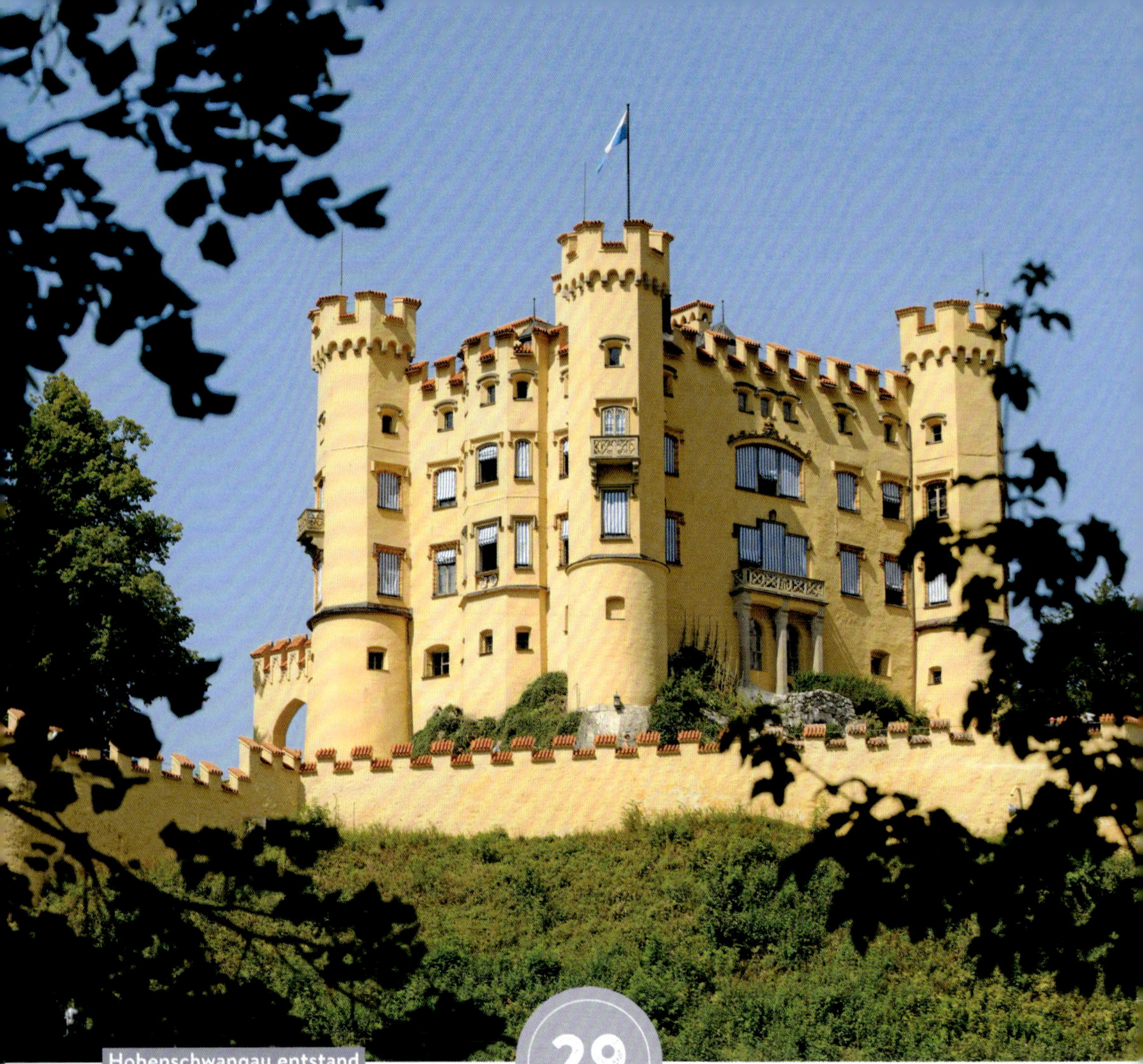

Hohenschwangau entstand aus einer mittelalterlichen Ruine.

29

Zum Schloss Hohenschwangau

Um Schwansee und Alpsee

Die romantische Runde um den herrlichen Schwansee und den malerischen Alpsee zu Füßen der Königsschlösser Hohenschwangau und Neuschwanstein zeigt unvergleichliche Ansichten und Bergblicke. Hohenschwangau bietet einen Ausflug in die Geschichte und das Alpseebad eine erfrischende Pause.

Auf den Wanderwegen im Schwanseepark um die wunderbaren Bergseen waren schon König Maximilian II., seine Frau Königin Marie und ihr Sohn König Ludwig II. unterwegs. Königin Marie war eine leidenschaftliche Berggeherin, die ihre Söhne auf Ausflüge mitnahm. So wandern wir also bestimmt auf den Wegen dieser historischen Persönlichkeiten.

ZUM SCHLOSS HOHENSCHWANGAU

Das linke Ende am A **Schwanseeparkplatz** ist Startpunkt der Wanderung auf dem rechten Weg zum Schwansee. An einer Gabelung müssen wir rechts und am Kiosk umrunden wir den Schwansee gegen den Uhrzeigersinn. In den Feuchtgebieten sind Mehlprimeln und Fieberklee zu entdecken. Am Ende des Sees steigen wir vor einer Holzbrücke rechts auf dem Fischersteig in Serpentinen auf den 1 **Berzenkopf** hinauf. Dabei achten wir auf der rechten Seite auf einen aufgestellten Felsen. Dies ist ein Denkmal für die abgegangene Burg Frauenstein, die im 13. Jahrhundert hier stand. Ab diesem Platz geht es abwärts und unten auf einem Sträßchen geradeaus zum 2 **Schloss Hohenschwangau**. Die Königsfamilie nutzte das Schloss als Sommer- und Jagdresidenz. Wer das Schloss besichtigen möchte, muss zuerst zum Ticketshop am Alpsee hinabgehen und kann dann auf kürzerem Weg von dort wieder zum Schloss aufsteigen.

Tipp

IM MUSEUM DER BAYERISCHEN KÖNIGE

Das Museum des Wittelsbacher Ausgleichsfonds vermittelt Einblicke in die Geschichte der Dynastie Wittelsbach. Der Schwerpunkt der Ausstellung liegt auf König Maximilian II., der Schloss Hohenschwangau zur Sommerresidenz ausbauen ließ, und seinem Sohn, König Ludwig II., dem Erbauer von Schloss Neuschwanstein. Die Sammlung bietet durch Ausblicke in die umgebende Landschaft und auf die Schlösser eine packende Inszenierung (Alpseestraße 27, 87645 Schwangau, Tel. 08362/9264640, www.hohenschwangau.de, täglich 9–17 Uhr).

An der Aussichtsplattform Pindarplatz

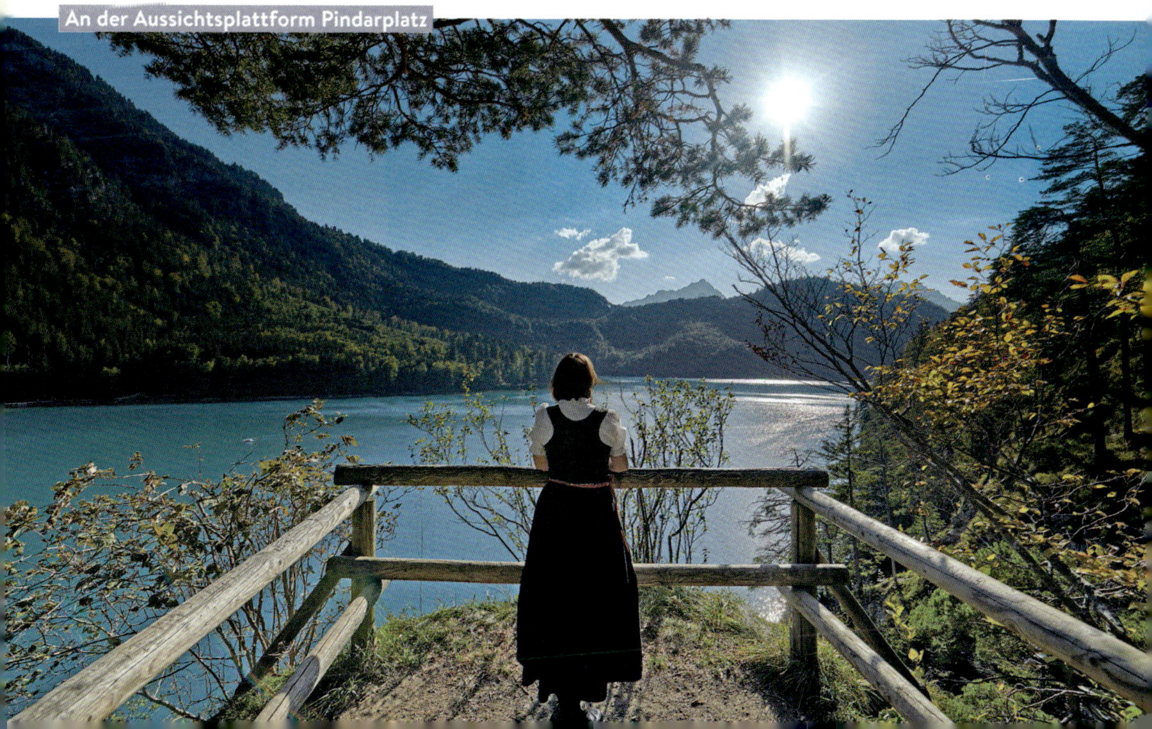

UM DEN ALPSEE Wir gehen auf dem Sträßchen zurück und an der T-Kreuzung links zum Alpsee hinab. Am Museum der Bayerischen Könige wandern wir rechts im Uhrzeigersinn um den Alpsee. Als Zwischenstation kommen wir an einem Bootsverleih und am historischen **3 Alpseebad** aus dem Jahr 1900 vorbei. Nicht viele der Touristenmassen rund um die Königsschlösser kommen bis hierher. So ist das Alpseebad eine Oase abseits des Trubels. Der Alpsee wird von unterseeischen Quellen gespeist, ist einer der saubersten Seen Bayerns, aber auch einer der Kältesten. König Ludwig soll den Alpsee in voller Länge durchschwommen haben. Ein weiterer Punkt für ein Innehalten ist am westlichen Ende des Sees das **4 Marienmonument** für Marie von Bayern, die Mutter König Ludwigs II. Über die zwei Kilometer weite Fläche des Sees schauen wir zu den Königsschlössern. Am Ufer bleiben wir auf dem Sommerweg und machen an einem Wegweiser einen Abstecher zur Aussichtsstelle **5 Pindarplatz** mit Blick über die felsige Seite des Sees. König Maximilian II. nannte diesen Platz nach dem antiken griechischen Dichter Pindar.

Der Sommerweg fädelt schließlich in den Fürstenweg ein, aber schon nach 50 Metern gehen wir in spitzem Winkel links in Richtung Schwansee. An der bekannten Kreuzung vom Aufstieg auf den Berzenkopf bleiben wir jetzt geradeaus in Serpentinen abwärts zum Schwansee hinunter. Auf der Holzbrücke wandern wir rechts und dann links nahe am Ufer des Schwansees weiter. An einem Wegweiser können wir auf einem Pfad rechts über die Wiesen zum **E Schwanseeparkplatz** zurück.

INFO

Mittel	10,4 km	230 Hm	3.10 Std.

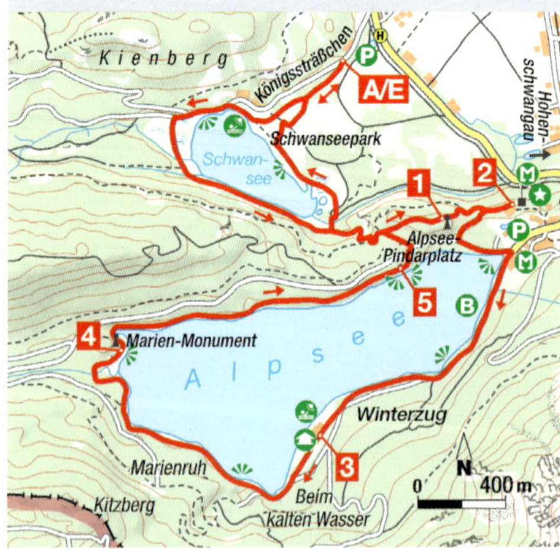

TOURENCHARAKTER
Der Weg über den Berzenkopf ist sehr steil und anspruchsvoll. Trittsicherheit und feste Schuhe mit griffigen Sohlen sind notwendig.

AUSGANGS-/ENDPUNKT
Schwanseeparkplatz, 87645 Schwangau, GPS 47°33'43.1"N 10°43'34.9"E (800 m)

ANFAHRT
ÖPNV: Bahn bis Füssen, Bus 78 zum Parkplatz
Auto: Auf der A 7 Ausfahrt 139 Füssen und auf der B 310 und B 16 nach Schwangau

GEHZEITEN
Schwanseeparkplatz – Berzenkopf 1:00 Std. – Hohenschwangau 0:10 Std. – Alpseebad 0:30 Std. – Marienmonument 0:30 Std. – Pindarplatz 0:25 Std. – Schwanseeparkplatz 0:35 Std.

EINKEHR
Schlossbrauhaus Schwangau, Gipsmühlweg 5, 87645 Schwangau, Tel. 08362/926 46 80

INFORMATION
Tourist Information Schwangau, Münchener Straße 2, 87645 Schwangau, Tel. 08362/819 80, www.gemeinde.schwangau.de

GESCHICHTE DES SCHLOSSES HOHENSCHWANGAU

Anstelle der zuerst im Jahre 1090 in einer Urkunde erwähnten Doppelburg *Castrum Swangowe* steht heute das Schloss Neuschwanstein. In einer Urkunde von 1397 ist das erste Mal von einer Burg Schwanstein zu lesen, die unterhalb der Doppelburgen *Castrum Swangowe* errichtet worden war. Aus diesem Bau ging das heutige Schloss Hohenschwangau hervor.

Das Geschlecht der Schwangauer musste die Burg und Herrschaft Schwangau über einen adeligen Strohmann an den bürgerlichen Augsburger Patrizier Johann Paumgartner verkaufen, der sich fortan Paumgartner von Hohenschwangau zum Schwanstein nannte. Er ließ die verkommene Burg Schwanstein bis 1547 von italienischen Handwerkern renovieren. Die alten Burgen Vorder- und Hinterhohenschwangau verfielen. Über Umwege kam Burg Schwanstein 1567 an Herzog Albrecht V. von Bayern, 1604 an Herzog Max I. von Bayern und 1670 an Kurfürst Ferdinand Maria von Bayern. Zu diesen Zeiten wurde die Burg für die Jagd genutzt. Im Dreißigjährigen Krieg verfiel die Burg erneut und im Österreichischen Erbfolgekrieg wurde sie 1743 von den Österreichern geplündert, aber noch als Sitz des Pfleggerichtes genutzt. Nach dem Bau des neuen Amtshauses im Jahr 1786, in dem heute das Museum der Bayerischen Könige untergebracht ist, verfiel die Burg abermals. 1820 sollte sie auf Abbruch verkauft werden, doch Fürst Ludwig von Oettingen-Wallerstein erwarb die Burg, um sie zu retten, baute sie jedoch nicht wieder auf.

Der junge Kronprinz Maximilian von Bayern entdeckte auf einer Wanderung die Burgruine Schwanstein, kaufte sie auf und lies bis 1837 auf den Resten der mittelalterlichen Burg ein romantisches Schloss im Stil der Neogotik errichten, das er nun Hohenschwangau nannte. 1848 bestieg er als Maximilian II. den Königsthron und das Schloss diente der königlichen Familie als Sommerresidenz. Hier wuchsen seine beiden Söhne, Otto und der spätere König Ludwig II., auf. Der nutzte das Schloss während der Errichtung seines eigenen Schlosses Neuschwanstein bis 1884. Heute ist das Schloss im Besitz des Wittelsbacher Ausgleichsfonds.

Blick über den Alpsee zu den Königsschlössern

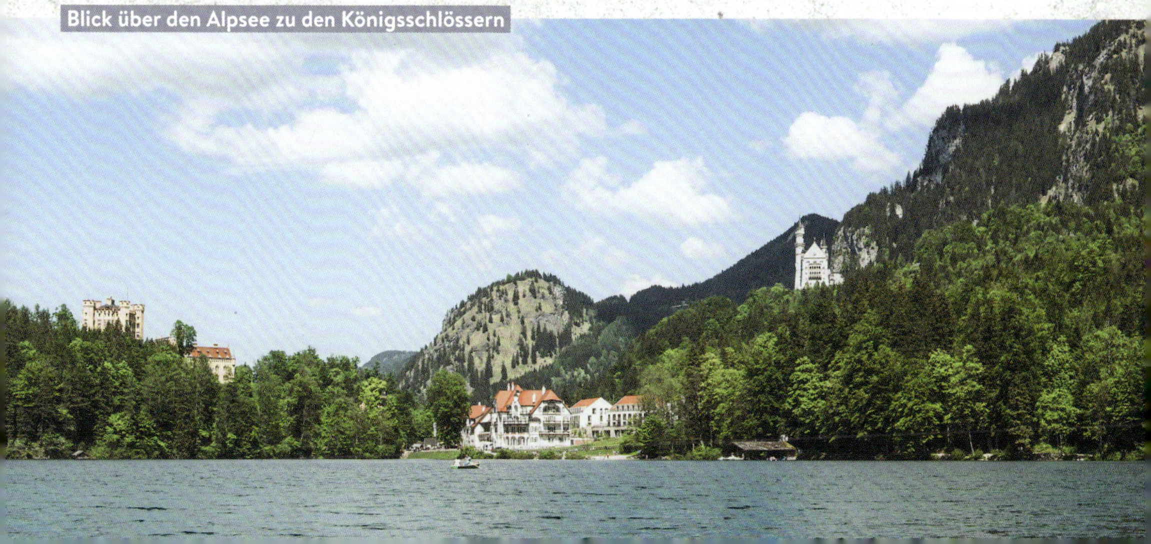

Zum Schloss Neuschwanstein

Ein Traum in der Bergwelt

Wie kein anderer Bau zeugt Neuschwanstein von den Träumen des einsamen Königs Ludwig II. Das Schloss sollte nie jemand von innen sehen, doch heute besuchen jährlich 1,5 Millionen Menschen den zu Stein gewordenen Traum. Die malerische Lage von Neuschwanstein ist einmalig.

30

Schloss Neuschwanstein ist ein Traumschloss.

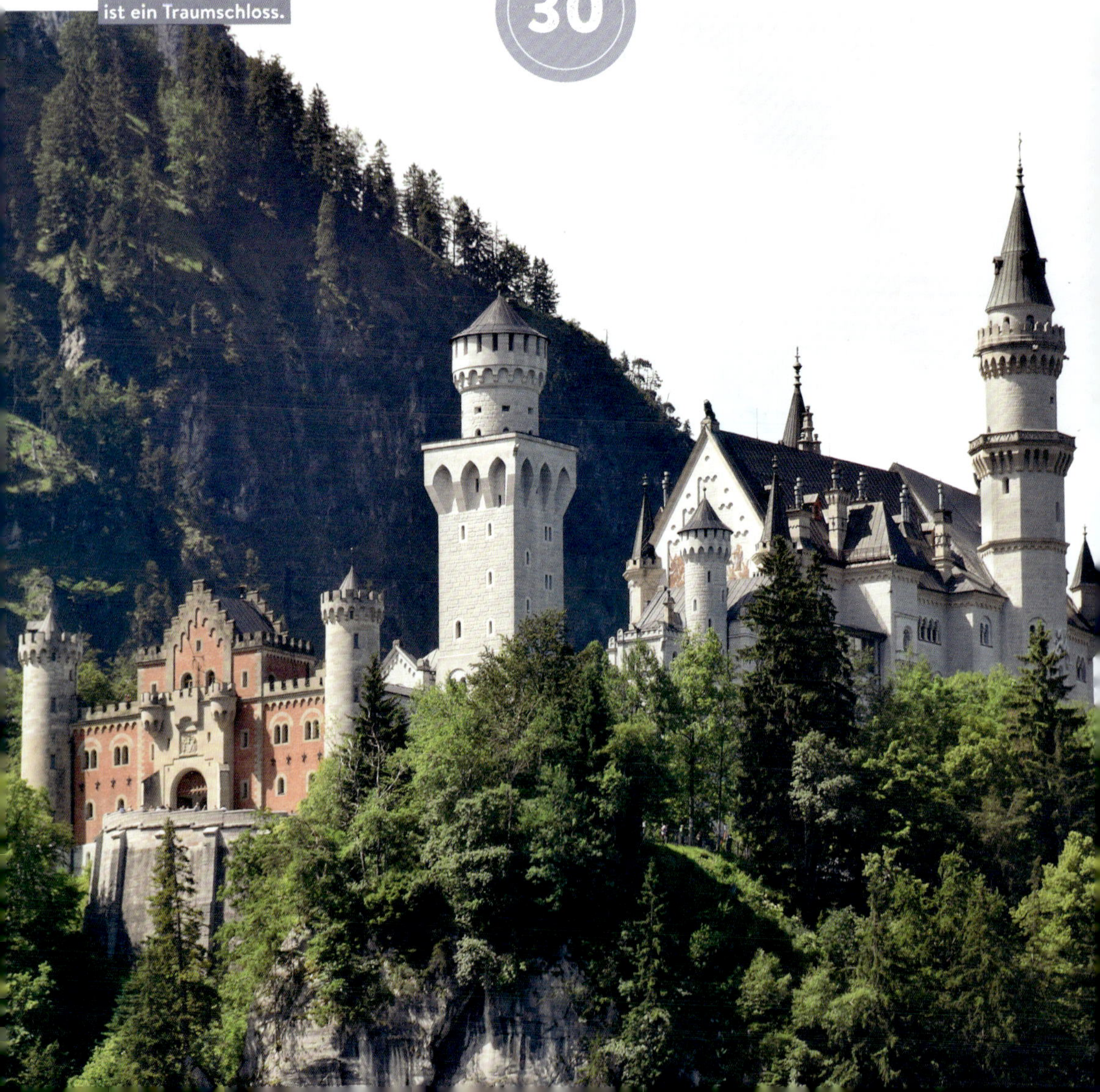

Schloss Neuschwanstein ist das berühmteste Bauwerk des Historismus, doch schon wegen seines mythischen Erbauers ein Publikumsmagnet. In den Hauptzeiten drängen sich täglich mehr als 6000 Besucher durch das Schloss. Doch man muss es einfach gesehen haben, zumindest das Schloss in seiner fantastischen Lage über der Pöllatschlucht. Die Ausgrabung einer antiken Römervilla liegt auch am Wanderweg.

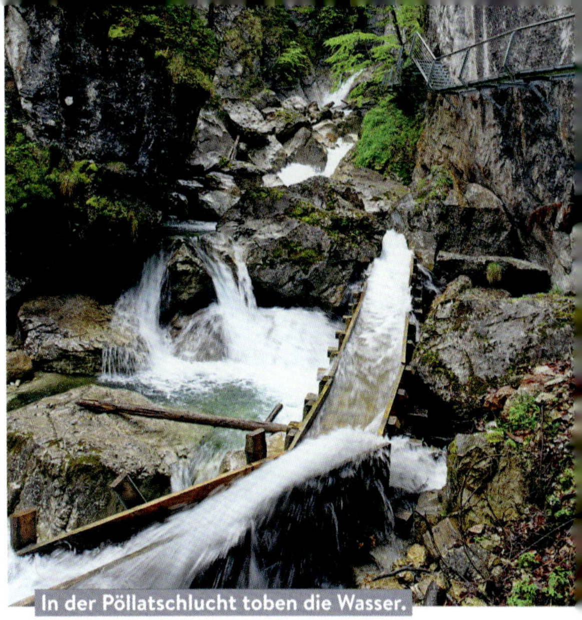
In der Pöllatschlucht toben die Wasser.

ZUM TICKET-CENTER Vom Parkplatz an der **A Tegelbergbahn** gehen wir auf der Zufahrtstraße zurück nach Nordwesten und nach der Überquerung der Pöllat links entlang des Baches flussaufwärts. Der Weg endet am Gipsmühlweg, dem wir links folgen. Im Gelände des alten Sägewerkes steht auch die Ruine der Gipsmühle, in der im 17. und 18. Jahrhundert Gips für die Stuckateure der Barock- und Rokokozeit zermahlen wurde. Nach dem Sägewerk gehen wir links zum Beginn der beeindruckenden **1 Pöllatschlucht**. Der Aufstieg durch die Schlucht zum Schloss Neuschwanstein ist ein fantastisches Erlebnis. Doch leider ist die Pöllatschlucht seit Längerem wegen Steinschlag gesperrt. Wir gehen also von der Schlucht heraus und vor dem Sägewerk links auf dem Gehweg neben der Straße an den Häusern von Hohenschwangau vorbei. Nach dem Sportplatz des Gymnasiums geht es rechts über einen Parkplatz und auf der Colomanstraße links zum **2 Ticket-Center** für Leute, die das Schloss Neuschwanstein auch innen besichtigen wollen.

ZUM SCHLOSS NEUSCHWANSTEIN Noch ein Stück auf der Colomanstraße aufwärts, dann steigen wir gegenüber dem Hotel Müller am Kutschenplatz links in Richtung Marienbrücke auf der Neuschwansteinstraße hinauf. Nach 300 Metern wandern wir rechts auf dem Schotterweg mit dem Schild »Autofreier Fuß- und Radweg« steil aufwärts. Weit oben am Buswendeplatz gehen wir links zur **3 Marienbrücke** mit schwindelerregender Aussicht in die Pöllatschlucht und zum Schloss Neuschwanstein. König Maximilian II. ließ die erste Marienbrücke über die Pöllatschlucht als Geburtstagsgeschenk für seine naturbegeisterte Frau Marie 1840

Tipp

DIE VILLA RUSTICA AM TEGELBERG

Beim Bau der Tegelbergbahn wurden die Mauern eines römischen Gutshofes ausgegraben. Durch den Fund von Münzen kann der Bau in die Zeit des Antoninus Pius datiert werden, der zwischen 138 und 161 u. Z. Kaiser war. Das Bad wurde durch ein geniales Befeuerungssystem (Hypokaustum) erwärmt. Berühmtheit erlangte die Villa rustica durch die schönsten Fresken nördlich der Alpen, die gut restauriert werden konnten. Die Anlage ist in dem Ausstellungsgebäude kostenlos zu besichtigen (Tegelbergstraße 33, Tel. 08362/819810).

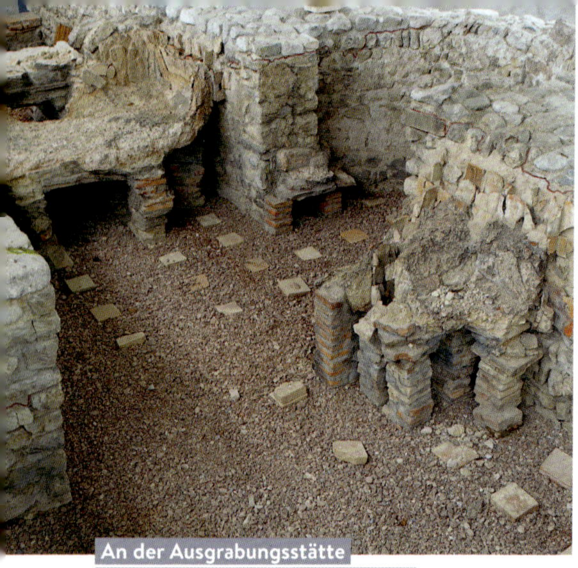

An der Ausgrabungsstätte der römischen Villa am Tegelberg

erbauen. Wir gehen zurück zum Buswendeplatz und nun rechts zum nahen **4 Schloss Neuschwanstein** hinüber. Die Türme des Traumschlosses schieben sich über unseren Köpfen schier bis in den Himmel.

RÜCKWEG ÜBER DIE RÖMISCHE VILLA

Vom Schloss gehen wir nun auf der Straße in Richtung Hohenschwangau hinab, folgen aber weiter unten der Treppe auf dem Sommerweg rechts abwärts. Vor dem Sportplatz des Gymnasiums geht es rechts in Richtung Tegelbergbahn und vor dem Sägewerk links. Nach dem Sägewerk folgen wir rechts dem Wegweiser in Richtung Tegelbergbahn und überqueren auf einer **5 Brücke** am Schützenheim die Pöllat. In einer Linkskurve müssen wir rechts über die Wiesen hinauf und am Reith-Lift links vorbei. Vor der **E Tegelbergbahn** schauen wir uns rechts in dem gläsernen Schutzgebäude noch die Ausgrabung der römischen Villa an.

INFO

TOURENCHARAKTER

Gute Wege, aber steiler Aufstieg.
Feste Schuhe mit griffigen Sohlen sind richtig.

AUSGANGS-/ENDPUNKT

Parkplatz Tegelbergbahn, 87645 Schwangau,
GPS 47°34‘11.2“N 10°45‘22.8“E (815 m)

ANFAHRT

ÖPNV: Bahn bis Füssen,
Bus 73 zur Tegelbergbahn
Auto: Auf der A 7 Ausfahrt 139 Füssen und auf der B 16 und der B 17 zur Tegelbergbahn

GEHZEITEN

Tegelbergbahn – Pöllatschlucht 0:30 Std. – Ticket-Center 0:20 Std. – Marienbrücke 0:40 Std. – Schloss Neuschwanstein 0:10 Std. – Brücke 0:40 Std. – Tegelbergbahn 0:20 Std.

EINKEHR

Schlossbrauhaus Schwangau, Gipsmühlweg 5, 87645 Schwangau, Tel. 08362/926 46 80, www.schlossbrauhaus.de

INFORMATION

Tourist Information Schwangau, Münchener Straße 2, 87645 Schwangau, Tel. 08362/819 80, www.gemeinde.schwangau.de

Mittel	8,7 km	270 Hm	2.40 Std.

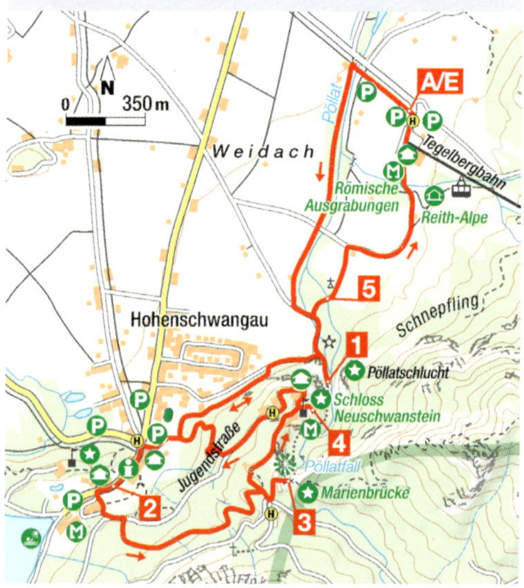

KÖNIG LUDWIG II. UND SEIN SCHLOSS NEUSCHWANSTEIN

Der 1845 geborene König Ludwig II. lebte als Kind in den Sommermonaten auf Schloss Hohenschwangau, in dem der Schwan Leitmotiv war. Sicherlich prägte die romantische Gebirgslandschaft seine Naturliebe. Hohenschwangau war mit Szenen aus Legenden und Dichtungen ausgemalt, wie zum Beispiel vom Schwanenritter Lohengrin, mit dem sich Ludwig identifizierte. 1848 hatte Richard Wagner die romantische Oper Lohengrin komponiert und Ludwig fand den Zugang zu Wagner. Seine Ideale und Sehnsüchte legte Ludwig II. in seine Schlösser, die nicht der Repräsentation, sondern als Orte des Rückzuges dienten.

Der König flüchtete sich in den Schlössern in seine Traumwelt eines idealisierten Mittelalters. Theatermaler führten erste Entwürfe für die Neue Burg Hohenschwangau aus, die erst nach Ludwigs Tod Neuschwanstein genannt wurde. Auf den Ruinen der Burgen Vorder- und Hinterhohenschwangau, der zuerst im Jahre 1090 in einer Urkunde erwähnten Doppelburg *Castrum Swangowe*, plante Ludwig II. eine mittelalterliche Traumburg in Vollendung. 1869 begannen die Bauarbeiten. Das Schloss wurde in Ziegelmauerwerk errichtet und mit Kalksteinplatten verkleidet. 1872 wurde der Torbau fertig, in dem Ludwig II. jahrelang wohnte und die Bauarbeiten beaufsichtigte. Der Palas konnte erst 1884 bezogen werden. Ludwigs geplante Bauzeit war utopisch, umso mehr, als er ständige Änderungen verlangte. Das neue Schloss sollte zwar das Idealbild des Mittelalters widergeben, aber die Ausstattung war epochal modern. Der Wohnbau verfügte über eine Heißluft-Zentralheizung, elektrische Sprechanlagen, um die Dienerschaft zu rufen, und über Telefone. Überall gab es fließendes Wasser, und die Toiletten waren mit automatischer Spülung ausgestattet. In Aufzügen transportierte man die Speisen aus der Küche in die Essräume.

Das Schloss ist mit Bilderzyklen dekoriert, die auf die Figuren aus Wagners Opern Bezug nehmen. Der Gralskönig Parzival, sein Sohn Lohengrin und der Dichter Tannhäuser erscheinen auf den Wänden. Für Ludwig waren die sagenhaften Figuren Vorbilder und Seelenverwandte. König Ludwig II. schrieb selbst: »Ein ewig Rätsel will ich bleiben, mir und anderen.« Er starb unter ungeklärten Umständen 1886 im Starnberger See und ist noch heute ein Mythos und eine Gestalt der Verehrung (www.neuschwanstein.de).

Schloss Neuschwanstein steht über dem Alpsee.

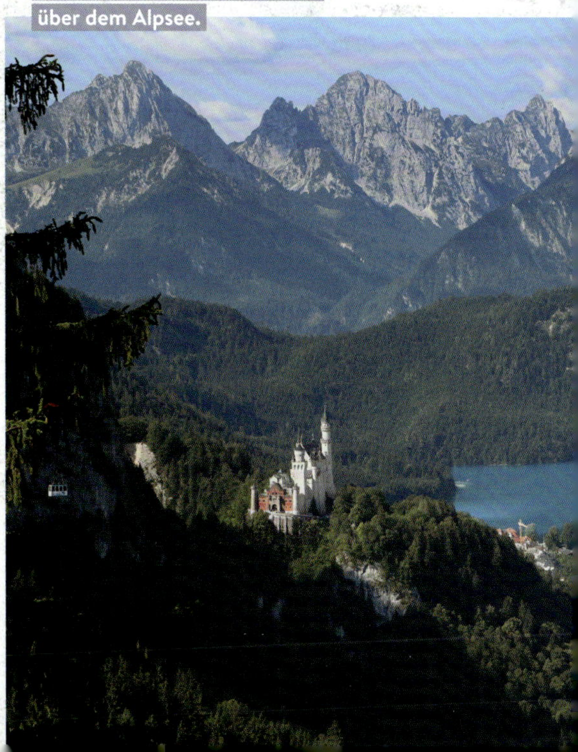

PS: ICH WAR IM PARADIES

VOR JAHREN LEBTE ICH LÄNGERE ZEIT IN LINDAU. Daher kenne ich den Bodensee und weite Teile des Allgäus. Murnau, wo ich auch einmal wohnte, ist ja auch nicht weit vom Ostallgäu, so ist mir auch dieser Bereich bekannt. Das Schreiben eines Buches ist natürlich eine intensivere Sache, auch wenn man schon diese oder jene Wanderung gemacht hat.

MANCHER ORT UND WEG WURDE ZU EINER ERFREULICHEN ERINNERUNG.

Käsereien, Weinbauern und Brauereien habe ich wiederentdeckt und die Produkte genossen. Andere Orte der Gaumenfreuden habe ich neu aufgespürt. Leider war es nicht möglich, in jeder guten Sennerei Käse einzukaufen. Das könnte ja niemand alles aufessen.

DOCH KÄSE UND BIER SIND JA NICHT ALLES, WAS DAS ALLGÄU SO LIEBENSWERT MACHT.

Das Klischee vom Allgäu mit Kühen auf der grünen Wiese vor der Bergkulisse stimmt – und es ist schön. Von der senilen Bettflucht getrieben stieg ich frühmorgens auf die Alpen hinauf und erlebte die langen Schatten des Sonnenaufganges. Dieses magische Licht ist nur am frühen Morgen zu sehen. Oft genug sind mir auf dem Weg ins Tal die ersten Wanderer nach oben begegnet. Solchen Spätaufstehern erzähle ich dann, ihr Weg lohne sich nicht, weil es oben auf der Alp kein Bier mehr gibt, und schon habe ich eine nette Unterhaltung. Heute gibt es bei mir wieder leckere Kässpatzen mit braunen Zwiebeln wie bei Kluftingers. Ich habe im Allgäu gelebt wie die Maus im Käse. Aus einer Allgäuer Sennerei lasse ich mir jetzt öfter ein Paket mit Heumilchkäse schicken.

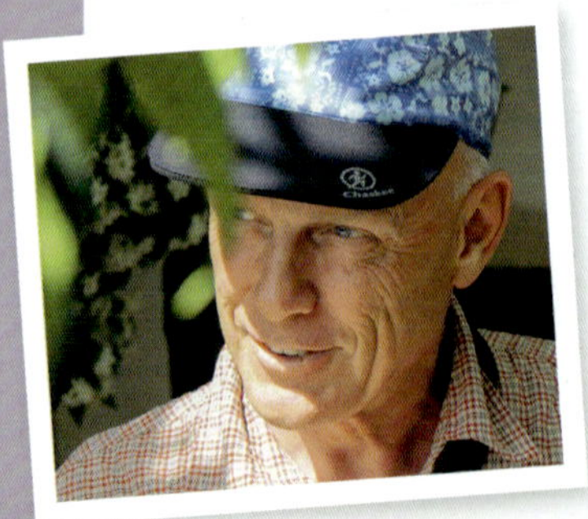

DAS IST DER PURE GENUSS

Rainer D. Kröll

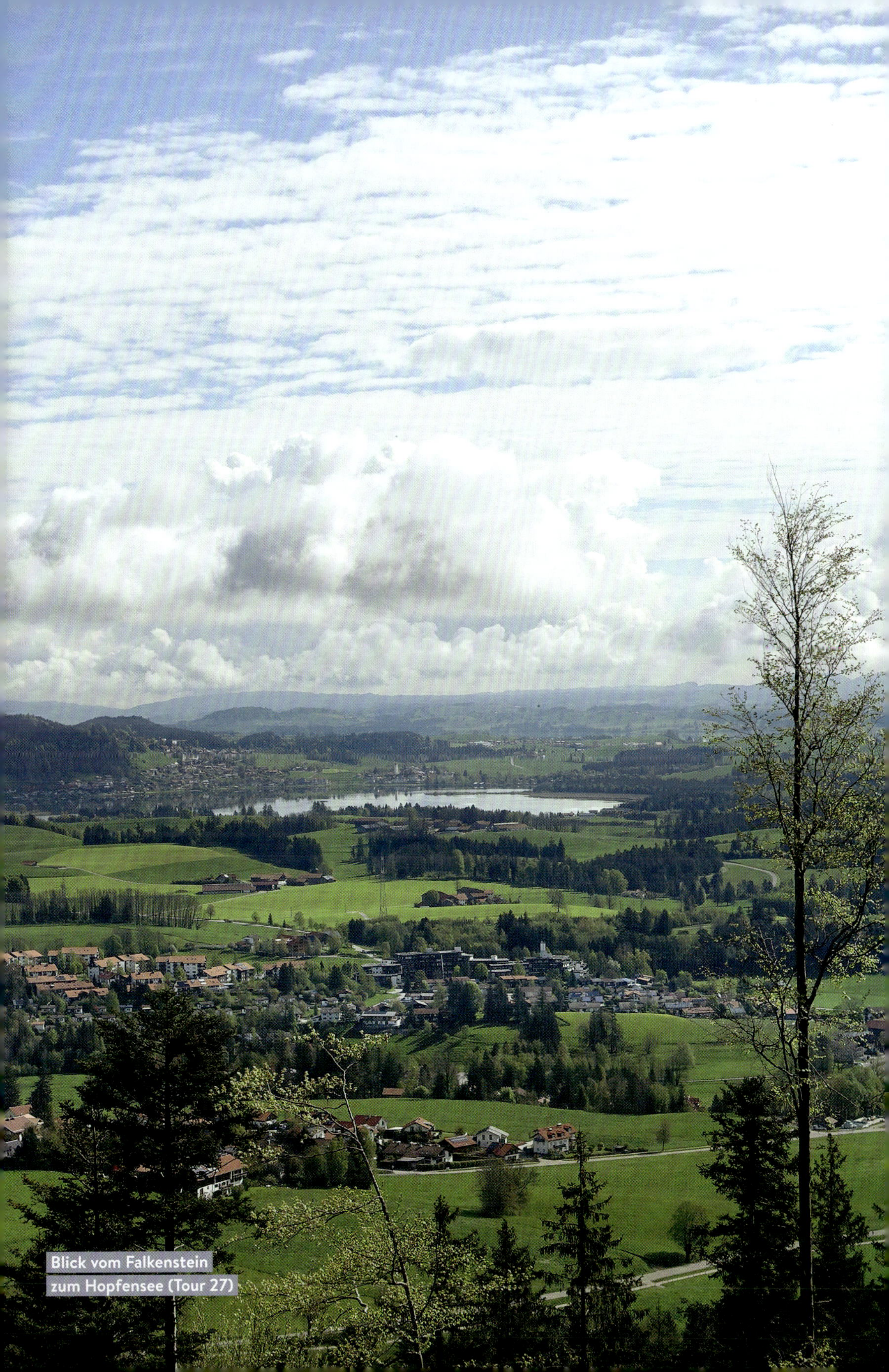

Blick vom Falkenstein zum Hopfensee (Tour 27)

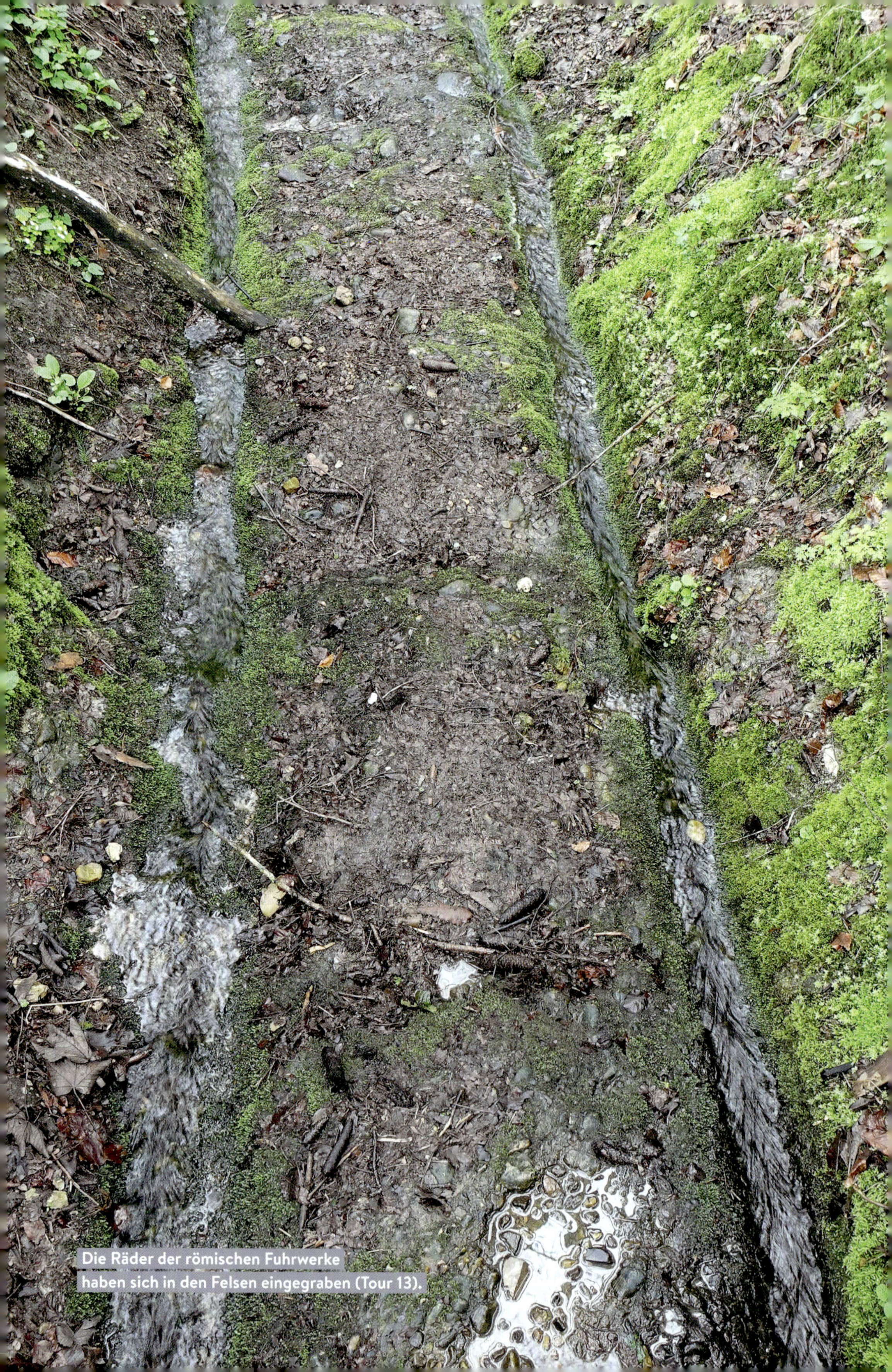

Die Räder der römischen Fuhrwerke
haben sich in den Felsen eingegraben (Tour 13).

REGISTER

Ebenfalls erhältlich ...

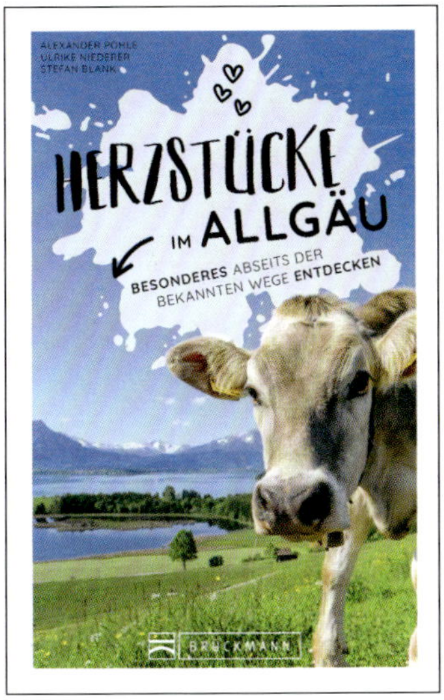

ISBN 978-3-7343-2170-2

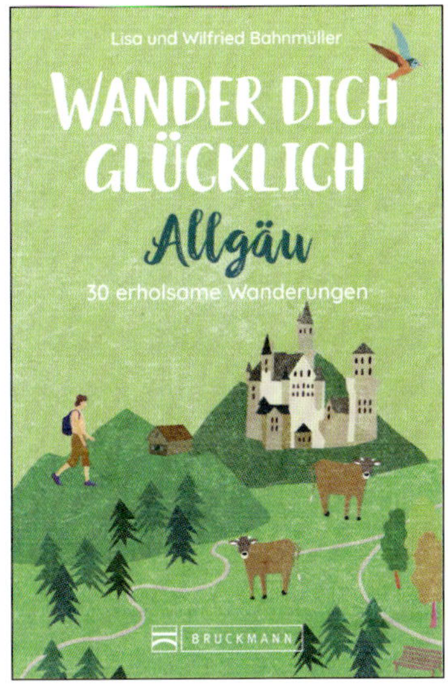

ISBN 978-3-7343-2562-5

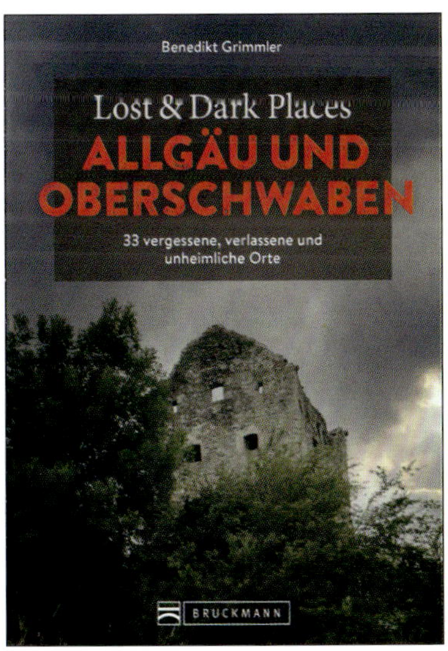

ISBN 978-3-7343-2434-5

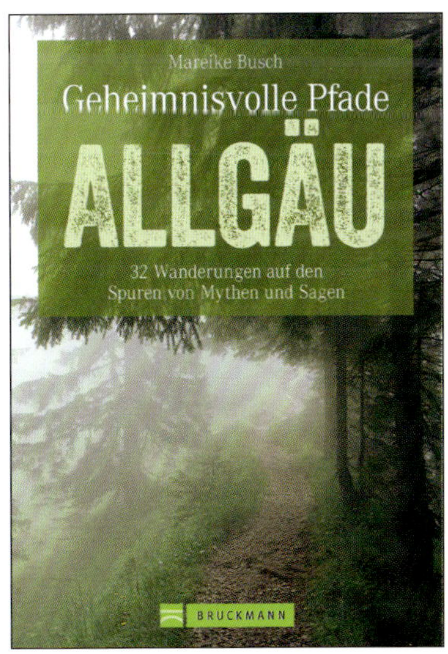

ISBN 978-3-7343-1835-1

BRUCKMANN

www.bruckmann.de

IMPRESSUM

Verantwortlich: Julia Vogl
Redaktion und Lektorat: Susanne Maute, mcp concept GmbH
Layout- und Reihengestaltung: Mathias Frisch
Covergestaltung: Rudi Stix
Satz: mcp concept GmbH
Repro: LUDWIG:media
Kartografie: Bruckmann Verlag GmbH, Heidi Schmalfuß
Herstellung: Alexander Knoll
Printed in Türkiye by Elma Basim

Exklusiv für Sie als Leser:

MIT GPS-DATEN ZUM DOWNLOAD

unter: gps.bruckmann.de

★★★★★

Sind Sie mit diesem Titel zufrieden? Dann würden wir uns über Ihre Weiterempfehlung freuen.
Erzählen Sie es im Freundeskreis, berichten Sie Ihrem Buchhändler, oder bewerten Sie bei Onlinekauf. Und wenn Sie Kritik, Korrekturen, Aktualisierungen haben, freuen wir uns über Ihre Nachricht an Bruckmann Verlag, Postfach 40 02 09, D-80702 München oder per E-Mail an lektorat@verlagshaus.de.

Unser komplettes Programm finden Sie unter www.bruckmann.de

Alle Angaben dieses Werkes wurden vom Autor sorgfältig recherchiert und auf den neuesten Stand gebracht sowie vom Verlag geprüft. Für die Richtigkeit der Angaben kann jedoch keine Haftung übernommen werden, weshalb die Nutzung auf eigene Gefahr erfolgt. Insbesondere bei GPS-Daten können Abweichungen nicht ausgeschlossen werden. Sollte dieses Werk Links auf Webseiten Dritter enthalten, so machen wir uns die Inhalte nicht zu eigen und übernehmen für die Inhalte keine Haftung.
In diesem Buch wird aus Gründen der besseren Lesbarkeit das generische Maskulinum verwendet. Weibliche und anderweitige Geschlechteridentitäten werden dabei ausdrücklich mitgemeint, soweit es für die Aussage erforderlich ist.

Empfehlung der Redaktion
Sie sind auf der Suche nach weiterführender Literatur? Dann empfehlen wir Ihnen den Titel *Allgäuer Hausberge* von Heinrich Bauregger. Oder Sie werfen einen Blick in die Zeitschrift *Bergsteiger*. Hier werden Sie bestimmt fündig.

Bildnachweis: Alle Bilder im Innenteil stammen vom Autor mit Ausnahme von: S. 11 o. (© Allgäu GmbH, K. P. Kappest), S. 21 (© Shutterstock / Tobias Kern), S. 38 (© Stadt Memmingen), S. 86 (© Stadt Kempten, G. Standl), S. 87 (© Stadt Kempten, D. Berchtold), S. 115 (© Allgäu GmbH, Resi Agentur F. Baab), S. 120/121 (© Info Füssen, S. Jahn), S. 146 (© Info Füssen, G. Standl), S. 147 (© Info Füssen, M. Oeder), S. 149 (© Info Füssen, D. Terrey), S. 150 (© Info Füssen), S. 153 (© Info Füssen, G. Eisenschink)
Umschlagvorderseite: Luftbildaufnahme von Burg Eisenberg (mauritius images / Westend61 / Martin Siepmann)
Umschlagrückseite: Das Museumsdorf Erzgruben Erlebniswelt liegt unter dem Gipfel des Grünten. (Tour 19)

Die Deutsche Nationalbibliothek verzeichnet diese Publikation in der Deutschen Nationalbibliografie; detaillierte bibliografische Daten sind im Internet über http://dnb.d-nb.de abrufbar.

Infanteriestraße 11a, 80797 München

ISBN 978-3-7343-2091-0